王超群 / 著

湖南广电芒果模式

2.0

深度融合创新研究

吉林大学出版社

·长春·

图书在版编目（CIP）数据

湖南广电芒果模式 2.0 深度融合创新研究 / 王超群著 .
长春：吉林大学出版社，2025. 4. -- ISBN 978-7-5768-
5012-3

Ⅰ . G229. 276. 3

中国国家版本馆 CIP 数据核字第 2025YR3399 号

书　　名：湖南广电芒果模式 2.0 深度融合创新研究
HUNAN GUANGDIAN MANGGUO MOSHI 2.0 SHENDU RONGHE
CHUANGXIN YANJIU

作　　者：王超群　著
策划编辑：李伟华
责任编辑：白　羽
责任校对：张　驰
装帧设计：中北传媒
出版发行：吉林大学出版社
社　　址：长春市人民大街 4059 号
邮政编码：130021
发行电话：0431-89580036/58
网　　址：http://www.jlup.com.cn
电子邮箱：jldxcbs@sina.com
印　　刷：三河市龙大印装有限公司
开　　本：787 mm × 1092 mm　　1/16
印　　张：19
字　　数：255 千字
版　　次：2025 年 6 月　第 1 版
印　　次：2025 年 6 月　第 1 次
书　　号：ISBN 978-7-5768-5012-3
定　　价：98. 00 元

引　言

2013 年 8 月 19 日，在全国宣传思想工作会议上，习近平总书记对加快传统媒体和新兴媒体融合发展作出了重要指示，让当时面对新媒体巨大冲击的传统广电媒体找到了转型和发展的方向。2014 年 8 月 18 日，中央全面深化改革领导小组第四次会议审议通过《关于推动传统媒体和新兴媒体融合发展的指导意见》(以下简称《指导意见》)，标志着我国媒体融合纳入顶层设计，并且上升至国家战略。《指导意见》的出台具有里程碑意义，因此 2018 年也被称为"媒体融合元年"。2020 年 9 月 26 日，中共中央办公厅、国务院办公厅印发了《关于加快推进媒体深度融合发展的意见》，要求推动传统媒体和新兴媒体在体制机制、政策措施、流程管理、人才技术等方面加快融合步伐，尽快建成一批具有强大影响力和竞争力的新型主流媒体，逐步构建网上网下一体、内宣外宣联动的主流舆论格局，建立以内容建设为根本、先进技术为支撑、创新管理为保障的全媒体传播体系。2020 年 11 月 13 日，国家广播电视总局印发《关于加快推进广播电视媒体深度融合发展的意见》，提出要打造一批具有强大影响力和竞争力的新型广播电视主流媒体，占据舆论引导、思想引领、文化传承、服务人民的传播制高点。同时指出，要着眼长远，广播电视行业逐步建立以内容建设为根本、先进技术为支撑、创新管理为保障的全媒体传播体系。2024 年 7 月 15 日至 18 日，中国共产党第二十届中央委员会第三次全体会议在北京召开，并在 2024 年 7 月 21 日新华社发布《中共中央关于进一步全面深化改革、推进中国式现代化的决定》（以下简称《决定》）。党的二十届三中全会通过的《决定》明确提出，必须自觉把改革摆在更加突出位置，其中第十部分第 38 条明确指出："构建适应全媒体生产传播工作机制和评价体系，推进主流媒体系统性变革。完善舆论引导机制和舆情应对协同机制。"

在这样的政策背景下，全国各级广电媒体加快了深度融合的步伐。其中，湖南广播影视集团有限公司（湖南广播电视台，以下简称湖南广电）一直是该领域的先行者与佼佼者。自 2014 年以来，湖南广电就举全台之力开办芒果TV，在人才、资源等方面给予全面支持。仅用 4 年时间，芒果 TV 在 2018 年就已经成长为国内第一家国有属性的上市视频网站，并实现连年盈利，稳居视频行业前三。芒果 TV 与品牌力、传播力稳居全国省级卫视第一的湖南卫视形成"一体双翼"的格局，标志着融合改革取得长足进展。自 2020 年以来，湖南广电启动"深度融合"战略，湖南卫视与芒果 TV 双平台的党委班子交叉任职，打通综艺节目、电视剧、广告等板块的资源与机制，至 2024 年8 月实现了综艺生产量增加 40%，电视剧联采联购成本同比下降 44%、剧场收视同比上涨 12%。①

迄今为止，湖南广电媒体融合已经走过了十个年头。在党的二十届三中全会精神的指引下，湖南广电正在着力构建一体化发展合力，推动改革逐步由局部突围向系统集成、全面深化转变，追求"系统性变革"。推进主流媒体系统性变革的基础是进一步深化媒体融合，湖南广电媒体融合已进入深水区，依靠过去单项突破或局部突进的方式已难以适应新形势新要求，"统筹""联动""集成"是媒体进一步深度融合的关键。如今，湖南广电树立全面重构思维，正在加速推进新一轮的跨平台深度融合战略，相较于 2020 年提出的"双

---

① 王小溪.【观察】不同层级广电媒体融合改革这样做［EB/OL］.（2024-08-06）［2024-11-11］.
https://mp.weixin.qq.com/s/DBv_1oPcgvlMgEOJW2scPQ.

平台战略"，2024 年进一步将该战略深化为湖南卫视、芒果 TV、金鹰卡通、小芒电商四平台深度融合。该战略是要在做强新型主流媒体的整体目标统摄下，进一步优化生产力的结构性布局，破解内部条块分割、各自为政的壁垒和阻碍，大胆进行"基因改造"，从体制机制、战略规划、绩效考核、机构设置、流程再造、平台打造、技术应用、经营机制等方面进行全面深化改革，打造一体化运作模式，切实将媒体融合作为一项系统性工程，全面深化、整体推进、协同发展，倾力打造深度融合的"芒果模式 2.0"版本，以期最终成功完成"主流媒体系统性改革"的目标。

本书尝试以湖南广电全媒体平台"芒果生态圈"的融合发展实践为个案剖析，探讨推动广播电视媒体融合纵深发展的经验。

本书共分为三个部分，六个章节，系统地从理论到实践，再到理论的深化，全方位剖析了湖南广电芒果模式 2.0 深度融合"芒果生态圈"的构建、运行机制、创新实践、典型案例、成长项目及理论视角下的深层解读，最终提炼出对行业发展的启示。

第一部分:战略升级——芒果模式 2.0 深度融合的战略决策升级及其举措。

第一部分强调"战略升级"，主要探讨"芒果模式 2.0"作为湖南广电融合战略从"初级融合阶段"升级到"深度融合阶段"的战略决策，其战略定位如何形成，升级举措具体如何实施等问题。这一部分分为两个章节：第一章首先介绍"芒果生态圈"的形成路径，随后深入探讨芒果模式 2.0 的战略升级，包括如何定位为"主流新媒体集团"，以及在这一战略指导下，湖南广电如何在内容、渠道、平台、经营和管理等方面进行全面的融合创新升级；第二章详细阐述了芒果模式在内容、渠道、平台、经营、管理五大方面的迭代升级举措，如从内容创新的青春主旋律长视频到技术驱动的内容科技融合，从一云多屏的渠道布局到平台间的共创共享机制，再到多赛道经营布局和管理机制的创新，全面展示了芒果模式在实践中的深度与广度。

第二部分：创新实践——芒果模式 2.0 深度融合的典型案例与成长项目。

第二部分聚焦"创新实践"本身，同样分为两个章节。第三章聚焦"深度融合的典型案例"，通过湖南卫视、风芒 APP、芒果超媒、芒果 MCN 四个典型实例，分析各自在融合过程中的创新实践、存在问题、取得成效及经验启示，展现芒果模式在不同业务板块的应用与影响。第四章关注"深度融合的成长项目"，聚焦 5G 高新视频多场景应用实验室、5G 智慧电台、芒果幻视（芒果系元宇宙生态布局）等前沿项目，分析这些项目的基础、创新点、应用现状及未来展望，揭示芒果模式在新兴技术领域的探索与布局。

第三部分：理论探索——芒果模式 2.0 深度融合的理论解读与经验总结。

第三部分强调"理论探索"，同样分为两个章节。第五章从可供性理论、竞争战略理论、组织变革理论、媒介治理视角和价值共创理论等不同视角，深入解析芒果模式的创新策略与实践，为理论与实践相结合提供多元化的思考角度。第六章总结"芒果生态圈"深度融合的关键成功因素，包括内容创新、产业化运作、企业文化建设等方面，同时探讨芒果模式的可复制性与独特性，为其他广电媒体乃至整个传媒行业提供宝贵经验和可借鉴的启示。

在当前媒体环境急剧变化的背景下，本书具有较深刻的学术价值与应用价值。

第一，学术价值。本书旨在进一步完善广电媒体融合发展的理论分析框架，从省级地方广电媒体实践的层次上拓展研究领域、丰富研究内容。当前，尽管国内外关于媒体融合的研究成果颇丰，但针对省级地方广电媒体如何在新的媒介生态中实现创新发展，特别是如何构建具有竞争力的全媒体平台的系统性理论尚不成熟。本书通过深入剖析湖南广电深度融合"芒果模式 2.0"构建过程、运营策略及其成效，可以为理论框架增添鲜活的实证基础，特别是在内容创新、渠道整合、技术应用、商业模式及用户互动等方面的理论深化，为后续研究提供更加具体和实用的理论支撑。

第二，应用价值。本书探讨湖南广电媒体融合纵深发展的模式和经验，其成果对其他地区媒体融合工作具有显著的借鉴价值，以期为广电媒体深度融合的可持续发展提供参考。一是目前各级广电媒体集团在积极探索媒体深度融合转型，其中发展较好的湖南广电集团正逐渐发展成独特的"芒果生态圈"模式，即"以我为主，一体两翼"，以芒果 TV 为发力点、湖南卫视和芒果 TV 双平台驱动、涵盖一云多屏立体传播体系的全媒体发展新格局。概括总结湖南广电的经验，对当代中国广电媒体融合纵深发展的推进具有重要价值。二是随着当前中央级与各省级广电集团高度同质化的融合转型进程，大批广电全媒体平台基本建设完成，这意味着全国广电媒体融合"上半场"战略布局基本成形。湖南广电集团摸着石头过河，在"上半场"处于优势领先地位，在"下半场"该如何持续发展，其成败得失将为我国广电媒体融合路径的铺设提供宝贵的经验。

目 录

第一部分：战略升级

第二部分：创新实践

第三部分：理论探索

第一部分：战略升级

"芒果生态圈"的核心概念是"湖南卫视＋芒果TV+N"的生态布局。湖南广电从2014年启动打造的媒体融合芒果模式1.0版本，到2020年全面推进媒体深度融合的芒果模式2.0版本，其生态圈在版本迭代中实现了哪些关键变革？芒果模式2.0的战略目标与实践路径相较于芒果模式1.0版本有哪些突破性升级？本部分重点介绍"战略升级"，系统解析"芒果模式2.0"作为湖南广电融合战略从"初级融合阶段"向"深度融合阶段"的战略跃迁，重点探讨战略定位的形成逻辑与实施路径。

本部分分为两章。第一章主要阐述"芒果生态圈"的发展脉络与战略升级进程，深度剖析在"主流新媒体集团"战略定位指导下，湖南广电在内容生产、传播渠道、平台运营、商业经营及管理机制等关键领域的融合创新实践。第二章则从内容、渠道、平台、经营和管理五个核心方面，系统梳理芒果模式2.0的迭代升级策略，通过具体案例展现其在传媒行业的创新示范价值。

第一章　芒果模式 2.0：湖南广电深度
融合战略再升级

　　自 2014 年起，湖南广电开始构建媒体融合芒果模式 1.0 版本，2020 年起，进一步推进媒体深度融合的芒果模式 2.0 版本。在此过程中，"芒果生态圈"经历了哪些变革？本章将详细阐述湖南广电在媒体融合道路上的发展历程及其深度融合战略的迭代升级。

第一节　建构"芒果生态圈"：湖南广电融合发展的路径探索

　　传媒业界该如何开展媒体融合？ 2014 年 8 月，中央深化改革领导小组审议通过的《关于推动传统媒体和新兴媒体融合发展的指导意见》为行业提供了明确的指导方针与具体部署。为积极响应中央的决策，湖南广电迅速行动：2014 年下半年开始筹备，至 2015 年 2 月便正式出台《湖南广播电视台建设新型主流媒体若干意见》(湖南广电内部简称"23 条")。该文件为湖南广电融合发展提供了纲领性指导，并提出"建设新型主流媒体、主力军抢占主阵地"的战略目标。自此，湖南广电启动"一云多屏、两翼齐飞"战略，开启了湖南卫视、芒果 TV 双轮驱动的融合发展新式，并且明确提出将建立"芒果生态圈"。

　　"芒果生态圈"概念的提出，源于从媒介生态学视角对湖南广电媒体融合转型路径的系统性认知。从定义来看，"生态"指一切生物的生存状态，以及生物个体之间、生物与环境间环环相扣的关系；"产业生态圈"则以特定领域内主导产业为核心的利益圈层，电视媒体生态圈正是以电视媒体传播力为核心的利益集合体，其中，电视台曾是电视媒体生态圈中价值分配的主导者。[①]然而，新媒体时代的冲击下，电视台在生态圈中的主导地位迅速弱化，原本围绕其运转的节目公司、广告公司、传输公司、调查公司等利益团体，价值分配机制发生根本性变革，"生存困境"成为生态圈成员的共同挑战。这一切凸显了广电媒体融合转型的紧迫性，而建构"芒果生态圈"，正是湖南广电媒体融合转型中作出的关键路径抉择。

　　湖南广电原董事长、党委书记吕焕斌在 2019 年出版的《媒体融合的芒果实践报告》一书中指出，湖南广电提出的"芒果生态圈"概念，最核心的表述是"湖南卫视＋芒果 TV+N"的生态布局。[②]湖南卫视和芒果 TV 作为"芒果生态圈"的双平台，通过内部定制与制播分离模式，形成产销闭环，构建起以马栏山为聚集地的芒果内层生态。[③]其中，"N"是开放性变量，既可以是电影、APP，也可以是游戏、电商等，只要符合媒体产业链要求，能形成湖南广电未来系统性竞争力就行。[④]总之，"芒果生态圈"是电视媒体主导下与互联网的深度融合，电视媒体处于生态圈核心位置，引领传播价值，形成

①　传媒老袁 . 电视媒体生态圈全解析，如何让广电改革能有脉络可寻［EB/OL］.（2018-09-12）［2024-11-11］. https://mp.weixin.qq.com/s/UqDlyM5KEjpJfQoWnBVR_A.

②　吕焕斌 . 媒介融合的芒果实践报告［M］. 北京：中信出版社，2019：33-34.

③　王昶，李芊 . 开辟增长的第二曲线：从湖南卫视到芒果 TV 的战略创业［J］. 清华管理评论，2020（10）：118-125.

④　吕焕斌 . 媒介融合的芒果实践报告［M］. 北京：中信出版社，2019：33-34.

以内容版权为核心的传播媒体生态圈。[①]

"芒果生态圈"并不是一个预先规划而成的静态版图，而是随着融合实践的纵深发展不断扩张、强化的动态体系。2014 年，芒果 TV 创立并启动"独播战略"，开启"一体两翼"全媒体平台布局，打响媒体融合第一枪；2015 年，湖南卫视与芒果 TV"双平台"驱动的全媒体发展格局初步形成；2018 年，快乐购完成重大资产重组，更名为"芒果超媒"，在原有"媒体零售业务"基础上，拓展新媒体平台运营、互动娱乐内容制作及媒体零售全产业链等业务。目前，芒果超媒股份有限公司旗下拥有快乐阳光、芒果互娱、天娱传媒、芒果影视和芒果娱乐 5 家子公司。

至此，湖南广电构建起以马栏山为核心的内外双层生态圈。首先，芒果内部生态层面以湖南卫视、芒果超媒为双引擎，依托湖南卫视和芒果 TV"双平台"，整合地面频道、移动频道等多渠道资源，推动内容公司协同发展，构建融媒大生态矩阵。具体而言，遵循整体优化原则，优化内部资源配置，打造"内容＋平台＋应用＋终端"的"一云多屏"传播生态。其次，外部生态层面，通过系列战略合作布局行业圈层，如与网络电影生产者达成"超芒计划"、与外部战略工作室达成影视剧生产储备计划"新芒计划"等等，构筑起视频产业的强大联盟，推进湖南广电行业生态的纵深布局。[②]

2019 年，芒果 TV 国际 APP 全球用户下载量以每月 50% 的增幅高速增长，湖南广电与海外制作机构联合策划制作的纪录片《最美中国人》《功夫学徒》引发收视热潮，这些数据彰显出芒果模式在海外市场的影响力逐步提升。芒果超媒总经理、芒果 TV 总裁蔡怀军曾表示，从"芒果生态"到"圈层生

---

① CTR 洞察. 传媒融合趋势下的芒果生态圈［EB/OL］.（2014-10-30）［2024-11-11］. https://mp.weixin.qq.com/s/AgTbxoibf_34O39B5XusNA.

② 肖遥. 巅峰时打造的备胎已成"马栏山的诺亚方舟"，从媒体融合的"芒果模式"谈起［EB/OL］.（2019-05-29）［2024-11-11］. https://mp.weixin.qq.com/s/-Q_dayoVXhhlmVzk-wF43g

态"再到"全球化布局"，"芒果模式"在不断纵深推进。① 到 2020 年，芒果超媒凭借长视频内容优势闯入千亿市值阵营，在媒体生态变革大势中为湖南广电赢得发展先机。至此，"芒果模式"1.0 版本凭借显著的优势领先地位，取得广电媒体融合"上半场"的绝对胜利。

　　但是，这还远不是结束。正如吕焕斌所言，"芒果模式的生命力就在于一直在探索，不断在超越，芒果模式的探索与实践还远远没有画上句号。"②
2023 年底，时任湖南广电集团党委书记、董事长的张华立明确表示，要探索"+N"模式，推进五项融合迅猛发展。当前，湖南广电正锁定五大融合任务，推动媒体融合继续向纵深发展，得出"五大融合方程式"，即"卫视 +TV+N""新闻板块 + 风芒 +N""电广传媒 + 湖南经视 +N""小芒电商 + 广告 +N""5G 实验室 + 各媒体 +N"。具体做法是：湖南卫视、芒果 TV 双平台目标一致，强化考核，加速细分领域的深入融合；风芒积极涉足短视频平台的数字虚拟人赛道，打造独家优势与核心竞争力，实现平台的自我造血功能；小芒电商坚定做好国货基本盘，建立爆品成长机制，探索知识产权（Intellectual Property，简称 IP）变现方式，推动引进外部战略投资者；5G 重点实验室完成好全国重点实验室申报，助推集团数字化转型；电广传媒构建芒果文旅产品集群，进阶全国文旅品牌。同时，将"+N"作为新媒体平台价值释放第三重要通路，带动其他传统业务、传统媒体整体转型。③

　　2024 年 3 月 19 日，在第 11 届中国网络视听大会——网络视听赋能广播电视新媒体创新传播论坛上，湖南卫视党委委员，芒果 TV 总编辑、副总裁郑华平发表了《"芒果新森林"进化论的思考和实践》的主题演讲，指出湖

① 芒果 TV. 蔡怀军：从"独特""独创"——芒果价值观坚守创新之路［EB/OL］.（2019-05-28）
［2024-11-11］. https://mp.weixin.qq.com/s/SVK3kvZQzhIpAhvjFTKz0g.

② 综艺报. 吕焕斌分享中移动投资芒果超媒幕后故事，详解芒果模式秘笈［EB/OL］.（2019-05-28）
［2024-11-11］. https://mp.weixin.qq.com/s/ASab57ZIW-OJh5_AiSz7_Q.

③ 湖南广播影视集团.《中国广播电视学刊》刊发张华立署名文章：以思想之光指引主流新媒体集团大道向前［EB/OL］.（2023-12-13）［2024-11-11］. https://mp.weixin.qq.com/s/dBtn7pp5JHplAnmwmtgiBA.

南广电已形成由湖南卫视、芒果 TV、金鹰卡通、小芒电商四大平台构建的"1+1+1+1+N"超芒生态:湖南卫视升级"超级工作室";芒果 TV 探索微短剧、线下演唱会等新业务,提质增效;金鹰卡通在研学、线下乐园领域加速发展;小芒电商打通商业变现路径,商品交易总额(Gross Merchandise Volume,简称 GMV)规模实现三连跳。快乐购、天娱传媒也全力推动业务转型升级。超芒生态担当起湖南广电发展的"超级引擎发动机",以业务创新倒逼媒体转型升级,实现生态系统内外畅通,建构了一个"芒果新森林"。[①]超芒生态开启湖南广电"全媒介、全场景、全触点、全链路融媒体整合"新篇章,也代表着湖南广电战略一体化、管理一体化、资源一体化、营销一体化全新发展的战略。

总之,"芒果生态圈"始终求新求变,坚持"进化永远要向前一步"。

第二节　建设"主流新媒体集团":芒果模式2.0战略升级

当前,广电媒体融合正处于第二个十年的关键阶段,虽取得显著进展,但仍面临一系列挑战,相关问题逐渐积累,影响融合转型的质量与效率。

一是新媒体转型问题。尽管大部分广电媒体已搭建数字化平台(如网络电视台、移动应用、社交媒体账号等),实现内容多渠道传播,但与原生新媒体相比,在内容分发、用户互动、社区建设等方面仍存在明显差距。此外,广电媒体对第三方平台的依赖日益增强,不仅增加渠道成本,缩小了盈利空间,还在内容推广和用户数据分析方面受到了限制。

二是内容创新同质化问题。广电媒体尝试通过多样化的节目形式(如网络直播、短视频等)吸引年轻观众,但因内容创新能力不足,同质化现象严

---

① 芒果 TV. 大会芒果说丨以"超芒生态"构建"芒果新森林"进化论 [EB/OL].(2024-03-30)[2024-11-11].https://mp.weixin.qq.com/s/BpZIZ9xx8LbgfqjZUHvAuA.

重。例如，真人秀节目虽名称各异，但模式雷同，缺乏创新。此外，观众数据获取不精准，导致内容制作和推广难以实现精准化，削弱了节目和新闻的独特性和吸引力。

三是商业模式滞后问题。广电媒体收入仍然依赖传统广告收益，但互联网冲击下，传统广告收入持续下滑，且未能有效拓展会员订阅、电子商务、版权交易等多元盈利模式。2024 年 8 月湖北广电发布的半年报显示，其上半年净亏损为 2.07 亿元人民币，亏损有所收窄；营业收入为 9.25 亿元人民币，同比减少了 5.88%，反映出广电媒体面临着较为严峻的经济挑战。[①] 在用户体验方面，广电媒体服务缺乏个性化和互动性，难以吸引年轻用户。

四是数字化人才匮乏问题。随着数字化转型的加速，广电媒体对数字内容制作、大数据分析、人工智能应用等领域专业人才的需求剧增。广电媒体现有的从业人员大多数是在传统媒体环境下培养出来的，他们的技能结构和知识体系往往难以适应新的数字化环境。同时，广电媒体在薪资待遇上不具备优势，导致高端人才流失，专业人才短缺，人才队伍建设青黄不接，数字化转型乏力。2013 年至今，各级广电机构不断遭遇"广电离职潮"，中高层管理人员、资深制作人员以及技术骨干离职率高达 20% 以上，[②] 尤其是具有数字化、年轻化和创新型的人才，流失情况更为严重。[③] 人才问题日益成为困扰广电转型的核心问题。

综上所述，广电媒体要想推动媒介融合的纵深发展，必须进行全面的系统性变革。这种变革需要从战略高度出发，通过优化组织结构、创新业务模式、升级技术应用、塑造文化价值观等多维度推进。这就意味着广电媒体必

---

① 湖北广电 . 湖北广电上半年净亏损 2.07 亿元［EB/OL］.（2024-08-16）［2024-11-11］. https://lmtw.com/mzw/content/detail/id/236261.

② 常星阁 . 过半广电高层人事大变动 折射行业转型期大变迁［EB/OL］.（2017-05-15）［2024-11-11］. https://lmtw.com/mzw/content/detail/id/144996/keyword_id/-1.

③ 腾讯娱乐 . 广电现离职潮 电视人集体逃离体制：为争口气［EB/OL］.（2017-08-07）［2024-11-11］. https://lmtw.com/mzw/content/detail/id/106790/keyword_id/-1.

须跳出传统框架，接纳新的技术和思维方式，大力发展新质生产力，依托新质生产力助推系统性变革，实现广电媒体融合转型的可持续发展。

如何有效推进广电媒体深度融合的系统性变革？这是广电媒体在融合进程中亟待解决的难题。湖南广电的实践表明，需先厘清问题根源，再寻求解决方案。2021 年时任湖南广电集团党委书记、董事长张华立指出，湖南广电历经二十多年的高速发展，取得了不错的成绩，但问题与隐患依然存在。从集团层面来看，长视频营收模式单一，很容易就触摸到发展的天花板；尚未形成具有全国影响力的新闻新媒体客户端品牌；整体产业分布零散，历史负担与落后产能较多；在战略协同、资源打通、系统化布局方面还存在体制机制上的短板，事企融合难以突破。从新媒体平台来看，内容创新力亟须加速提升，内容 IP 融合运营尚停留在内容本身，需要设立链状开发的解决机制；此外，技术整体构架还缺乏核心竞争力，引进顶尖新媒体人才受到制约。[①] 唯有切实解决这些问题，方能真正推进湖南广电融合纵深发展。

为推动湖南广电融合纵深发展，2020 年湖南广电启动系统性变革，提出"建设主流新媒体集团"新战略目标，将布局从"一云多屏、两翼齐飞"（湖南卫视与芒果 TV 双轮驱动）调整为"一云多屏、多元一体"（芒果系内部多元主体高度协同发展），将湖南广电媒体融合的芒果模式迭代为 2.0 版。[②]

首先，关于"建设主流新媒体集团"的新战略构想，从根本上提升了湖南广电的定位内涵。湖南广电的称谓从"新型主流媒体集团"调整为"主流新媒体集团"，虽仅一字之差，却凸显了新战略的前瞻性。湖南广电的"新媒体化"并不是某一个新媒体平台带动新媒体化，而是以各自的方式全面转

① 张华立. 建设主流新媒体集团 探寻高质量发展新路径 [J]. 中国记者，2021（1）：16-20.

② 陈丹. 独家 | 张华立：广电融媒改革下的"芒果路径" [EB/OL].（2020-12-10）[2024-11-11].
https://mp.weixin.qq.com/s/yRbs-Gb_LslkA6KyaitGRg.

化为新媒体，实现新媒体的直接转型，而不是间接转型。^①"主流新媒体集团"之"新"体现在：湖南广电不希望继续停留在"传统媒体"的定位上，而是要转变为"新媒体化"，而这个"新媒体化"，不是只盯着"市场属性"，而是要始终高举党媒旗帜，要建设成兼具"党媒属性"和"市场属性"的新媒体平台，因此称为"主流新媒体"；也不希望把建设"新媒体"平台的目光只锁定在以"芒果 TV"平台为核心的"芒果超媒"身上，而是要把目光放得更长远些，建设一个"全方位实现互联网化"即一个整体组织形态、企业文化以及生态价值等方面全部互联网化的"主流新媒体"。^②所以说，湖南广电的主流新媒体集团不是泛泛而言、泛泛定义的新媒体，而应该是既能够用互联网思维运营又掌握互联网传播渠道，同时还兼具其特有属性的新媒体。

其次，从"两翼齐飞"到"多元一体"口号的改变，可以看到从强调"湖南卫视与芒果 TV 双核驱动"到强调"芒果系内部多元主体高度协同发展"的转变。这意味着参与到媒介融合阵营里的主体更加多元化，除湖南卫视和芒果 TV，还突出强调了其他卫星频道、地面频道、广播频率协同发展的主体地位。"湖南广电以高门槛长视频作为核心业务战略，以芒果超媒为资本平台，通过进一步整合业务资源，加快推动湖南卫视与芒果 TV 的深度融合，带动其他卫星频道、地面频道、广播频率协同融合发展，加速推进集团核心竞争力向新媒体的全面转移。"^③

2021 年 10 月，在第二届中国广电媒体融合发展大会上，龚政文提到，建设主流新媒体集团并不是不做广播电视等传统媒体，也不是要放弃电视大屏，

---

①　融合与传播 . 融合论道 | 易柯明：科技内容双驱动下的媒体机构深度融合发展变革路径［EB/OL］.（2021-06-07）［2024-11-11］. https://mp.weixin.qq.com/s/CyelDnkVxAnecj_canbTxA.

②　湖南广播电视台 .【启航新征程】湖南广电聚力建设主流新媒体集团［EB/OL］.（2021-08-05）［2024-11-11］. https://mp.weixin.qq.com/s/yGtKNFevWFW3i9HOD4De2w.

③　张华立 . 建设主流新媒体集团 探寻高质量发展新路径［J］. 中国记者，2021（1）：16-20.

而是在媒体结构上更注重新媒体平台的建设与发展，在大屏内容上更注重新媒体气质和移动端传播效果，在队伍建设上全员向新媒体转型并深度参与。主流新媒体集团包含 7 个要素：具有主流意识形态的政治站位；多个自主可控的新媒体平台；遵循价值观逻辑的内容创新体系；全维人才结构；文化与科技融合的智能化系统；扁平化的灵巧组织；全域商业变现手段与持续增长的收入规模。^①

按照建设新型主流媒体集团战略目标，湖南广电的媒介融合实践将朝着"系统性变革"的方向推进。2024 年 3 月 18 日当时新上任的湖南卫视党委书记、董事长龚政文表示，他也将和同志们一起锚定主流新媒体集团的战略方向，"把机制建设好，把优势发挥好，把人才激活起来，把路子走稳走实，让新质生产力之光点亮湖南广电高质量发展之路。"^②关于如何推进主流媒体系统性变革，龚政文表示"需要进一步完善集团公司的组织架构和管理体系；建立新的生产流程，探索集约式生产模式，进行供给侧结构性改革；通过管理流程的再造创新，在全集团真正构建适应新型主流媒体管理逻辑和发展要求的体制机制，完善内部控制体系，增强风险防范能力；压减落后产能，优化产业布局，减少管理层级，提高运营效率，促进湖南广电高质量持续发展。"^③提出建设主流新媒体集团战略构想，标志着湖南广电媒体融合在芒果模式 1.0 实践基础上，湖南广电媒体融合从体制机制、战略规划、绩效考核、机构设置、流程再造、平台打造、技术应用、经营机制等方面进行全面深化改革，在新生态、新赛道、新机制上正式推动芒果模式 2.0 版本的优化升级。

---

① 经典好声音. 龚政文任湖南广电集团（台）一把手！关于媒体发展，他有这些思考［EB/OL］.（2024-03-21）［2024-11-11］. https://mp.weixin.qq.com/s/yFGD5AGy8j1R5m0SPzaEZg.

② 林家鑫. 芒果换帅：龚政文接棒张华立，任湖南广电"新掌门"［EB/OL］.（2024-03-20）［2024-11-11］. https://k.sina.com.cn/article_2832970743_a8dbb3f70190160vt.html.

③ 刘燕娟. 努力交出媒体融合发展芒果模式新答卷——访湖南广播影视集团有限公司（湖南广播电视台）党委副书记、总经理、台长龚政文［N］. 湖南日报，2020-11-19（04）.

　　2024 年 3 月 28 日下午，湖南广电党委委员、副总经理、副台长蔡怀军出席大会主论坛并发表主题演讲《以"智"提"质"，文化和科技融合的芒果思考》。湖南广电致力于打造主流新媒体集团，建设国有数智超级平台，就是要做"最懂科技的文化公司、最懂文化的科技公司"，打造内容和技术的"双引擎"。[①]

---

① 湖南卫视.蔡怀军：以"智"提"质"，文化和科技融合的芒果思考［EB/OL］.（2024-03-28）
［2024-11-11］. https://mp.weixin.qq.com/s/1-C0NGXwUFExHM-WAGuDqw.

第二章 芒果模式 2.0 深度融合战略
举措的迭代升级

深度融合，即按照中共中央《关于推动传统媒体与新兴媒体融合发展的指导意见》里提出："推动传统媒体和新兴媒体在内容、渠道、平台、经营、管理等方面深度融合。"广电媒体深度融合要实现系统性变革。具体来说，应在强化新型主流媒体的整体目标统摄下，进一步优化生产力的结构性布局，破解内部条块分割、各自为政的壁垒和阻碍，大胆进行"基因改造"，从体制机制、战略规划、绩效考核、机构设置、流程再造、平台打造、技术应用、经营机制等方面进行全面深化改革，打造一体化运作模式，切实将媒体融合作为一项系统性工程，实现全面深化、整体推进、协同发展。

湖南广电深度融合创新实践的迭代升级的具体表现是将芒果模式 1.0 版本升级到芒果模式 2.0 版本，主要在"内容、渠道、平台、经营、管理"五个方面的融合创新实现了迭代升级。湖南广电原党委书记、董事长吕焕斌认为："在内容融合上实现湖南卫视、芒果 TV 双平台采购、定制与播出的全线打通；在渠道融合上构建混合云平台，利用'云转码'技术，实现从传统电视直播屏，到交互式网络电视（Internet Protocol Television，简称 IPTV）、视频及数据服务业务（Over The Top，简称 OTT）以及平板电脑、移动端所有渠道融合打通；在平台融合上形成湖南卫视、芒果 TV 双核驱动、全媒体发展格局；在经营融合上通过构建新的组织架构和商业模式，真正实现传统媒体与新媒体的一体化经营；在管理融合上打通导向管理、顶层设计和人才培养，推行全媒体人才的齿轮型配置，构建芒果全媒体生态。"①

第一节　内容融合的迭代升级：青春主旋律长视频弘扬主流价值

在 2023 中国新媒体大会"融合十年 笃行致远"主题论坛上，龚政文表示："我们要创造什么样的内容：主流的、高品质的、大众的、创新的、双效统一的。""主流的"是指体现主流价值是根本之道、做好主题创制是可行之法、符合时代主潮是破圈密码；"高品质的"是指应该坚守高品质高价值的内容制作、传播标准；"大众的"是指输出的视听内容必须是广谱的，是能够抵达并为尽可能多的受众所喜爱的；"创新的"是指要么做第一，要么第一个做，最鼓励创新，最警惕和看不起的是经验主义、路径依赖、自我重复；"双效统一的"是指在确保导向正确和社会效益优先的前提下，创造最大的经济效益，是传媒机构所不能不考虑的。②

湖南广电在 2020 年度社会责任报告中明确指出："坚持将长视频特别是主流价值观长视频作为核心竞争力的内容战略。"③湖南广电肩负社会责任，充分展现湖南卫视和芒果 TV 的创新优势，努力将主旋律作品年轻化地表达，将青春的内涵和风格一一融入内容的迭代升级，积极参与主流价值的定义。

---

① 吕焕斌. 社长总编谈媒体融合丨湖南广播电视台：不断超越的媒体融合"芒果模式"［EB/OL］.（2020-05-15）［2024-11-11］. http://www.zgjx.cn/2020-05/15/c_139060156.htm.

② 经典好声音. 龚政文任湖南广电集团（台）一把手！关于媒体发展，他有这些思考［EB/OL］.（2024-03-21）［2024-11-11］. https://mp.weixin.qq.com/s/yFGD5AGy8j1R5m0SPzaEZg.

③ 湖南广播影视集团有限公司 2020 年度社会责任报告［EB/OL］.（2021-07-02）［2024-11-11］. http://www.vfund.org/html/71/n-1271.html.

一、创新"主旋律作品"青春态表达，壮大主流声音

吕焕斌曾公开表示，芒果媒体融合的核心要义就是壮大主流舆论。湖南广电立足新闻、综艺、电视剧、纪录片等领域，生产出一批批优秀文艺作品，牢牢把握正确的导向，以新闻大片引领价值，以重点主题宣传引导舆论，在形式上注重青春态表达，致力于壮大主流声音。

（一）以新闻大片引领价值，以重点主题宣传引导舆论

首先是新闻大片。湖南广电多年以来一直走在广电行业宣传创新和改革发展的前列，从 2013 年起，以敏锐的选题、极致的拍摄、精心的后期与有效的融合传播共同打造了风格独特的"新闻大片"，以精品意识和创新思维开展新时代的主题宣传。十年来，湖南广电先后有 57 件作品荣获中国新闻奖，70% 是新闻大片，其中有 8 部新闻大片获中国新闻奖一等奖。[①] 这表明湖南广电开创了独具特色的"芒果新闻大片"生产模式，生产出了众多现象级的"新闻大片"，甚至部分"新闻大片"还实现了"全民追剧、全网催更、全域传播"的破圈效应，闯出了主流新闻创新表达的崭新路径。

自 2013 年开始，湖南卫视《新闻联播》栏目连续多年推出年度新闻大片。到 2017 年相继推出《县委大院》（讲述县委干部艰苦奋斗正能量的故事）、《绝对忠诚》（讲述人民科学家坚守的故事）、《湖南好人》（讲述为民办实事基层干部的故事）、《初心璀璨》（讲述各行业不忘初心耕耘事业的平凡而伟大人物的故事）和《为了人民》（讲述精准扶贫领域扶贫战士的故事），共同构成了弘扬社会主义核心价值观的五部曲。

---

① 湖南卫视.以大片敬时代 以初心致未来 新时代"新闻大片"学术研讨会在北京举行［EB/OL］.（2023-11-10）［2024-11-11］. https://mp.weixin.qq.com/s/6HsAc8k5RLdPtlnE4B_oKQ.

从 2018 年开始，芒果 TV 参与到新闻大片的制作中来，在融媒体背景下，对主旋律大片的创制进行了创新性的探索，代表性作品有《我爱你，中国》（讲述军人、环保战线、科学家、改革家四个群体奋斗的故事）、《赶考路上》（通过具象化人物刻画讲述千千万万共产党人的奋斗故事），以及《我的青春在丝路》（讲述"一带一路"青年奋斗者的故事）等。收获了显著的社会反响。其中《为了人民》和《我的青春在丝路》分别荣获 2018 年、2019 年中国新闻奖一等奖。《我的青春在丝路》被列为国家广播电视总局重点扶持项目；《我爱你，中国》两季节目在芒果 TV 累计播放量破 7000 万次，而且两者共同荣获 2018 年国家广播电视总局"弘扬社会主义核心价值观 共筑中国梦"主题原创优秀节目。

2020 年以来，湖南广电新闻中心生产的新闻大片每年不断刷新获奖数量，创造了湖南广电新闻作品的辉煌历史。2021 年，湖南广电共有 9 件作品获奖，获奖数量创历史新高，其中一等奖作品中有新闻访谈节目《从十八洞村到沙洲村》和创意互动作品《一张照片背后的七年》。2022 年，湖南广电共有 11 件作品荣获中国新闻奖，其中一等奖作品中有电视系列报道《"国之大者"》、新闻编排《坐上火车去老挝》、典型报道《杂交水稻之父——袁隆平》，还有广播新闻专栏《村村响大喇叭》。2023 年，湖南广电共有 7 件作品荣获中国新闻奖，其中喜迎党的二十大特别节目《总书记来信》获新闻专题一等奖，《清风侠在路上》获新闻专栏一等奖。2024 年，湖南广电共有 8 件作品荣获中国新闻奖，其中一等奖作品中有消息《这一步走了 73 年 马英九回湖南祭祖寻根》、典型报道《丝路上的中国医生》以及联合制作的重大主题报道《万桥飞架——山水间的人类奇迹》。这些获奖作品题材广泛，如教育发展、新型环保、科技创新、国际维和等，紧扣历史和时代的脉搏，满足受众需求，充分体现了湖南广电人的新闻初心和家国情怀，也体现了湖南广电党媒姓党、绝对忠诚的政治本色。

其次是重点主题宣传。自 2018 年以来，湖南广电相继把握庆祝改革开放

40 周年、庆祝中华人民共和国成立 70 周年、庆祝建党 100 周年的政治契机，推出了系列宣传作品，同时牢牢抓住脱贫攻坚主题宣传，唱响主旋律。湖南卫视、芒果 TV 等媒体充分发挥自身媒体资源优势，主导参与、创作了包括电影、电视剧、纪录片、理论片、动画片、广播剧、晚会、综艺等影音文艺作品门类，其中有 16 项为重点项目。2020 年的"脱贫攻坚三部曲"——电视专题片《从十八洞出发》、大型史诗歌舞剧《大地颂歌》、电视剧《江山如此多娇》，记录下中国实现脱贫的时代壮举，触达主题宣传的崭新高度。在延续之前高质量歌、舞、剧等宣传形式的基础上，2021 年制作了电影《第一师范》、电视剧《百炼成钢》《理想照耀中国》、大型电视晚会《百年正青春》、微专题片《百炼成钢·党史上的今天》、电视理论片《人民的选择》、纪录片《中国（第二季）》《中国出了个毛泽东·换了人间》《风华正茂百年青》、主题节目《闪光的记忆》、主题综艺节目《28 岁的你》等重点项目。①

（二）贯穿始终的青春态主题内容

相关数据显示，2020 年湖南卫视全国覆盖人口增至 12.9 亿，其中吸引了 20 ～ 49 岁中青年"流量大军"，合计占比超过 60%；② 芒果 TV "24 岁及以下"用户占比 60% 以上。③ 显然，湖南卫视和芒果 TV 的目标用户和实际受众都聚焦在"年轻"二字上。事实上，湖南卫视和芒果 TV 受到年轻人的广泛青睐，与其主题内容追求年轻化表达息息相关。无论是直播节目、电视剧节目，还是系列专题节目的内容虽各有特点，但始终紧扣青春主题，如 2021 年元旦的开年直播节目《破晓 2021》、'五四'前夜的特别节目《我将青春献给你》、电

① 芒果小叮当.张华立：建设主流新媒体集团 让党旗飘扬在冲锋路上 | 芒果日志 [EB/OL].（2021-02-05）[2024-11-11]. https://mp.weixin.qq.com/s/0rjFB0hAF8Ty6r9hDJFzmg.

② 广电独家.湖南卫视青春依旧——用户规模 7 年蝉联省级卫视第一，年轻观众占比超 6 成 [EB/OL].（2020-11-25）[2024-11-11]. https://mp.weixin.qq.com/s/5df2GpQ0iewmkPudXghh9Q.

③ 亚洲娱乐网.从"青春芒果节"说起——24 岁以下用户占据 60% 以上，芒果 TV 如何成为"年轻人的最爱"？[EB/OL].（2018-08-04）[2024-11-11]. https://ent.tom.com/201808/1613746864.html.

视剧《理想照耀中国》《百年正青春》《28 岁的你》《党的女儿》《风华正茂百年青》等。

首先，题材的选取贴近当代青年的兴趣点。选题时尽可能选择具备"知识性"、能够给年轻人带来"神秘感"和"探索欲"的内容。当代青年呈现出许多与父辈不同的鲜明特点，他们关注的话题、着迷的兴趣点，甚至认同的观念都与父辈有着较大的区别。《战旗美如画》《为和平而来》等军事国防类题材，是"新闻大片"尤为青睐的，原因就在于这类题材能够带给年轻人一种"神秘的想象"，通过呈现"军队中的年轻人（生活）、军队里到底发生什么"，收获年轻人的关注。还有一些"中国没有的""大部分人不了解的、冷门的、小众的""年轻人有天然亲近性、有感知"的内容也是"新闻大片"的焦点。①

其次，故事主人公以青年人物为主或者加入青年人元素，让年轻人讲述他们自己的"中国青年故事"，不仅能够激励广大青年，还能缩小主旋律节目与年轻群体之间的心理距离。"新闻大片"制作团队在选择拍摄对象时，往往会挑选 30 ～ 35 岁左右的年轻人。这个年龄段的青年正处于事业的上升期，他们的经验和见解对于同龄人来说具有很强的共鸣和启发性。当"新闻大片"的主题与青春相关，或者没有特定的年龄要求时，制作团队会倾向于选择年轻的主人公，甚至会明确指出他们的"青年身份"。以《我的青春在丝路》为例，每一集都会通过人物独白的方式，强调主人公的年龄，从而突出当代中国青年的形象。这种表现手法不仅增强了节目的真实感，而且使得青年观众更容易产生共鸣。当然，并不是所有的主题都适合以青年为中心进行展开。如果节目涉及资历较深的人大代表、企业家，或者非物质文化遗产的传承人等，那么此时制作团队会巧妙地融入年轻人的视角，如在介绍国家级非物质

---

① 郑雯 等.青记独家 | 郑雯:"新闻演绎"与"新闻大片":主流媒体青年价值引领的双重路径［EB/OL］.（2024-02-06）［2024-11-11］. https://mp.weixin.qq.com/s/Uj3dXleGPOd929GRNLIbuA.

文化遗产代表性项目——醴陵釉下五彩烧制技艺的代表性传承人陈扬龙时，节目中特意加入了他女儿陈利传承非遗技艺的故事。^①

（三）建立以小见大的叙事风格

主旋律作品的创作遵循"小成本、大情怀、正能量"的自主创新原则，善于运用微观叙事，以"小人物"讲述"大题材"，将"主题事件化、事件故事化、故事人物化、人物个性化"运用到纪录片创作中。如《我的青春在丝路》的年轻化表达主要表现在：一是主题的呈现上，将"奋斗青春"主题有机融入"建设祖国"大主题；二是题材的选择上，奋斗青春的"个人故事"折射中国梦大情怀；三是人物形象的塑造上，立体丰满的"奋斗青年形象"比传统的"高大全形象"更打动人。^②《百炼成钢》微党史纪录片共涉及八十余个角色，但并不是历史名场面的简单堆砌，而是聚焦于每一位党员是怎么"炼"成的，每个人物的成长线都是丰满的、立体的、有血有肉的。芒果 TV 纪录片《党的女儿》选取百年间优秀女党员代表，通过真实记录、情景再现和年轻化语言相融合的表达方式，勾勒出细节更丰富、情感更细腻、受众更为感动的百年党史。新闻专题《总书记来信》，以习近平总书记的来信为切入点，选取 8 封具有代表性的来信故事，通过寻找当年写信的"新闻当事人"，深入挖掘这些写信人的背后故事，讲述这些给总书记写信的"新闻当事人"，在新时代里与党和国家一起经历的进步与变化，通过"小人物"见证"大历史"。通过这种"以小见大"的叙事，我们可以看到一个人的成长过程，可以看到个人的奋斗与国家人民的命运的紧密关系，从而有力地引领了青年文化，传递了主流价值观。

---

① 郑雯 等. 青记独家 | 郑雯："新闻演绎"与"新闻大片"：主流媒体青年价值引领的双重路径 [EB/OL].（2024-02-06）[2024-11-11]. https://mp.weixin.qq.com/s/Uj3dXleGPOd929GRNLIbuA.

② 王晶彤，王超群. 主旋律纪录片的年轻化表达——以《我的青春在丝路》为例 [J]. 新闻世界，2020（3）：12-14.

（四）把握短、平、快的叙事节奏

"新闻大片"整体上以中视频的形式传播，单片集成系列，每集片长 8～15 分钟左右，节奏紧凑，有立场、有情感、有导向，符合新时代的要求。《我的青春在丝路》每集片长 15 分钟左右，《理想照耀中国》顺应短视频潮流，每集 25 分钟左右。这两部作品致力于表现出核心人物的精神亮点和精彩事迹，使得作品整体风格化明显，青春富有活力。

（五）采用台网互动的播出形式

主旋律作品多属于联合出品，如《我爱你，中国》和《赶考路上》由芒果 TV 与湖南都市频道联合推出，采用多平台同步传播的组合拳策略，既在湖南卫视和芒果 TV 同步"周播"，又在地面频道"湖南都市频道"上映，并通过双平台话题营销提升收视热度。同时与央视新闻开展合作，内容进驻央视融媒体渠道，并跟随节目播出进度推出相应的精选内容短视频，一举俘获网生代受众的心。[①] 这种随着互联网的发展而衍生创新产生的台网互动模式，在传播面上覆盖网生代，最终实现台网共振。

无独有偶，《我的青春在丝路》由芒果 TV 出品，共青团中央宣传部和湖南广电新闻中心联合摄制。这种制播实践，意味着芒果 TV 与集团新闻中心、湖南卫视、湖南经视、湖南都市频道、金鹰纪实卫视等优质内容生产团队已经全部联通，实现采编深度融合。并最终通过"先网后台"的传播方式先后在芒果 TV 和湖南卫视两个平台播出。

---

① 薛少林.《我爱你，中国》高口碑收官，湖南卫视如何全新定义主旋律大片？［EB/OL］.（2018-05-15）［2024-11-11］. https://mp.weixin.qq.com/s/MynFxEON0FDmeXUBOOi5jQ.

二、更迭"季风剧场"，推动电视剧高质量发展

2020 年 10 月，"芒果季风"开始尝试在短剧领域进行探索。时隔 7 个月，2021 年 5 月，"芒果季风剧场"正式面向广大观众，由湖南广电和芒果TV 平台联合播出。芒果季风剧场的开启，意味着湖南卫视延续了六年时间的"青春进行时"周播剧场正式退出历史舞台。"青春进行时"周播剧场长期主打青春、偶像、古装、言情等女性题材影视剧。该周播剧场被"芒果季风剧场"取而代之，体现了芒果台勇于突破、敢于创新的精神，打破青春剧的桎梏，走全品类路线。

近年来，各大视频平台十分关注"剧场"建设。爱奇艺相继推出了主打悬疑的"迷雾剧场"，主打甜宠的"恋恋剧场"，主打喜剧的"小逗剧场"也即将上线；优酷也在经营着"宠爱剧场""港剧场"和"悬疑剧场"；早些时候，腾讯视频也上线了"年味剧场""献礼剧场"等，当然也同样有主打甜宠的"甜蜜仲夏季"剧场……这些剧场背后的运营逻辑都一致：整合同品类剧集，用垂类内容精准定位目标受众，以争夺观众注意力，吸引新会员，加大老会员的复购率。但在所有知名视频平台中，唯独芒果 TV 走出了一条特殊的路子：开辟了"非类型化剧场"，剧集涵盖了悬疑、都市、刑侦、家庭等多种题材，不拘一格；每周仅播出两集，且体量上都是短剧。湖南广电似乎在"逆商业逻辑而行"，但其革新的脚步一直很坚定，旗帜鲜明地走出"颠覆长剧注水、颠覆悬浮表达、颠覆流量依赖"的季风剧场之路。芒果 TV 以"高创新、高品质、高稀缺"为标准，以"造焦点、造生态、造品牌"为目标，联合湖南卫视创新制播形式，推出兼具社会效益和传播价值的"芒果季风"创新周播短剧剧场，实现电视剧的破壁生长。"季风剧场"作为湖南广电在电视剧赛道布局中的进阶式深化，为全国的电视剧市场带来全新气象。

（一）主打精品短剧

为了加强电视剧网络剧出品及平台管理，在 2020 年 2 月，国家广播电视总局发布了《关于进一步加强电视剧网络剧创作生产管理有关工作的通知》，提倡电视剧网络剧拍摄制作不超过 40 集，并且鼓励 30 集以内的短剧创作。这为精品短剧创作生产提供了理想的政策环境。在此背景下，芒果 TV 与湖南卫视共同打造的"芒果季风"剧场，其呈现的产品均采用长短结合的新方式："长"指的是剧集的单集时长相对普通电视剧作品的 40 分钟左右，加长到 70 分钟；"短"则指的是剧集的总的体量较小，比之普通网剧 24 集起、电视剧 30 集以上的大中体量来说，只有短短 12 集。也就是说，"季风剧场"是将每集 70 分钟的"长"视频与每部 12 集，每周播出两集的"短"体量相结合。变革传统的电视剧剧集单集长度和剧集体量，这一创举一方面给剧集内容创作者的创作和制作带来前所未有的挑战，但另一方面，又从根本上打击一些内容注水、剧集表达拖沓的行为，重新洗牌内容创作，再次定义高质量作品。这种长短结合的形式，一方面是积极响应广电总局鼓励"30 集以内短剧创作"政策，另一方面是主动抵制充斥注水长剧影视行业的不正之风。

（二）采取台网联动的制播方式

在制播方式上，"芒果季风"剧场由芒果 TV 创制、湖南卫视开辟 22 时的"季风时段"联合播出，在以往"先台后网"或"先网后台"联动方式上进一步升级为"台网同步播出"，力求打造"台网互哺"的新局面。不仅网向台反哺精品短剧，用年轻人喜欢的内容与风格把他们重新拉回电视机前；同时台也向网输送新增用户，打破以往唯广告模式，形成新增盈利来源。由此，在双平台的盈利增收目标的指导下，形成了纵横两方面的利益链条。湖南卫视下辖的电视端作为大屏入口，能够享受到以家庭为单位的收视热度的红利。同时，芒果 TV 则深耕移动网络端口，进一步在个人领域扩大该剧目栏目的互动影响力。两者形成纵向传播链条增加季风剧场的知名度和剧集的热度。在横向辐射方面，双平台联合制作和生产剧集周边产品，进一步增加剧集的传播影响力，使其从虚拟的电视剧中走到用户的现实生活中，使"芒果季风剧场"的播出热度转化成品牌影响力。

（三）不固定类型化经营

"芒果季风剧场"题材多样，多种主题内核剧集项目完成全品类的覆盖。通过对各种类型精品短剧轮流展示，旨在凭借高品质而非高流量出圈，是提升作品质量与观众审美的一次积极尝试。季风剧场的作品对应了一年四季，一共 10 部短剧，每部剧有 12 集，每周播 2 集。

自芒果推出"季风剧场"到 2023 年年底，一共播出了 21 部剧，题材涵盖了悬疑、家庭、甜宠、都市等多个题材。2021 年季风剧场已上线的都市现实主义题材剧《我在他乡挺好的》引爆全网，口碑与热度齐飞，成为女性现实主义的一个新标杆，为季风剧场打下了良好的基础；2022 年季风剧场推出密室逃脱悬疑剧《消失的孩子》，精品悬疑可以比肩爱奇艺的迷雾剧场；同年推出的《没有工作的一年》也延续了一贯出彩的现实主义题材；2023 年《装腔启示录》展现了职场生活的真实性，获得了 8.1 的评分和极佳的口碑。[①]"芒果季风剧场"因作品有"题材创新、口碑优质、情节紧凑、故事落地"的共性特征而更具品牌意义。

---

① 姜米，子路 . 平台鲜察 | 全年「剧」观芒果，希望"季风"吹得更久一些［EB/OL］.（2023-12-21）［2024-11-11］. https://mp.weixin.qq.com/s/tf8eZC-hQUuKMo0buiJRGg.

三、进阶"独创"战略，芒果TV以差异化塑造价值

芒果 TV 的战略进阶现已达到"独创"层面。自成立以来，芒果 TV 的运营策略从"独播"到"独特"再到"独创"的不断进阶，而"青春"一直是它的品牌的清晰定位。2014 年 4 月起，芒果 TV 背靠湖南卫视这棵参天大树开展"独播战略"，播出湖南卫视自制的优质产品，开拓出内容优势；2015 年 6 月，芒果 TV 开始实施"独特"战略，绝不满足于做湖南卫视的附属品，而是立志做独立的在线视频平台，但同时又不抛弃湖南广电独特的内容生态，坚持内容驱动。2019 年 5 月，芒果 TV 战略再升级，推出"独创"口号。芒果 TV 总裁蔡怀军表示"坚持做差异化内容"和"塑造主流价值观"是独创的内核。[①] 与原口号相比，它更强调"创造"和"创新"。

（一）坚持做差异化内容运营

2019 年 6 月的数据显示，芒果 TV 的播放用户结构组成是以年轻用户为主，其中 18 ~ 24 岁年龄段占 55.6%，25 ~ 34 岁年龄段占 26.0%；少儿和大龄用户为辅，占比在 10% 以内。[②] 首先，针对青年用户群体，综艺编排上线主打脑力开发的《密室大逃脱》《大侦探》系列等综 N 代系列，以及主打青春成长、正确婚恋观、健康生活理念的《女儿们的恋爱》《妻子的浪漫旅行》《朋友请听好》等综 N 代系列节目。其次，为实现更广泛的用户覆盖面，一方面瞄准 0 ~ 14 岁青少年用户群体，在动漫少儿频道发力，以"2021 芒果动漫萌出圈，解锁全新'芒'次元"为主题进行动漫少儿频道新片推荐，如积

---

① 芒果小叮当．蔡怀军：从"独特"到"独创"——芒果价值观坚守创新之路 | 芒果日志［EB/OL］．（2019-05-29）［2024-11-11］．https://mp.weixin.qq.com/s/5_VxJ6th1u3I8MOEhkzREw.

② 吕焕斌．媒体融合的芒果实践报告［M］．北京：中信出版社，2019：186.

极响应精准扶贫政策推出了动画项目《幸福路上》。再如,以中国的国宝"熊猫"为故事主体创作了动画《熊猫叙事》,创新采用动画的形式致力于中华文化的走向国际。另一方面,拓展男性用户群体,上线"季风剧场",以《狂猎》打头阵,内容更多聚焦于男性、悬疑或现实向等题材,带动平台进一步破圈,推动用户数增多。

(二)塑造主流价值观

蔡怀军认为:"更重要的是塑造'价值'。芒果 TV 作为一家国有主流新媒体,要主动承担起责任,为社会创造价值,成为一家有责任、有担当、有价值的新型主流媒体。"[①] 芒果 TV 引领青春正能量,致力于打造年轻化的纪录片内容矩阵,承担时代责任,将青春活力融入乡村振兴、脱贫攻坚等民生工作中,形成一大特色。2018—2021 年,芒果 TV 不断输出以《我的青春在丝路》《青春正当时》,以及《党的儿女》等为代表的一系列符合主流价值审美的纪录片故事。纪录片内容矩阵回应主旋律,多次获得中央宣传部和我国主流媒体的一致认可,为其他视频平台和此类作品树立了良好的榜样。芒果 TV 在培育各品类优质内容生产的同时,也强调社会价值与内容创新的有机结合,力求实现欣赏价值与共鸣价值的平衡。综艺节目和电视剧作品的主题立意都回归社会价值,如《乘风》系列、《披荆斩棘》系列等反映中年男女在面对事业和生活困境时不断突破自我的人生追求,为当代年轻人树立起良好的精神榜样,坚守自我,永不言弃。

---

① 芒果小叮当. 蔡怀军:从"独特"到"独创"——芒果价值观坚守创新之路 [EB/OL]. (2019-05-29)[2024-11-11]. https://mp.weixin.qq.com/s/5_VxJ6th1u3I8MOEhkzREw.

四、上线"风芒"平台，新闻主力军挺进主战场

2021 年 9 月 29 日是湖南电视台成立 51 周年的日子，同时湖南广电新媒体平台"风芒"APP 正式上线。作为湖南广电旗下唯一的资讯短视频平台，"风芒"以芒果特色内容生态优势为基底，持续探索短视频新闻，助推湖南广电新闻团队向新媒体转型。以前瞻的眼光来看，立足短视频领域的"风芒"也是芒果超媒布局全媒体生态的重要一步。它和芒果 TV、小芒共同成为芒果生态的关键组成部分，短视频、长视频和内容电商共同构成了芒果超媒的"内容王国"。

（一）"风芒"新平台的前世今生

"风芒"新媒体平台的出现并非一蹴而就。早在 2015 年年底，湖南广电新闻中心就开始组建新媒体小组，筹备新媒体项目"芒果云"新闻客户端，在 2017 年 5 月 4 日正式上线运营，前期投入 1000 万元。"芒果云"的定位是集新闻、政务和服务功能于一体，大力整合全台新闻媒体资源，努力实现各类传播终端互动、移动传播矩阵互联、新闻采编流程互通，实现在全省的新闻舆论阵地上发挥融合传播的引领作用。"芒果云"通过采编流程再造，对新闻素材进行统一上传、制作、播出、分发，实现素材一次采集、多频道共享、多渠道分发。"新春走基层"直播系列、《扫码扶贫》《高考全程记录》等直播单场点击超过 20 万次。不定期开设湖南重大会议、发布会等专场直播，还开设了"湖南说""小芒果解读经济新政""历史上的湖南那天"等特色板块，从多个角度用体现新媒体特点的报道宣传经济社会发展亮点。2020 年全国两会期间，湖南广电自主研发"云采访"系统，开辟"两会云访谈""云上大连线"等新样态节目，受到中宣部表扬 8 次、广电总局肯定 18 次。

2019 年全国两会期间,以芒果 TV 为作业平台,以湖南都市频道新闻团队为主要执行团队,聚合湖南广电旗下各媒体优质资源,坚持移动优先的原则,着眼于新闻资讯类视频深度挖掘的全新新闻融媒体平台"芒果新闻"正式亮相。与芒果 TV 前期的"独播"战略类比,"芒果新闻"一样背靠湖南广电,将湖南卫视新闻频道、湖南经视等的新闻媒体资源纳为己用,形成台网互用、台网互通的新闻融媒体局面。作为一款融媒体产品,它"跨媒体、跨体制、跨平台",承载着芒果 TV "快递"两会声音、壮大主流舆论、传播主流价值的使命。作为新闻资讯的融媒体平台,"芒果新闻"在 2020 年的两会上初露锋芒。在内容生产上,推出了中宣部主题报道《走向我们的小康生活》系列短视频、国庆节期间三天"坐着高铁看湖南"小屏直播,以及"纪念抗美援朝胜利 70 周年"主题微纪录片《你曾是少年》等融媒体报道,获得观众一致好评。另外,还以《巨浪奔腾》为呼号推出系列短视频节目,有超过 107 家媒体、平台参与转播,上线 24 小时转播量即超 1000 万次。[①] 在产品形态上,首次打造全息演播室,用全息投影做背景,不需佩戴任何可穿戴设备,便可以体会到强烈的 3D 立体观感,更具视觉冲击;5G 助力前方演播室主持人和记者连线,实现更快、更稳、更顺畅的实时高清传输,创新了新媒体融合传播手段。

2021 年 1 月,湖南广电传媒中心成立"新媒体新闻事业部"。作为新闻新媒体运营部门,它从新闻生产的源头发力,发挥广播优势,做优做强新闻主平台,有效扩大新闻宣传影响力版图。从"芒果新闻""芒果云"的风起云涌,到"风芒"新媒体平台的重磅登场,一路的发展升级展现了湖南广电探索短视频新闻资讯领域布局的艰苦努力。风芒新媒体平台的启航,是湖南广电加快推进媒体深度融合的又一次"破圈"行动,有助于加快实现"主流新媒体集团"战略目标的步伐。

---

① 湖南广电党建. 湖南广电 2020 社会责任报告发布［EB/OL］.（2021-07-04）［2024-11-11］. https://mp.weixin.qq.com/s/_loEiO173vW3L-v3lnkYyw.

（二）"风芒"新平台的短视频新闻融合创新实践

风芒 APP 通过与湖南卫视新闻中心、湖南都市频道的深度融合，不仅实现了新闻短视频的权威性保障，还展现了内容的多元化和价值引领。具体特征体现在以下三个方面。

第一，风芒通过融合联动的策略，构建了一个权威的新闻平台。这一策略的核心在于整合资源，形成强大的内容生产和分发网络。首先，在新闻报道方面，"风芒"APP 与卫视新闻中心、都市频道的"都市 1 时间"栏目打通资源，确保它们的重大时政新闻报道、重大主题报道和都市新闻报道在第一时间同步发布到"风芒"APP，确保了新闻的时效性、独家性和权威性。其次，"风芒"APP 与湖南卫视、芒果 TV 在综艺和电视剧内容上深度联动。通过对重点综艺剧集的独家专访、二次创作和宣传推广，"风芒"APP 不仅丰富了自身的内容库，也为用户提供了更多观看体验的视角。最后，"风芒"APP 还与电视大屏、市县融媒联动，推出"直播＋短视频＋文字评论＋视频评论＋图文＋精彩回放"等多种节目形态，这种多样化的内容形式满足了不同用户的需求，增强了用户体验。

第二，风芒生产精品主流宣传内容，突出价值引领。生产精品主流宣传内容是风芒的一大特色，例如，百集微纪录片《十年家国十年心》总阅读量破 20 亿，入选"2022 年第四季度优秀网络视听节目"；理论片《十讲二十大》以短视频形式宣传党的创新理论，总阅读量超 2.6 亿，荣获 2023 年度湖南新闻奖一等奖。这些节目以高质量的内容吸引观众，传递正能量。此外，风芒重点培育了"芒客"频道，开辟了《风芒锐评》《震海风云》《"纪"点历史》等近 30 个热评专栏。邀请专家、学者、博主等各界人士参与讨论，增强了对国际国内重大事件的舆论引领力，这不仅增加了内容的深度，也为公众提供了一个多元化的讨论平台。

第三，风芒在技术驱动方面不断创新表达与传播的方式。风芒在内容生产过程中注重文化与科技的深度融合，增强理论节目的吸引力与观赏性。比如，使用全虚拟技术制作的理论片《思想的旅程》，采用了用户体验（User Experience，简称 UE/UX）虚拟场景技术和体积视频技术，极大地提升了观赏性，使得抽象的理论内容变得生动有趣。人工智能生成内容（Artificial Intelligence Generated Content，简称 AIGC）短视频《当雷锋遇见雷锋》则利用 AI 技术还原声音，展现了新时代主题内涵，增强了视频的感染力。这些创新技术的应用，不仅提升了内容的感染力，也丰富了短视频的表现手法和传播途径。

通过实施上述策略，风芒不仅提升了平台内容的质量和多样性，也增强了其作为权威新闻媒体平台的公信力和吸引力。在内容上，风芒坚持高质量、高价值的输出，确保了信息的准确性和权威性；在形式上，风芒不断创新，运用最新的技术手段提升了用户的观看体验；在传播上，风芒通过多渠道、多平台的合作，拓宽了传播途径，增加了影响力。这些做法无疑为风芒赢得了用户的信任和支持，也为其他媒体平台提供了宝贵的经验和启示。

五、升级"大芒计划"，打造中短视听内容新生态

（一）"大芒计划"1.0，打造网红带货营销新生态

在 2019 年，"网红带货"成为电商变革新趋势，各大平台出现了众多网红带货最具代表性的人物，网红直播间已经成为各个平台卖货的新战场。2019 年 8 月，芒果 TV 正式推出"大芒计划"，该战略计划旨在筛选出内容创作型网络红人，并通过一系列措施延长其商业生命周期，以实现品效合一。凭借当下流行的"网红带货"模式来直接为品牌客户带来盈利，形成用流量换收入的商业逻辑，完成芒果 TV "IP—KOL—品牌"一站化营销。简言之，"用优质平台资源和 IP 内容为关键意见领袖（Key Opinion Leader，简称 KOL）

赋能，来提供品牌营销的变现价值。"从战略布局来看，如果说，以内部顶尖芒果工作室为核心的长视频生态是第一生态圈，那么，"大芒计划"旨在打造以外部扶植的芒果制作人为核心的短视频生态，即为第二生态圈。芒果 TV 希望通过利用"大芒计划"完成从专业内容生产（Professional Generated Content，简称 PGC）到专业内容生产 + 专业用户生产内容（Professional User Generated Video，简称 PUGC）生产体系的升级，拓宽多元化平台内容的输送渠道，从而做到查漏补缺，补齐芒果 TV 在短视频方面的短板。

第一，在 KOL 扶持方面。2019 年"大芒计划"1.0 通过"大芒带货榜""马栏山学院""大芒用户创作中心"等活动吸引 KOL 入驻，提供千万元创作基金来大力扶持内容创造者，支持原创型视频创作，为上千名创作者搭建了短视频平台。2020 年"大芒计划"2.0 将超过 800 万创作者作为扶持对象，建立芒果学院，在网红、带货、导演、编剧、剪辑等台前幕后的全部岗位开班授课；建立"金字塔造星计划"晋升机制，依靠芒果 TV 强大的资源优势为优秀创作者提供平台、商业变现等一系列扶持，比如获取担任 S 级综艺节目飞行嘉宾、参演自制剧等资格，帮助表现优秀的创作者成长为成熟 PGC 制作人，为自制剧集与综艺提供新鲜血液。另外，最重要且最独特的是在版权方面，"大芒计划"也为创作者提供了强大支持。创作者们可以对芒果系的 IP 内容进行二创自由发挥，而且不用担心潜在的侵权风险，为网红 KOL 的内容创作素材注入新鲜血液，在当下同质化日趋严重的原创视频内容环境下显得尤为珍贵。①

第二，"大芒计划"所带的货，由湖南广电公信力为其背书，具备丰富的供应链经验，与品牌建立深度合作。一方面，依托公司旗下媒体零售平台"快乐购"丰富的供应链资源；另一方面，依托母公司湖南广电的广告主资源

---

① 开源传媒方光照团队 . 芒果超媒（300413）公司深度报告："大芒计划"升级 2.0，引领综艺营销、内容制作和艺人经纪新趋势［EB/OL］.（2020-07-07）［2024-11-11］. http://www.nxny.com/report/view_4406607.html.

优势，以及公司多年深耕内容营销领域的经验优势，公司合作品牌数持续增长，广告主资源丰富，易获取低价优质好物。

第三，"大芒计划"与芒果 TV 爆款综艺进行联袂，再次赋能网红 KOL，率先引导了综艺带货新模式。2019 年"大芒计划"在《你怎么这么好看》和《来自手机的你》等自制综艺中，用"人 + 内容"的匹配形式向客户进行资源输送和红人矩阵的裂变传播。例如，以《我最爱的女人们》IP 为基础，为韩束品牌独家定制了 KOL 带货挑战赛，电商平台同期新客引流率提升了 128%，网红带货的限定商品在开播 5 分钟内就全部售罄。2020 年，大芒计划 2.0 将在 3 年里提供 100+ 剧集、200+ 综艺的资源支持，继续钻研品牌营销同剧综场景内容无缝融合的新带货模式，构建良好网红带货生态圈。2020 年下半年，综艺节目《乘风破浪的姐姐》联手抖音进行独家带货直播，与"大芒计划"产生催化反应，实现多方共赢：一是丰富广告变现模式，实现"综艺赞助 + 姐姐代言"双赢；二是推广会员年卡，促进会员收益增长；三是开设"芒果 TV 好物"抖音小店，布局直播电商 + "芒果好物"衍生品，实现 IP 乘数效应。"大芒计划"的出现，为解决当前"KOL 生命周期越来越短暂、KOL 的商业变现能力越来越分散"的网红经济营销痛点，提供了根本的保障。

（二）"大芒计划"升级 2.0，打造中短视频内容矩阵

2020 年 6 月，"大芒计划"正式升级到 2.0 版本，重点开发大芒短剧、大芒轻综艺系列化内容厂牌，旨在通过中短视频内容的支撑，为平台筑好"流量护城河"与打造"新的流量增长极"。

1.微短剧赛道的不断发力

芒果 TV 作为视频平台中微短剧最早入局者之一，自 2019 年"大芒计划"诞生以来，出品了《进击的皇后》《念念无明》《虚颜》《风月变》等精品爆款，其中《风月变》更是成为第一部上星播出的短剧，走出了一条

"微而不弱，短而不浅，剧有品质"的芒果特色精品微短剧之路。经过 4 年经验的积累，"大芒计划"已在湖南卫视上线"大芒剧场"，精选优质微短剧相继播出，形成微短剧的台网双平台联动。内容创作上逐渐摸索出了三条主打路径，包括大芒微短剧、精品微短剧和小程序分账剧，建构产品矩阵。

一是大芒微短剧。围绕着芒果 TV18 ～ 24 岁的年轻女性会员群体，遵循长视频的逻辑，着力打造每集 10 ～ 15 分钟，每部 16 ～ 24 集的总体量，总时长 200 ～ 400 分钟的微短剧，内容以国风、破迷和疗愈三大主题特色为主。国风对标古装，目前《招惹》和《锁爱三生》在芒果 TV 上获得了很好的转化；破迷与芒果 TV 在悬疑综艺的受众基本盘有关系，目前因为《大侦探》系列和《密室大逃脱》获得了很好的受众，实现了很好的转换；疗愈则是大芒短剧对年轻人社会情绪的洞察。[①]

二是精品微短剧。随着微短剧受众圈层的扩展，芒果 TV 也不断开放"朋友圈"，与行业的优秀制作团队深度互动，以满足观众更加多元化的审美需求。2023 年年末，平台与抖音达成"精品短剧扶持计划"，前者凭借导演、编剧、传播、创新等方面的优势，后者运用科技创新、流量分发、运营势能方面的资源，双方将围绕新国风、新青年、新生活等十大主题进行联合出品与内容共创，"本质上是为了消除'短剧即下沉爽剧'的刻板印象，让市场回归内容竞争，减少劣币驱逐良币，让好内容叫好又叫座"[②]，共同推动微短剧内容向精品化及高质量方向发展。精品微短剧是基于快速电影的逻辑，每集 3 ～ 5 分钟的时长，每部 16 ～ 20 集的总体量，总时长是 80 ～ 100 分钟。内容上强调 3 ～ 4 集出现一个新的翻转，出现一个新的推进，从综艺衍生、时

① 飞鱼.芒里藏锋，微短剧的长尾与后劲丨对话大芒计划陈亚飞［EB/OL］.（2023-08-26）［2024-11-11］. https://mp.weixin.qq.com/s/q1M4jLhmBIJyxgsYgT2MDg.

② 鲁伟."大芒计划"陈亚飞：做芒果特色的精品微短剧［EB/OL］.（2023-12-28）［2024-11-11］. https://mp.weixin.qq.com/s/MFEec2dOyL7YH-FaCCV_jA.

下热点或者行业切口的题材作为创作赛道。

三是竖屏小程序剧。这需要内容、技术、团队的合力赋能。湖南广电旗下各大节目制作团队、影视制片团队、内容生产团队等"芒系团队"相继入局，同时吸纳外部优质团队加入，为精品微短剧的制播持续注入原动力。在扶持政策上，大芒也将通过与芒果 TV 合作的众多平台和厂商，从生态流量角度对大芒竖屏小程序剧进行导流，确保大芒竖屏小程序剧在商业模式上得到更广泛的拓展。[①] 竖屏小程序剧主要基于情绪逻辑和戏剧逻辑，争取实现多类别题材的持续供给，在满足受众多元需求的同时，与其建立起普遍的情绪共鸣。

2.轻综艺赛道的带状思路

在轻综艺方面，"大芒计划"通过推出《定义 2021》《YES OR NO》《"衣"见倾心》等节目，已打造出 10 分钟观剧的"大芒轻综艺"品牌。与湖南卫视播出的综艺节目的不同之处是轻综艺更短平快、更垂直，类型化也更丰富，也更容易突出嘉宾的个人特质。轻综艺锁定的绝对值较小，所以辐射观众的绝对值也较低，因此它的类型会更丰富，如宠物、美妆、心理测验等题材。如果将这些题材套在大的故事框架中，是很难形成精品有深度的节目内容。但是放在轻型综艺中，可以将对题材产生更深入的挖掘。用带状思路做轻综艺，"大芒计划"主要开拓了两条路径。

一是依托站内推理、音综、旅行等几大热门类别，同步开发系列微综艺，刺激用户消费该类视频内容。这一类轻综艺内容与芒果 TV 长视频 IP 内容一脉相承，如《定义 2021》就是《披荆斩棘》的影子。2021 年中，上线的单期 15 分钟左右的极速推理微综《YES OR NO》，节目模式类似"海龟汤"：由嘉宾提出问题，通过主持人回答"是"或"不是"推导出整个故事。该节目与《明星大侦探》系列、《密室大逃脱》等解密类综艺一祖同宗。

---

① 鞭牛士．芒果 TV 周裴：3 月份微短剧爆款项目投入预计超 1000 万［EB/OL］.（2024-03-09）［2024-11-11］. https://new.qq.com/rain/a/20240309A02YMR00.

二是针对站内内容的缺失进行补充。以芒果 TV 为例，该平台过往并未广泛涉及宠物类节目的制作。鉴于大规模投资新题材长综艺以测试市场反应存在较高的风险，因此芒果推出了轻综艺《去野吧！毛孩子》。这档节目作为试水项目取得了成功，因此计划后续将推出全新的宠物类综艺节目。这类节目因为体量小、题材垂直，对客户招商具有较高的友好性。①

六、全面拥抱AI，文化与科技融合助力芒果新质生产力

面对 5G 新时代，内容与文化科技融合是芒果模式 2.0 融合创新的重点与亮点之一，如 5G 智慧电台，虚拟制播技术、沉浸式视频技术等。湖南广电集团党委书记兼董事长龚政文出席 2024 年世界青年发展论坛长沙站活动期间发表了题为《让科技之光放大文化之美传播之力》的致辞，并公开表示，湖南广电要做最懂文化的科技公司和最懂科技的文化公司，新技术在内容创新中的使用占比超过 90%，"科技之光"放大了"文化之美"。②

2018—2019 年，芒果 TV 对前沿技术布局就已经表现出敏锐的洞察力，先后成立了创新研究院、上海科技大学联合实验室等，在 5G、AI/VR、智能影像视觉、光场技术等领域展开探索和研究。湖南广电正依托智能化的建设理念，牢牢把握自主研发最新智能技术的主动权，搭建可迭代发展的新技术系统，确保新技术与内容融合，并协同发展。

（一）致力 5G 媒体应用研发

2020 年湖南广电重点推进两项 5G 技术项目：5G 高新视频实验室项目和5G 智慧电台项目。2020 年 3 月 31 日，"5G 高新视频多场景应用国家广播电

① 东西文娱.轻综艺正处于上升期，未来综艺将"两头"分化丨大芒计划轻综艺负责人杨建伟［EB/OL］.（2022-07-27）［2024-11-11］. https://mp.weixin.qq.com/s/KCqLCJqOLCbrOi7ryJ8lgg.

② 呢喃.湖南台台长龚政文：湖南卫视与芒果 TV 是湖南广电最具代表性的两个媒体平台［EB/OL］.（2024-08-19）［2024-11-11］. https://mp.weixin.qq.com/s/mW6Tm74yoE976r3ymZF-hA.

视总局重点实验室"正式落户湖南广电。电广传媒作为 5G 高新视频实验室的运营主体，自主开发了"5G 芒果超视"以生产视听内容。"5G 芒果超视"基于"5G+ 云 + 人工智能"的技术支持，能够实现随时随地拍摄、剪辑、存储、审核和分发，为新闻资讯类或综艺节目类的内容生产提速增效。[①] 目前已经运用于湖南两会报道和《歌手·当打之年》总决赛、《乘风破浪的姐姐 2》等综艺节目的内容生产中。5G 智慧电台则是基于人工智能技术的广播节目编排系统，能够实现 5 分钟自动生成一套全天候滚动播出的电台节目。目前为止，全国范围内有 397 家公司或机构与 5G 智慧电台签约，与此同时，具有签约合作意向的也多达 737 家，为县级融媒体中心建设添砖加瓦，夯实基层组织主旋律地基。

（二）布局虚拟技术赛道

早在 2017 年，在长沙市成立的国内首家广播人工智能实验室，是湖南广电、科大讯飞携手共建"AI+ 广播新技术"研发应用平台"听说"。2018 年全国两会上推出《AI 主播报两会》产品，便是采用的由它研发的"AI 新闻主播系统"。在湖南人民广播电台的《全省新闻联播》节目中，首次出现了由人工智能虚拟主播播报的新闻内容，用更为生动的方式解读政府工作报告，这种具有创新性的两会报道方式受到各界好评。[②]2019 年 4 月，伴随着 VR/AR 等技术日益成熟，湖南广电成立幻视科技，专注于 XR 的研究与应用，加速在虚拟技术赛道上的布局。2021 年 9 月，经由数字技术建构而成的虚拟主持人"YAOYAO"，首次在芒果 TV 中正式亮相。在大数据与算法的加持下，她的脸部建模、身材重塑以及动作生成，皆来源于制作者对上亿张亚洲面孔、身

---

① 众视 DVBCN. 湖南有线 5G 实现首次应用，助推湖南卫视"云录制"落地［EB/OL］.（2022-02-25）［2024-11-11］. https://mp.weixin.qq.com/s/qNYshZS9kLqIyxXMfjmSZg.

② 传媒顺风耳. 芒果台的新动作：用 AI 重构广播生态［EB/OL］.（2018-11-26）［2024-11-11］. https://mp.weixin.qq.com/s/lMmuVV7ELKsLWZP3KyedmA.

体、动作的技术扫描和分析。2021 年 10 月 1 日，作为芒果幻视与湖南广电 5G 重点实验室联合研发的第一位数字主持人，"小漾"正式亮相，她的定位是名实习主持人，后续将在各类综艺、晚会中出现。2022 年 11 月，芒果幻视又开始了全力进军虚拟直播赛道，推出首位元宇宙国风虚拟人"橙双双"上线快手平台。

（三）AI 技术全面运用于湖南广电各类内容制作

2024 年 7 月 23 日，芒果 TV 大模型正式通过中央网络安全和信息化委员会办公室（中央网信办）生成式人工智能（大语言模型）备案审核。芒果大模型是依托广电行业数据、节目内容创制知识经验等特色内容，围绕传媒及文娱产业打造的可信、可控、可管、可用的垂类应用大模型，可支撑节目创意策划、内容创作和生成、角色拟人对话、生成式内容推荐等丰富的行业应用场景。[①] 目前，数千种新技术被广泛应用在湖南广电的综艺节目、纪录片、电视剧、晚会等，使用占比超过 90%。

首先，将 XR 技术运用于晚会。2021 年 10 月 1 日，芒果 TV 打造的我国首个虚拟直播演唱会厂牌《潮音实验室》第一场说唱专场演出也正式亮相，这在一定程度上用 XR 技术打破了三次元中对于空间与时间的限制，7 组说唱型选手在符合其曲风与个人艺术表达的虚拟场景进行表演，让音乐重新获得了视觉表达，也让观众拥有了全新的演唱会体验。2023 年跨年演唱会上，湖南卫视数字主持人小漾与《制造浪漫》等虚拟数字人的节目纷纷精彩亮相，导演组大胆采用虚拟人实时驱动方式，实现新科技与新应用的创新蜕变。其次，将自研 AI 技术深度应用于节目运营。例如，在《歌手 2024》直播间中嵌入的 AI 产品"爱芒歌手排名预测"，该产品是基于芒果大模型的"芒果西米露"智能体应用平台打造的，在直播期间实时分析现场音视频流，在视觉

---

① 芒果 TV. 芒果大模型备案通过！芒果 TV 成立"山海研究院"专注视频生成领域［EB/OL］.（2024-07-24）［2024-11-11］. https://mp.weixin.qq.com/s/0YIV1pjKWlVkJGbXIpN1OA.

维度识别观众情感变化，在音频维度识别歌手音高音强的基础上，再辅以歌手信息、歌曲信息、歌手往期排名、实时舆情等数据，实现多模态信息的理解、整合和分析，最终实现实时的排名预测并发布。除直播中的 AI 预测，在生产端 AI 也在大幅提高生产效率。在节目点播内容的制作过程中，平台借助 AI 技术，实现快速剪辑、AI 打码、AI 唱词等，从而大幅提高产能，完成成品的交付。[①] 再次，将 AI 技术落地在微短剧风口上。自主研发"AI 智选剧本"，大芒微短剧实现起量提质，剧本评估量翻番，创作效能提升 40%；自主研发的 AIGC 视频自动拆条技术，极大提升短视频制作能力，日产可突破6000 条。其旗下 5G 智慧电台运用 AIGC 技术，5 分钟生成一套电台节目，实现音频内容分发创新，帮助湖南广电减少了 50% 的运营人工成本。最后，创造 AI 导演爱芒创新综艺节目制作。2024 年 3 月，首档由 AI 导演爱芒参与制作的芒果 TV 综艺节目《我们仨》正式录制，AI 导演爱芒在实时语音交互、视频剪辑、推进节目流程、提出节目创意策划方面展现出惊人的天赋。之后又推出首档 AI 导演独立综艺《爱芒的 1% 法则》，在节目中爱芒通过深度学习全球游戏节目数据库，不断训练游戏生成功能，打造出区别于市面上所有综艺节目的新玩法。[②] 芒果 TV 副总经理、首席技术官卢海波指出，湖南广电将爱芒定位为"在节目制作和影视制作领域的新生产力"。[③]

（四）试水互动视频创新

基于对 5G、AI 技术的积累和对内容走向的理解，芒果 TV 在行业内率先尝试实施互动视频的创新实践。2019 年芒果互娱研发了互动剧游戏制作引

① 国家广电智库.【案例】以自研技术驱动现象级内容，《歌手 2024》背后文化与科技融合的新范式 [EB/OL].（2024-08-26）[2024-11-11]. https://mp.weixin.qq.com/s/OhqHhTMaT4Qf4BIagfayMw.

② 广电视界.发展新质生产力——湖南广电打造独特的芒果矩阵与生态 [EB/OL].（2024-04-27）[2024-11-11]. https://mp.weixin.qq.com/s/tOVqKERAdWC0QfoLM8Tveg.

③ 林沛.湖南广电 AIGC：充分场景 + 优质内容，落地芒果大模型能力 [EB/OL].（2024-05-08）[2024-11-11]. https://mp.weixin.qq.com/s/2EBGIni-AfGBwTX-8u7_FQ.

擎"芒果助手"，首创了"自助式"的互动剧制作系统，用户只须上传影视片段就可以实现一个互动剧游戏剧本的创作。芒果 TV 互动剧的制作基于自主研发的互动剧技术制作平台、互动视频服务平台、互动视频播放系统，可以在平台进行预览和调试视频互动效果，推动视频具备各种互动研发能力。① 芒果 TV 互动视频的模式是凭借自身积累的综艺 IP 进行互动综艺的制作，背靠湖南卫视，芒果 TV 将持续在互动综艺这个细分领域发力。首部互动剧《明星大侦探之头号嫌疑人》（简称为《头号嫌疑人》）于 2019 年在芒果 TV 上线，在 2020 年迅速推出第二季《明星大侦探互动衍生 2 之目标人物》（简称为《目标人物》）。《目标人物》在《头号嫌疑人》的基础上，进一步细分了目标市场，将愿意为优质内容付费、注重看剧体验的侦探迷群体作为利基市场。

第二节　渠道融合的迭代升级：一云多屏、多屏互动全终端覆盖

张华立说："我们将借助集团整体数字化建设来主导组织变革，从原有的一体两翼、一体多元升级到一云多屏、多元一体的扁平组织形态。"② 以芒果 TV 新平台为突破口，运用互联网技术搭建"一云多屏"技术体系，从而实现湖南卫视和芒果 TV 双平台在媒资、技术、数据等多方面、多层面、全方位的互联互通，并最终形成传统电视这一老牌传播介质与直播屏、IPTV、OTT、平板电脑、手机等新的传播介质的新老共存，最终实现全渠道融合。

---

① 陶钰，王超群 . 互动剧市场中的芒果 TV 差异化战略 [J] . 视听界，2021（3）：53-58.

② 芒果小叮当 . 张华立：坚定地向"建设主流新媒体集团"目标勇敢出发！| 芒果日志 [EB/OL] .（2020-11-19）[2024-11-11] . https://mp.weixin.qq.com/s/SdfEAq2HrEcqw0f5QtzVMA.

一、建构一云多屏，打通台网融合的"任督二脉"

"一云多屏"是指一个内容可以为用户提供多个观看渠道，将多屏（包括 PC、移动、智能终端、OTT、IPTV、DVB-OTT）混合业务尽可能集中到一个云上，实现跨端口的互动与同步，构建统一的信息技术架构。[①] 湖南广电选择从芒果 TV 突破，通过构建"混合云平台"逐步实现"一云多屏、多屏共生"的战略目标。选择芒果 TV 的原因是其具备实现多屏传播最适合、最充分的条件。一方面，芒果 TV 基本上覆盖了家庭电视端、网络 PC 端、移动手机端等在内的多种屏幕终端，具备较为齐全的屏端播出资质。另一方面，芒果 TV 还具备超强的内容产品创作、生产和运营能力，覆盖业务流程的全部过程，展现出强大的竞争力和生命力。"一云多屏"的战略目标，即努力建立一个以芒果 TV 为核心品牌的视频终端及内容生态圈立体传播体系。[②]

为了实现这一战略目标，首要任务是开启"全端加速度"策略。2014—2016 年，短短的两年时间内，芒果 TV 成功开发了七大芒果系视频终端，包括视频网站、网络电视、手机客户端、湖南 IPTV 等。截至 2017 年年底，芒果系视频终端用户数量激增，其中芒果 TV 视频网站播放的月覆盖人数达 2.46 亿，手机 APP 安装激活量突破 5 亿，互联网电视终端激活用户数 6500 万，运营商电视业务全国覆盖用户超 5500 万。[③] 由此，芒果 TV 内容生态圈

① 王聪彬 . 芒果 TV"一云多屏"的统一架构图景［EB/OL］. (2016-09-26)［2024-11-11］. https://mp.weixin.qq.com/s/WZzoU6DcueGpzRbXNFKHOQ.

② 徐冰，舒煊 . 从全端走向云端：芒果 TV"一云多屏"的创新之路［J］. 新闻与写作，2016（10）: 19-22.

③ 编辑部 .【芒果 TV 考察（下）】——IPTV 业务和 OTT 业务［EB/OL］. (2017-12-21)［2024-11-11］. https://mp.weixin.qq.com/s/RaYPEfqz_ifPdUVA7-y6Bw.

初见雏形，用户可以通过这些视频终端实现基本一致的视听体验，湖南广电顺利实现"一云多屏"的全终端覆盖策略。自 2020 年以来，芒果 TV 进一步建设"融播融控智能云平台"，旨在打造集云储存系统升级、内容生产系统升级、素材库升级、AI 智能算法应用、"4K+ 云直播、云点播"于一体的文化承载与传播平台。该平台覆盖互联网、移动互联网、IPTV、OTT 等各类新媒体传播渠道，实现传统媒体与新媒体一体化传播。

此外，芒果 TV"云中心"系统建设也是另一重要策略目标。"一云多屏"的云端技术，旨在检验技术体系对不同业务的兼容性，以及其快速整合同类业务与数据的能力。这种能力的综合考量，涉及产品自身形态是否统一、产品运营者采取的运营模式是否合适、多种端口的接入规范是否标准、媒介资源的管理分配和运用是否合理且充分、用户大数据的收集与共享是否全面且顺畅等关键问题。"云中心"系统的建设，采用了双轨并行的实施路径。

芒果 TV"云中心"系统建设的第一条路径，是对海量数据资源进行有效管理，全路径保障数据的准确性和全面性。在 2015 年 12 月，芒果 TV 成功地自主研发并上线"媒资运营管理系统"，涵盖了芒果 TV 媒资内容的存储、编目、审核、发布、管理，完成了全流程管理，支持包含全广电资源收录、版权购买资源、自制资源及 UPGC 等多格式多渠道的纷繁资源的生产和管理。2016 年 9 月，芒果 TV 媒资库视频 ID 的合并正式上线，这意味着芒果 TV 媒资完成了多端视频文件的合并，标志着芒果"一云多屏"的基础搭建全部完成，形成了可完成"云储存、云分发、云计算、云处理"的多功能"云中心"平台。[①]2020 年 10 月，湖南广电技术调度中心的媒资系统正式上线，该系统允许所有芒果工作人员通过集团办公网，依据个人授权级别检索海量媒资内容。技术调度中心立足于视频挖掘技术，运用云计算功能，在视频的存储、内容分发网络（CDN）技术环节进行云处理，实现全时段、不间

① 吕焕斌 . 媒介融合的芒果实践报告［M］. 北京：中信出版社，2019：266-267.

断、全覆盖、有区别地针对不同用户需求完成高速智慧的内容处理，能够做到一次处理，多次使用，从而展现出产品的高性价比和高使用率。目前，中心媒资系统已积累存储视音频资料 19.5 万小时，存储总量 2.75P，总计素材 68 万条。①

二、打造多屏互动，5G助力多场景资源联动

芒果 TV "云中心"系统建设的第二条路径是以支持应用服务为导向，主要关注技术如何为内容生产服务。芒果 TV 所需要执行的内容生产根据重要程度可以划分成为核心业务、非核心业务，以及其他业务（这里主要是指临时性、突发的紧急业务）。目前，芒果 TV "云中心"系统面对这些业务已经建立了私有的云平台，确保业务的有序进行。芒果 TV 建设的私有云规模有限，但是考虑到内容生产所需要的空间日益扩大的情况，芒果 TV 积极寻求解决未来可能出现的供需失衡现象的办法。目前有效的解决办法之一是与公有云服务商进行合作。②2014—2016 年，芒果 TV 与亚马逊云科技（Amazon Web Services，简称 AWS）开展系列合作，AWS 支撑芒果 TV80% 的核心业务的正常运行，包括 2016 年湖南卫视跨年演唱会直播活动等众多重大直播活动的系统架构准备与相关技术支持。③2020 年湖南卫视《歌手·当打之年》总决赛首次进行了 5G 网络下的 4K 直播，可谓云制作、云转码、云剪辑等云技术运用的综合实战。五位参赛歌手在不同城市录制的媒资素材，每组大约 500GB ～ 1TB。如此庞大的数据体量，用网盘或人工传递的方式至少

---

① 芒果小叮当. 湖南广电中心媒资系统上线！|芒果日志［EB/OL］.［EB/OL］.（2020-10-21）［2024-11-11］. https://mp.weixin.qq.com/s/bvFOcu3vZKa4qW7BbrRVEg.

② 牛小七. 广电 | 全解芒果 TV 混合云平台架构［EB/OL］.［EB/OL］.（2015-10-05）［2024-11-11］. https://mp.weixin.qq.com/s/vpc-ODXCgQ9B6mnbEwH5DQ.

③ 王聪彬. 芒果 TV "一云多屏"的统一架构图景［EB/OL］.（2016-09-26）［2024-11-11］. https://mp.weixin.qq.com/s/WZzoU6DcueGpzRbXNFKHOQ.

要 20 个小时，还面临着数据泄露、协调失当等风险，因此素材回传就成为"云录制"过程中最为重要的环节。AWS 提供技术服务，实现 2 小时内即可完成素材回传，全程自动化，为湖南卫视向观众呈现完美的节目提供了坚实的保障。[①]

2021 年以来，湖南卫视的云平台建设正在一步一步走向成熟。继云平台之后，湖南卫视在《新手驾到》和《元气满满的哥哥》等综艺节目的录制中创新使用了"云监看"系统。该系统能够帮助节目组有效实施对节目嘉宾行动的监看，大大节省了节目录制的人工成本。同时，该系统也帮助导演"云监看"，进而统筹全局，及时调整。在综艺节目尤其是户外真人秀节目中，多位嘉宾共同行动，即使多个跟拍导演协调配合，也仍可能会出现跟丢、误报等各种意外状况，最终影响节目录制。而"云监控"系统能够帮助导演同时轻松掌握多位嘉宾的状态和行动，并据此加以引导和调整节目录制的节奏，把握节目走向，提高录制效率。[②]

2020 年面对内容电商、网红带货的竞争压力，湖南卫视创新"大商业直播"，举办了多场电视直播，如《出手吧兄弟——芒果扶贫云超市大直播》《汽车之家 818 全球汽车夜》等。这种电视直播主要有两种屏端用户，一是以家庭为主要承载单位的大屏电视端口，二是以个人为主要接收单位的小屏，即移动手机端。面对如今火热的电商直播带货，小屏移动手机客户端成为主要的直播收看的媒介。晚会的内容会直接影响到电视直播能否达到预期的热度。在此背景下，电视大屏和手机小屏的融合创新成为一种趋势，电视直播作为宣传平台，而手机直播则承担带货功能。在直播活动中，"秒杀""扫码"等互动方式成为电商直播的普遍行为。"多屏共生、跨业融合"电商平台和电

---

①　大数据在线.《歌手·当打之年》开创"云录制"先河，技术能力广电行业下一个角力点［EB/OL］.（2020-04-27）［2024-11-11］. https://mp.weixin.qq.com/s/k6q0eECTqTtrqH8lz_zV2A.

②　广电猎酷.【行业】湖南广电推出节目录制"云监看"系统［EB/OL］.（2020-08-10）［2024-11-11］. https://mp.weixin.qq.com/s/Ay5SMBGOvC7dd8yuluvTSg.

视台合作，通过"综艺＋晚会＋直播带货"模式，构建大小屏、线上线下、电视电商互动体系。

2023 年天猫双十一购物狂欢节的晚会直播《天猫双 11 惊喜夜》再度落户马栏山。这场晚会直播不仅通过湖南卫视、芒果 TV、淘宝直播延续了多平台、多渠道联动的传统优势，更通过技术创新实现了"穿屏互动"，为观众提供了全新的观看体验。在直播晚会现场，除一个天猫主直播间和 6 个头部品牌直播间外，还设有分布于全国各地的 30 个达人带货直播间。晚会的一个核心内容创意特色是在长达 4 个多小时的直播过程中，将分批次与外场 30 个直播间进行"穿屏互动"。每次按需抽选出 6 个直播间在现场进行合屏呈现，并选取其中一部分直播间进行深度互动连线。通过达人带货的火热场景，为晚会现场增添整体的氛围感与代入感。而湖南广电自主研发的 M-TECH 实时流媒体技术服务平台，为"穿屏互动"的实现提供了技术支持。通过"云演播室"连线软件，带货达人可以进行竖屏无感接入，在不影响其直播带货的前提下，与主现场进行实时连线互动。同时开发了多款横竖屏兼容的连线合屏模板，让连线主播可以便捷地获取主现场连线主持人横屏信号，进行真正意义上横竖屏相融的实时互动。[①] 穿屏互动技术为带货达人提供了展示自身魅力和专业能力的平台，促进了品牌与消费者的直接沟通；也使得用户能够通过多种方式参与到晚会中来，无论是通过观看现场直播，还是通过与达人直播间的互动，都让用户感受到了自身成为节目的一部分。这种参与感的增强，有效地增加了用户的黏性和购买意愿。这充分体现了技术创新对内容创意的赋能与加持，生动诠释了科技与内容同屏共振、共情共生的融合媒体发展新理念。

---

① 广电猎酷.【行业】"穿屏互动技术"助力"双十一"晚会，湖南卫视 & 芒果 TV 开创媒体融合内容生产新模式［EB/OL］.（2023-11-14）［2024-11-11］. https://mp.weixin.qq.com/s/kbfwwwS-5VOukchM_yKDnQ.

第三节　平台融合的迭代升级：升级共创共享机制打破平台壁垒

在 2023 中国新媒体大会"坚守初心 内容为本"内容创新论坛上，龚政文认为"融合发展的平台矩阵"，是做强内容的重要支点之一。没有强大的自有平台，没有深度融合、品类齐全的平台矩阵，内容创制和传播就没了依托，没了自主性。现在的湖南广电，构建了涵盖长视频、短视频、音频，支撑新闻与文艺、内宣与国际传播、内容与商业的平台矩阵，已经初具主流新媒体集团的架构规模，为内容生产创造了广泛需求，也提供了多种传播载体。① 如今，湖南广电加速构建新媒体平台矩阵，以长视频、短视频、内容电商三个赛道作为核心业务发力点，完善新媒体领域的整体布局，提升竞争能力。

湖南卫视和芒果 TV 发挥着领头羊的角色，湖南广电内部已经形成了正向互动的共建共治共享机制，如人才、创意、团队、资金、项目各个环节间处于互相开放状态，在平等地位下进行竞争，着力打破各平台间的壁垒，以期达到资源的最优配置。

一、顶层设计，推动双平台决策纽带深度融合

完善双平台深度融合的顶层设计。湖南卫视与芒果 TV 双平台如何实现真正有效整合？第一步就需要用顶层设计来保障。在人事配置方面，实现双方的交叉任职，即集团公司（台）党委书记、董事长同时旗下兼任芒果传媒和芒果超媒的董事长，集团公司（台）董事、总经理等部分党委委员也加入了芒果传媒或芒果超媒的董事会，通过决策机制的纽带确保双平台深度关联并保持通畅。

① 经典好声音 . 龚政文任湖南广电集团（台）一把手！关于媒体发展，他有这些思考［EB/OL］.（2024-03-21）［2024-11-11］. https://mp.weixin.qq.com/s/yFGD5AGy8j1R5m0SPzaEZg.

二、共创共享，促进台网深度融合再升级

在内容融合上，以双平台节目团队融合为抓手，加速节目从创意、制作到播出的全面融合，从湖南卫视单向输出节目版权到双向融合输出，推动主流大片、综艺、电视剧、晚会等更多小屏精品返送大屏。

台网联动始于 2014 年芒果 TV"独播"战略的推行，湖南卫视的版权资源供芒果 TV 独播，芒果 TV 通过内部市场交易，以低成本价格获得内容资源。为此，湖南卫视放弃了将版权出售给其他视频平台的机会，相当于自我终结"版权运营"，放弃了暂时的巨大经济利益。2018 年，随着芒果 TV 内容自制能力的提升，芒果 TV 自制的《火王之破晓之战》《甜蜜暴击》等影视剧和《全民大侦探》等综艺节目反哺湖南卫视，由过去的单向内容输送，转变为双向内容互动，实现台网互哺。从 2019 年开始，台网联动有了新的互助方式，主要体现在"一套节目方案服务两个平台"的创意合作方面，比如湖南卫视《我们的师父》和芒果 TV《少年可期》、湖南卫视《我家那闺女》与芒果 TV《女儿们的恋爱》都是属于创意互通的案例，节目除嘉宾与播出平台的差异，在节目内容与形式上的差异并不显著。节目组用一套节目方案制作了台播与网播两个版本，供不同人群观看。2020 年，两者之间的互动关联进入了新的阶段。特别是黑马综艺《乘风破浪的姐姐》的出现，使得芒果 TV 在内容和热度层面开始全面"反馈"卫视平台，而"姐姐"的衍生综艺《姐姐的爱乐之程》更是先在卫视播出，之后在芒果 TV 上线播出。

2021 年开启的"芒果季风剧场"更是在原来台网联动的基础上，进一步升级为"双平台电视剧联采联播机制"。这是我国第一个实现台网联动短剧周播剧场——由芒果 TV 进行创制，与湖南卫视开辟的 22 时"季风时段"联合播放。一方面，可以在覆盖人群、播放时间、传播周期等方面得到互补，提

高爆款剧集的出现概率和长尾效应；另一方面，凭借芒果 TV 独创的优质内容，反向输出给湖南卫视，促进湖南卫视和芒果 TV 在内容生产、资源整合、品牌共建等领域的深度合作与提升，而且逐渐延伸了芒果生态价值，最终实现 1+1 ＞ 2 的预期效果。对双平台的各类资源进行最优配置，从立项、到制作、到发行、到宣发，从自制到自播，全部整合在湖南广电这一自生态体系之中，立志做一个长期运营的自生态台网联动剧场。

2022 年 3 月，湖南广电发布《关于推进湖南卫视与芒果 TV 深度融合的决定》，进入芒果双平台的"深度融合元年"。推进深度融合的目标是"三个确保""一个提升"，即确保湖南卫视品牌不动摇，确保芒果 TV 上升势头不减弱，确保双平台内部交易不违规，全面提升湖南广电的品牌影响力、传播力，从而实现 1+1 ＞ 2 的效果。[①] 双平台深度融合主要表现在以下两个方面：一是战略一体化的深度融合，即所有内容规划均由湖南卫视总编室、芒果 TV 平台运营中心，以及双平台综艺节目、电视剧立项委员会，构成一个稳定的"三角中枢"，达成统一谋划、统一运作，真正实现了两边团队打通、标准统一、执行统一；二是机制市场化的深度融合，当深度融合后，将市场化的机制全面落地双平台，芒果 TV 长期推行的"制片人负责制"推及至湖南卫视，风险由双平台兜底，制片人对整个项目的社会价值、内容质量、成本费用负责。[②]

三、高度协同，内部各平台资源交融

湖南卫视、芒果 TV 在综艺、剧场方面实现加速融合，也离不开人才创意资源的融合。为了更好地促进芒果 TV 平台建设，湖南卫视将主要制作团队集体转移到芒果 TV 旗下，为芒果 TV 打造精品节目提供了人才资源。例

---

① 湖南广电办公室 . 湖南卫视与芒果 TV 深度融合推进会召开 | 芒果日志［EB/OL］.（2022-03-08）［2024-11-11］. https://mp.weixin.qq.com/s/exxEFJpSq4W7AKuY5f55CQ.

② 湖南国际会展中心 . 湖南卫视、芒果 TV：奋力开启媒体融合新征程［EB/OL］.（2022-12-02）［2024-11-11］. https://mp.weixin.qq.com/s/FAIBuZ4e_wtwqVd1ZGIBJQ.

如，《花儿与少年》的总导演吴梦知入职芒果 TV，贡献出《朋友请听好》《乘风》系列、《披荆斩棘》系列等大热综艺；以何忧为领导的"盒子工作室"团队入驻芒果 TV，打造出爆款悬疑探案类综艺《大侦探》系列。由于湖南卫视和芒果 TV 双平台的工作室制度和扁平化管理机制，人才培养路径得以全面打通，人才实现齿轮型配置和双向流动。湖南卫视和芒果 TV 的 5000 多名内容制作者都可以各取所长、取长补短、形成合力，使内容创新的火花燃烧得更加热烈。

截至 2023 年 7 月，双平台共有 48 个节目自制团队、29 个影视自制团队和 34 家"新芒计划"战略工作室，是全国规模最大的长视频内容生产基地，实现了在创意提案、评估立项、编排宣传和制作生产上的全面打通。海外600 家主流媒体争相报道的《乘风 2023》便是双平台融合下的综艺力作。节目导演团队、艺人统筹来自湖南卫视、芒果 TV 双方，主要宣传团队来自前者，后者提供强有力的技术支撑。《乘风 2023》总导演任洋透露："虽然全新的节目团队在流程机制上需要磨合，但是团队人数得到优化，工作效率非常高。以前节目制作需要大量外包，而现在很多现场岗位通过内部机制就能调动起来。这一季节目海内外的嘉宾非常多元，也得益于双方团队艺人资源的合并。"

另外，湖南广电高度重视芒果品牌的内容建设，通过整合芒果系全部内容创作资源，致力于打造高品质、高影响力的多媒体产品矩阵。芒果 TV 与集团新闻中心、湖南卫视、湖南经视、湖南都市频道、金鹰纪实卫视等优质频道资源深度融合，促成了跨团队合作，接连推出了《我的青春在丝路》《不负青春不负村》《可爱的中国》《我们站立的地方》等系列融媒体精品力作；特别是电视剧《理想照耀中国》的制作，更是史无前例地集结了全台 6 个频道与 10 支精锐团队的共同力量。

2022 年 7 月，湖南广电成立了双平台电视剧立项委员会，负责台网同播电视剧的评估、提案立项、采购、排播、运营、宣发、复盘考核等全流程管理，为剧目生产把好"六关"，即导向关、内容关、人员关、播出关、片酬关、宣传关。之后项目实行联采联播，资源高效协同，推出《麓山之歌》《底线》《天下长河》《少年派 2》等 9 部剧集，在国家广播电视总局（简称，国家广电总局）发布的 20 部 2022 年度电视剧选集中，由双平台出品的占据 5 席，这些电视剧在播出时同一时间段内的所有节目中，其收视率排名第一位。张华立认为："湖南卫视、芒果 TV 双平台共同购买、共同营销、共同推广，节约成本的同时，把平台价值、传播效应最大化，很大程度上缓解了行业下行对传统媒体的杀伤力。"①

除芒果 TV 外，还有许多不同业务的子公司隶属于芒果超媒，包括内容制作平台芒果影视、芒果互娱、芒果娱乐，艺人经纪平台天娱传媒等，这些子公司在芒果系内部处于一种高度协同状态。《我家那闺女》第二季节目还没正式播出，芒果系已与艺人和品牌方建立联系。在节目正式播出之时，已实现从内容植入、艺人合作至粉丝经济全链条价值转化的完整过程。

综上所述，平台融合的迭代升级策略已取得显著成效。它能够整合优势资源，提高整体工作效率，并快速高效地生产制作出高质量高水准的内容。最终，不但提升了双平台的市场竞争力，也收获了巨大的社会效益。据统计，仅在 2022 年，湖南广电累计获得中国共产党中央委员会宣传部（简称，中宣部）、国家广电总局表扬 97 项次，捧回了星光奖、飞天奖、中国新闻奖等 20 多座国家级奖杯。

---

① 湖南广电办公室.湖南广电：双平台深度融合实现 1+1 ＞ 2 ｜芒果日志［EB/OL］.（2023-07-04）［2024-11-11］. https://mp.weixin.qq.com/s/6pTZAIITgNJ3q8fHmZmwYA.

第四节　经营融合的迭代升级：多赛道布局链路完善的产品集群

2014 年，时任湖南广播电视台台长的吕焕斌，在其发表的《湖南广电改革思路——建立未来媒体生态》讲话中，明确提出"变内容产品为 IP（知识产权、版权）资源"，这正是湖南广电转型的核心战略。该战略着眼节目创新，旨在通过打造具有延展性的 IP，将 IP 资源开发出多种生态形式，如电影、动漫、出版物、新媒体，实现内容从单一产品到全方位产业链的深度开发。近年来，湖南广电将探索 IP 内容的电商变现策略作为重要命题，并在实践过程中逐渐摸索出"依托在内容领域的优势，通过 IP 玩法和粉丝效应带动销量"的特色模式，初步形成了将 IP 内容作为核心，通过整合艺人、KOL 和线上线下平台资源，将内容影响力转化为线下消费力的全场景路径。

一、小芒电商正式启动，开辟视频内容电商新模式

湖南广电的广告创收虽然凭借芒果 TV 在行业中领跑全国，但仍须创新长视频盈利模式，以应对短视频和直播电商带来的冲击。2020 年 9 月，湖南广电启动了全新的电商模式小芒电商。与以阿里、京东为代表的货架电商，和以抖音为典型的兴趣电商模式不同，小芒电商是"内容＋视频＋电商"的创新组合，即依托湖南广电丰富的内容资源和平台优势，将视频和电商深度融合。通过提供高品质的内容，激发精细分用户群体的情感共鸣，进而转化为用户的消费需求，带动更多可持续的精准流量，为电商注入更多的推动力。可见，小芒电商战略，试图以长视频内容优势向全产业链进一步拓展和延伸，以求为芒果超媒开辟"第二增长曲线"。

2021 年 10 月，小芒 APP 将平台定位升级变成"新潮国货内容电商"，平

台口号更新为"上小芒，发现新潮国货"，这意味着快速进化的"小芒"已经全面进入国货平台阶段。小芒 APP 在初步完成潮玩、汉服等赛道搭建后，通过搭建国货生态，为国货品牌赋能。10 月 6 日，小芒 APP 同 11 家国货品牌联袂举办国潮国货 IP 主题盛典《小芒种花夜》，在本次升级中，小芒打造了独特的国货语言，通过年轻化语境传递新潮国货精神，以"种花青年"的概念与年轻一代建立情感联结。小芒于客户端内部打造了种花青年社区，把爱好国货、追求国潮的年轻人统称为"种花（谐音：中华）青年"，成为年轻人寻求身份认同的一种标识语言。用户拥有了群体认同感之后，积极性被充分调动起来。

2023 年是小芒电商爆品打造战略实施的关键之年，短视频更成为孵化爆品、塑造品牌不可或缺的主要营销手段。基于芒果自制综艺《名侦探学院》，小芒电商推出自营潮服品牌"南波万"。通过精心策划并投放品牌宣传片、组织《名侦探学院》艺人集体开箱展示，以及在节目中巧妙植入同款商品，小芒电商制作并发布了超过 500 条精品短视频物料。此策略突出长视频专业制作和短视频高效传播的优势，有效促进打造爆品。[①]

小芒电商定位为"面向粉丝社群运营的垂类内容电商"，因为有众多的明星艺人、芒果系内容为其提供原生土壤，同样也作为商品与用户连接的桥梁。芒果 TV 与以"爱优腾"为代表的互联网平台存在显著差异。其布局的小芒电商也烙上了典型的"马栏山基因"，具体特征可归纳为以下三点。

第一，拥有强大的产业链组织架构支撑。得益于芒果系灵活的机制体制优势，小芒电商拥有强大的产业链组织架构支撑。在组织结构上，芒果超媒旗下 5 家公司内部资源打通，用多元化的业务线为专注娱乐内容赛道小芒电商提供扶持，湖南广电现有的电商平台"快乐购"也同小芒电商进行主动对接；在运营团队上，集结了湖南卫视《我是大美人》项目创始人贾芳和芒果

---

① 梁德平，盘剑 .【案例】湖南广电：探索"小而美"的内容生态［EB/OL］.（2023-12-07）［2024-11-11］. https://mp.weixin.qq.com/s/eRA0ncPXVyZTsrlsV3i7lA.

TV《大侦探》系列项目总导演何舒等强大的人才资源；在供应链环节上，获得了阿里系电商资本的支持；在技术支撑上，获得了芒果 TV 广告营销中心与产品技术中心对其技术人才的大力支持，并获得亚马逊云服务（AWS）技术合作支持。

第二，拥有独具芒果 IP 属性的内容资源与人力资源。小芒电商相较于其他电商平台的独特竞争优势是依托于湖南广电强大的内容生产资源。首先，内容资源具有鲜明的芒果系 IP 属性，丰富多元。例如，热门剧集和综艺 IP 的相关信息和花絮；聚焦备受关注的艺人的最新动态；"小芒"板块上的"发现"页面还设置了专区，主要由粉丝群体自发创作投稿，围绕艺人偏好的产品引导用户购买。而"商城"板块则相应地设置了同款专区，便于用户种草之后迅速购买同款商品，缩短"购买冷静期"，从而实现从"种草—割草"的闭环。其次，小芒电商还具有独一无二的"人力"资源优势，即强大有力的艺人资源与全媒体宣传矩阵。湖南广电在国内文娱产业中占据资源高地，其丰富且庞大的艺人资源为小芒 APP 带来了巨大的流量，促进小芒电商快速实现用户集聚，提升平台热度。截至目前，小芒 APP 吸引了超过 1500 名艺人和网红达人入驻，同时有超过 20 个节目和电视剧共同创造官方 IP 同款；另外，平台还引入或自制了 4 万条短视频。[①]

第三，有别于"流量＋算法"驱动，采用"视频＋内容"驱动的电商战略。区别于传统的依赖"流量＋算法"的短视频电商平台如淘宝、京东、快手等，小芒电商独树一帜地开启了"视频＋内容＋电商"的创新商业模式，塑造了独特的市场定位。它精准锁定了 Z 世代（Z 世代通常指出生于 1995 至 2010 年之间的人群）的消费者群体，其商品范畴广泛，涵盖了时尚服饰、美妆保健、潮流玩具、宠物商品、休闲零食及家居生活等多个领域，同时又与湖南卫视、芒果 TV 在内容资源上深度协同，巧妙实现精品内容 IP 的无缝

---

① 胡言 . 109 天破圈，从汉服看小芒电商相机而动［EB/OL］.（2021-04-19）［2024-11-11］. https://mp.weixin.qq.com/s/z5UyUjKWRaYzGOKarx4vVw.

嵌入与深度融合。这不仅丰富了电商平台的商品故事性，还借助传媒巨头的影响力，构建了一个集娱乐性、互动性与购物于一体的新零售生态，为用户带来耳目一新的消费体验，同时也为芒果超媒的业务版图注入了强劲的增长动力。

小芒电商在 2021 年 4 月举办了主题为"云裳晓芒之夜"的汉服发布会，正式官宣将进入到汉服垂直赛道，并且进行了一系列的具体运营流程。首先，提前在众多的热播剧集和综艺上为"云裳晓芒汉服专区"进行了预热活动，如在 2021 年 4 月 16 日《乘风破浪的姐姐 2》成团之夜，姐姐们展示了精彩的汉服秀。其次，运用线上直播与现场互动形式来传播汉服发布会，并邀请了 30 多位汉服圈的 KOLs 亲临现场，用他们自己的抖音账号进行真实且全面的沉浸式直播。此外，艺人、KOLs（全称 Key Opinion Leaders）和来自全国各地的 30 余位顶尖汉服商家与汉服社团代表联合开启了"十二花神觅"的征集活动。再次，在小芒 APP 上架了多达千款的汉服新品，其中包括众多艺人同款、独家款式以及 IP 限定联名稀有款式，用户只要在芒果 TV 观看"云裳晓芒之夜"直播就可以实现边看边买。最后，实行精雕细琢式社区运营，将受众诉求放在第一位。用户通过小芒 APP 可以快速寻找到与其兴趣相匹配的"圈子"来交流观点心得，对于社团用户而言，他们可以通过一个集合平台在小芒中发布各类活动，而对于品牌商家而言，他们在小芒上得到了接连不断的用户流量。"云裳晓芒"触达了 700 万汉服核心用户群体的同时，娱乐圈与汉服圈的破圈合作打破了文化壁垒，使汉服文化更加亲民，提升了公众对汉服文化的认识。将优质资源进行整合与赋能，实现了不同圈层之间的融合，推动小众垂类领域走向更广阔的空间，这就是小芒电商作出的破题思路。

二、"芒果MCN"升级2.0,加速地面频道跨界电商直播

多频道网络(Multi-Channel Network,简称 MCN)是一种资本驱动的"网红孵化器"。它专注于扶持内容创作者生产高品质内容,并通过这一过程实现商业化盈利,构建起内容创作与市场盈利之间的桥梁。MCN 机构相当于是内容创作者和平台、广告商之间的桥梁。从 2018 年 10 月开始,湖南娱乐频道转型做 MCN,并且成立了 Drama TV,搭建了"以短为主、长短结合"的内容生产体系。2019 年,湖南娱乐 Drama TV 在全国短视频 MCN 机构排名中稳居前五名,在广电行业里排名第一名,其主要特色表现为以下 3 个方面。

第一,将主持人、明星等广电资源优势视为核心竞争力,实现市场中的精准定位,从而脱颖而出。利用湖南本地名人,包含明星主持人的影响力,从而打造专属的明星主播矩阵。湖南卫视某知名主持人凭借其温暖亲和的形象与母亲的角色,精心打造了专注于育儿领域的抖音账号,精准定位于母婴市场,内容创作既贴近生活又富含专业见解,迅速赢得了广大新手父母的关注,荣登抖音母婴类榜首,成为业界标杆。在定位"明星娱乐"赛道之后,芒果 MCN 迅速成功打造出一个包含 50 个账号,拥有 5000 万粉丝的明星传播矩阵,其中包含了《乘风破浪的姐姐 2》中的一众演员艺人。

第二,发挥 PGC 优势,深耕垂类内容。芒果 MCN 利用其与湖南广电的紧密联系以及丰富的明星资源,有效运用专业生产内容的优势,深耕明星娱乐和母婴生活这两个垂直领域。比如湖南广电某知名主持人的个人品牌账号在芒果 MCN 的支持下,专注于母婴内容的生产和传播。该账号一方面,通过短视频、直播等形式,分享育儿心得和经验,满足目标受众的具体需求,增强了用户的黏性;另一方面,与儿童绘本的相关品牌合作,她的"商品橱窗"展示了超过 30 种精选的儿童读物,首个带货视频在 48 小时内成交量达

到 55 万，显示出其强大的内容转化能力和商业潜力。同样，某青年演员在短视频平台发布与舒肤佳合作的广告，短时间内播放量突破 620 万，展现了强大的流量引导与消费转化能力，成功吸引并激活了目标消费群体，进一步验证了深耕垂类内容与精准营销策略的显著成效。

第三，突破式地进行内部组织结构改革。芒果 MCN 突破式地推翻原有传统组织架构，构建全新商业化 MCN 管理结构机制。重组后的湖南娱乐 MCN 机构包括"达人运营中心""内容工作室""市场运营中心""芒果公会"和"北京运营中心"五大板块，分别对应艺人签约运营管理、IP 孵化专业内容输出、短视频商业变现、对接湖南娱乐直播运营，以及对接北京市场运营五个部分。① 与其他广电系 MCN 机构的不同之处在于，芒果 MCN 具有一套完整的运营机制和商业变现链条，从内容制作包装、平台运营到推广的经纪合约，不只是拘泥于内容供应商链条，而是探索出了适合自己发展的芒果模式。实现高效且深入的媒介融合，促进湖南广电系 MCN 在短视频市场中发挥其产品内容优势，并占据一席之地。

2021 年开局之时，湖南娱乐 MCN 宣布更名为"芒果 MCN"，标志着品牌定位迭代升级，由原有的"广电第一 MCN"行业标签向"第一明星娱乐 MCN"市场标签转化，强化机构的 B 端定位。继新定位之后，各方面同步进行转型升级。一是提升内容服务的专业度，多业务板块共同发展。芒果 MCN 不再只局限于 Drama TV 的单一规模化扩张，而是试图打造能够包容多个独立 MCN 机构同时运转的平台型组织。在 2021 上半年，该组织已基本驱动各业务板块逐步迈向独立 MCN 化阶段，形成了四个各具特色的 MCN 经营模式，如 Drama TV、芒果引擎、Show TV、NEW 4。它们各自都拥有自身的达人媒介矩阵和完备的商业化链路：Drama TV 着重于明星娱乐和母婴生活赛道，致力于打造头部媒体达人 IP，深耕娱乐行业内部营销；芒果引擎深耕知识文教

---

① 周逵，史晨.正当性的互嵌：广电 MCN 机构的创新动因与模式分析［J］.新闻与写作,2020（10）:47-56.

类领域；Show TV 专注于做直播电商 MCN，致力于将自己打造成知名的"抖音品牌直播服务商"；New 4 的定位是品牌营销 MCN，业务内容包括代直播、信息流、培训、营销活动等。二是提升运行机制的数字化，加强数字中台建设。在 2021 年上半年，整个系统的工作重心集中在核心能力和服务产品化的开发建设。围绕业务需求，数字中台已经开发迭代了 12 个工具系统，覆盖了 5 条不同逻辑的业务线。目前，开发力度最大的是"万灿"和"飞黄"两大工具系统。其中"万灿"属于 MCN 行业连接共生服务平台，通过它可以帮助建构 MCN 领域各机构共赢生态；"飞黄"则属于内容生产力平台，通过它可以帮助实现视频内容供需高效配置，有效满足个性化内容创作需求。

三、"实景娱乐"最新落地，延长线上IP价值链条

实景娱乐是一种基于场景的消费模式，通过实地搭建真实景物，将虚拟IP 转化成用户喜爱的项目、表演或活动，使用户通过沉浸式体验感悟 IP 的精神内核。内容 IP 落地单体娱乐店铺、线下主题乐园和主题街区，之后再进行产业化、规模化运营，最终构成了完整的实景娱乐业态。

（一）"青春芒果城"试水实景娱乐

2019 年启动的"青春芒果城"是芒果 TV 专门为芒果会员打造的芒果 IP 线下实景时尚潮流互动乐园，也是湖南广电在"实景娱乐"赛道上的试水之作。"青春芒果城"前身是 2018 年首届"青春芒果节"活动中的关键部分——"芒果小镇"。它一次性将《快乐大本营》《天天向上》《明星大侦探》《勇敢的世界》等经典 IP 项目搬到观众身边，不仅重现了节目中诸多经典游戏，还可让观众体验到节目中同款道具场景和特别定制的情节剧本，引领了五万多名参与者共同掀起线下酷玩活动的热潮。2019 年，"芒果小镇"正式升级成为"青春芒果城"；2020 年"青春芒果城"在将线上 IP 落地线下的过程

中不断优化和提升，例如：推出 13 款《快乐大本营》同类游戏、提供了《天天向上》同款非遗手工制作体验活动、实现了与《密室大逃脱》《明星大侦探》同款设备与玩法的体验、开设了《乘风破浪的姐姐》《巧手神探》线下互动馆。项目首次与漫威、剑网三等知名 IP 展开合作，特邀漫威电影宇宙英雄特展，打造出以钢铁侠、雷神、银河护卫队、奇异博士、复仇者联盟等 13 个高人气 IP 为主题的互动展区等。该活动集热门综艺、潮流文化、非遗传统、艺人嘉宾、网红美食、亲子乐园于一体，内容丰富多元，为参与者带来了无尽的体验乐趣。

从单一的综艺 IP 价值开发，到"内容 IP 线上观看、线下身临其境体验"，"青春芒果城"是全新芒果 IP 体验模式的试验场，也是湖南广电内容 IP 价值开发的必然选择。它保留了内容 IP 的传播载体，创新性地整合平台内容，丰富了 IP 与粉丝之间的互动形式，提升了用户黏性，延长了 IP 生命价值，扩大了品牌影响。"青春芒果城"是"实景娱乐"赛道上进行提前试炼，解决了线下文娱项目产业难题，延长了线上 IP 价值链条，实现了从线上导流到线下，并通过线下活动反哺线上，打造了具有稳固商业和品牌价值的潮玩乐园。"青春芒果城"描绘了一幅广电湘军绘制的"中国迪士尼"的芒果试演图景。①

（二）MCITY 实景娱乐品牌的诞生与发展

自 2017 年快乐大本营线下快闪店开始，之后历经三年的"青春芒果节"发展，芒果在 IP 实景娱乐领域已进行了多年的战略部署。然而，真正形成常态化的业态落地的项目则是 MCITY。2021 年 4 月，芒果 TV 首家自营明星大侦探主题旗舰店"MCITY"在长沙乐和城 5 楼正式开业。当年在"五一"假期的短短几天内，该旗舰店的总营收超过了长沙其他剧本杀门店一个月的收

---

① 谢亚. 青春芒果城发展线下实景娱乐，广电湘军尝试打造"中国迪士尼"［EB/OL］.（2020-08-08）［2024-11-11］. https://www.icswb.com/h/153/20200808/670801_m.html.

入总和，成功打响了芒果 TV 首家自营实景娱乐品牌。同年，"MCITY"在上海的首家旗舰实景娱乐体验馆也面向公众开放，命名为"魔都 Station"，成为上海规模最大的沉浸式娱乐体验空间之一，总面积近 5000 平方米，借助芒果 IP 打造了七大主题实景和两个圆桌游戏区。2023 年 5 月，"MCITY"的第三家门店在南京夫子庙区域落地，重点打造"实景剧场＋实景剧本杀＋实景密室＋圆桌剧本"四大游戏项目。

芒果的布局路线是长视频平台布局实景娱乐的典型，即以年轻化的线上 IP 适配线下消费场景进行布局，实施"线上线下联动"的运营模式。MCITY 汇集了《大侦探》系列与《密室大逃脱》两大综艺 IP 中的元素，还原了《天使乐园》《NZND》等节目场景，主打沉浸式体验与节目回忆杀，将经典的综艺元素融入线下娱乐场景中。线下实景娱乐惊人的消费数据得益于线上综艺 IP 带来的影响力，同时线下实景娱乐也为综艺 IP 吸引了更多受众的反哺。据 MCITY 披露的营业数据统计，参与玩家中有 80% 为首次体验剧本杀的新顾客，线上综艺带来的流量加持为线下剧本杀行业拓展了更广泛的客源。[①]

湖南广电在"实景娱乐"赛道上探索实践的成功，表明了媒体经济收入不必局限于流量曝光环节，同样可以通过高价值内容和服务型产品来延长产业链和扩大产业价值，从而破解了长视频商业模式难以实现盈利的难题。

四、"新文旅战略"转型升级，电广传媒聚焦文旅融合

电广传媒创建于 1999 年，隶属于湖南广电体系，与湖南卫视、芒果超媒血脉相连。公司初期核心业务涵盖影视制作、发行及销售，并涉足广播电视节目传输与视频点播服务。2020 年 9 月 17 日，在视察马栏山视频文创园时，习近平总书记强调要坚持"文化和科技融合"。为了贯彻落实习近平总书记要

---

① 钱瑾瑜，金佳.流媒体入局实景娱乐，想象力到底在哪里？［EB/OL］.（2024-01-10）［2024-11-11］.https://mp.weixin.qq.com/s/FY_urfNwEZRqNEoOqoJE6w.

求，对标湖南全省文旅战略，电广传媒在 2020 年确立了"文旅 + 投资"新战略，力求放下历史包袱，依托湖南广电品牌、内容、IP 和宣发优势，并结合自身在文旅产业创意策划和运营管理方面的优势，力争成为湖南省最大的文旅投资平台和文旅运营第一品牌，打造湖南广电产业"第三极"。

在一系列卓有成效的运营活动的推动下，公司面貌脱胎换骨。2021 年，公司的经营业绩创近五年新高，投资、文旅、游戏、广告等多个板块发展全面复苏，战略落地成效显著。2022 年 9 月，中共湖南省委和湖南省人民政府重磅出台《关于加快建设世界旅游目的地的意见》，电广传媒"文旅产业板块"乘势而上，迈入发展快车道。电广传媒旗下芒果文旅"三湘星光行动"快速落地。据悉，该计划通过放大"轻资产、重策划、强运营、产品化"模式的优势，以芒果基因积极参与全省文旅项目的整合、运营和产品升级。公司坚持"一手抓产品，一手抓资源"的战术打法，先后在长沙、湘潭、衡阳、益阳、汨罗、郴州等 6 个市州布局 7 个文旅项目，实现"七星连珠"。"七星"分别是湘潭万楼·芒果青年码头、汨罗屈子文化园、南岳芒果晨曦客栈、郴州 711 时光小镇、安化茶马古道、芒果未来艺术中心和芒果城。[①] 这些文旅项目的运作充分体现了电广传媒"新文旅"的特色。

第一，产品新：将芒果自有 IP 转化为文旅产品。依托现有的优势资源与湖南广电 IP 资源自主开发培育"芒果城项目"，它在整合电广传媒原有的湖南广电新影视基地、国际会展中心、湖南圣爵菲斯大酒店、长沙世界之窗等旅游资产的基础上，打通湖南广电节目录制、明星见面会等资源，以期打造独具湖南广电特色的都市休闲度假目的地。[②]2021 年国庆黄金周推出"芒果城里过十一"活动，实现近 20 万的现象级客流量，业绩率先恢复至 2020 年

---

① 电广传媒.【会员风采】电广传媒"新文旅"：打造"文化 + 科技"融合创新的"芒果样板"[EB/OL].
（2023-12-19）[2024-11-11]. https://mp.weixin.qq.com/s/VrfSLIAzn2Dx0Bc5Ln04Lw.

② 何文英. 新设芒果文旅增资文旅基金 电广传媒"新文旅"战略打出双响炮[EB/OL].（2019-01-16）
[2024-11-11]. http://www.zqrb.cn/gscy/gongsi/2019-01-16/A1547654094804.html.

前的水平。而圣爵菲斯大酒店也成为湖南卫视、芒果 TV 节目取景拍摄地、网红打卡地、《乘风破浪的姐姐 2》等明星常住的酒店。

第二，打法新：用创新的芒果基因，盘活闲置资产。用极致创新的芒果基因，挖掘各地闲置资产的价值，变废为宝，打造独具地方特色的文旅产品。在湘潭万楼地区以及郴州 711 矿区，创新的策略方法持续展现出其有效性。

作为"盘活闲置资产"的典型案例，2022 年电广传媒与湘潭市委、市政府合力打造湘潭万楼·芒果青年码头项目，该项目目前已成为极具人气的旅游打卡地。项目内包含"快乐大本营"主题乐园、"湘潭眼"摩天轮、万楼光影秀、万楼元宇宙沉浸式体验中心、集装箱街市等多业态，满足游客的一站式游玩需求。据统计，在 2024 年"五一"假期间，湘潭万楼·芒果青年码头项目吸引了 12.43 万游客。[①]

此外，2023 年电广传媒与郴州苏仙区政府战略合作打造的"711 时光小镇"也是变废为宝的典范。郴州 711 矿是中国最早发现和勘探的大型铀矿，为我国第一颗原子弹研制、爆炸提供了合格的原料，被誉为"中国核工业第一功勋铀矿"，在 2004 年，711 矿正式关闭。2023 年的战略合作将"711 时光小镇"打造成集红色教育、温泉康养、工业旅游、科学普及、休闲度假于一体的文旅小镇。项目一期通过建筑风貌、年代服装、代步工具、生活元素，以及具有年代生活仪式感的活动内容和沉浸式演艺，还原了 20 世纪 60 年代至 90 年代南方小镇的工作生活风貌，打造了一个独一无二的年代时光小镇。项目全部完成后，预计激活国有资产超过 30 亿元，预计首年接待游客可达100 万人次、实现综合收入 5000 万元以上。[②]

第三，能力新：借助常年积累的超强主题活动创意策划能力，为项目赋

---

① 电广传媒.会员动态丨电广传媒"新文旅"融合出彩 五一假期各景区"新玩法"创造活力［EB/OL］.（2024-05-09）［2024-11-11］. https://mp.weixin.qq.com/s/0gazuYTKbASkxdrXHm0RNA.

② 橘井泉香文化科技.走近七——时光小镇，感受核工业遗产的魅力［EB/OL］.（2024-02-01）［2024-11-11］. https://mp.weixin.qq.com/s/lYIMsO5h8PThdNAvBPj5fA.

能焕新。通过常年运营长沙世界之窗、海底世界、圣爵菲斯大酒店等项目，电广传媒积累的最强资源优势是主题活动创意策划能力。电广传媒将"文化创意无穷无尽"发挥得淋漓尽致。例如，在 2023 年湘潭万楼·芒果青年码头开业之初，这个被誉为"年轻人最爱"的"全国最大规模的集装箱街市"火爆各大社交媒体，霸榜同城热搜前三。在开业当天，更是呈现了 30 多家媒体争相报道的盛况，新媒体曝光量超一亿。开业后短短 10 天内，万楼·青年码头的人流量就突破 30 万人次。① 作为芒果文旅标杆项目的湘潭万楼·芒果青年码头，从 2023 年 3 月开市至年底，累计游客量近 300 万人次，成功晋级为"湖南省人流量"排名前十的景区。2024 年为郴州"711 时光小镇"开园而策划的"超级老声"活动，在全网获得超过 2 亿的曝光量，并且持续带动文旅景区人气。

自实施"文旅+投资"战略转型加速以来，电广传媒在业务状况、资产质量、财务结构等方面都实现了大幅提升和优化。根据 2021 年半年报数据显示，公司营业收入达到了 21.83 亿元，归属于上市公司股东净利润达到 4.71 亿元，同比成功实现扭亏为盈。② 根据 2023 年年报公布的数据显示，全年实现营业收入 39.2 亿元，归属于上市公司股东的净利润为 1.76 亿元。经营活动产生的现金流量净额 2.88 亿元，较上年同期增长 284.43%。③ 后续随着公司"新文旅、大资管"战略的深入推进，有望加速释放业绩新动能。

---

① 红网时刻.万楼·青年码头：历史与时尚相拥，此处遇见"金湘潭"[EB/OL].（2023-07-31）[2024-11-11]. https://mp.weixin.qq.com/s/XYlKhZoGtP2Ovb_cmtk8SA.

② 甘红.归母净利润 4.71 亿元 电广传媒交出上市以来最好半年报"成绩单"[EB/OL].（2021-08-29）[2024-11-11]. https://moment.rednet.cn/pc/content/2021/08/29/10091377.html.

③ 何文英.电广传媒去年实现净利润 1.76 亿元 2024 年一季度营收净利双增 [EB/OL].（2024-04-27）[2024-11-11]. https://cj.sina.com.cn/articles/view/2311077472/89c03e60020026gb6.

第五节 管理融合的迭代升级：坚持体制机制改革促管理创新

湖南广电媒体深度融合的首要任务是"建设主流新媒体集团"，这亟须坚持体制机制创新，实现组织的变革。具体而言，实践路径应聚焦于在全集团范围内构筑符合新媒体管理逻辑和发展要求的体制机制，建立起新的、适配"主流新媒体集团"的顶层设计、智能中台、管理体系、生产方式。在整个集团实现数字化来引导组织变革，运用前沿技术手段建立起强健的业务中台，实现组织管理的转型转轨与业务流程的有的放矢，为科学配置、高效使用经营资源提供赋能系统。

一、搭建数字中台管理系统

所谓中台，是指为了更好地响应用户和满足用户需求，汇集面向各业务和终端的公共服务，真正为前台而生的高级别能力复用平台。① 构建智能中台，高效完成项目评估、运营、产品、技术等一系列环节，助力各业务板块形成合力。目前湖南广电借助集团整体数字化建设主导组织变革，搭建了十几个专业信息化管理系统，已具备数字中台管理系统的雏形，主要包括以下三大类型。

一是内容中台建设：统一管理，创新驱动内容生产。在内容中台的建设上，湖南广电首先设立了"影视剧规划委员会""综艺节目立项委员会"以及"节目生产中台中心"。其中，"影视剧规划委员会"专注于电视剧与电影项目的长远规划与质量把控；"综艺节目立项委员会"负责综艺节目的创意筛选与

---

① 郭全中.智媒体构建中的中台建设［J］.新闻与写作，2019（11）：71-75.

立项审批；"节目生产中台中心"的核心作用则在于打通内容生产各环节，整合策划、制作、后期、宣发等多个阶段，实现资源高效配置与流程标准化。这三个机构扮演了内容生产的智慧中枢角色，彼此相互配合，形成一个高度整合的中台体系，实现对综艺、影视剧项目从立项到生产的全过程进行统一规划和管理，确保内容创作的前瞻性和市场适应性。

二是技术中台建设：人才汇聚，技术创新引领发展。湖南广电集团高度重视技术人才的引进与培养，其中技术工程师团队规模超过 600 人，占员工总数的 40%，这种大规模的技术团队在传统广电媒体中是极为罕见的。技术中台不仅负责日常的技术运维和开发，更重要的是推动了技术体系的升级和改革。2021 年 6 月，芒果超媒成功定增募资，计划投入 5.81 亿元用于搭建芒果 TV 智慧视听媒体服务平台项目，包括基础服务、智能内容制作和加工、内容分发和应用服务等。[①] 这将极大增强研发能力、提高生产效率和提高内容输出质量，加速芒果 TV 在资源、技术、服务、业务、流程等方面的融合。[②]

三是风控中台建设：科学评估，降低投资风险。芒果 TV 开发建设了芒果 BD 服务器（Big Data Server），具有强大的计算能力和存储能力，可以处理海量数据，并通过挖掘、分析和处理数据等技术，提供精准的数据分析和决策支持。通过芒果 BD 服务器，芒果 TV 可以收集和存储芒果 TV 内部的运营数据（如用户行为、内容表现）、外部市场数据（如行业趋势、竞争对手动态）、合作伙伴信息等，并全面分析用户行为数据、视频播放数据、广告数据等，帮助平台对投资项目进行科学分析和风险评估，提升决策的科学性和可靠性。

①　姚蕾，方博云 . 芒果超媒（300413）定增顺利获批，加码内容投入［EB/OL］.（2021-06-25）［2024-11-11］. http://www.hibor.com.cn/data/3fd4ef6953f354f3a728940392ebd2da.html.

②　汪静 . 芒果超媒两年拟投 40 亿扩充资源库 投 5 亿打造智慧视听媒体服务平台［EB/OL］.（2020-09-29）［2024-11-11］. http://finance.sina.com.cn/roll/2020-09-29/doc-iivhvpwy9430639.shtml.

二、升级双平台工作室制度

2017 年，湖南广电迈出了革新步伐，正式启用了工作室制度，这一制度在湖南卫视与芒果 TV 两大平台上开花结果，至今已孕育出 44 个节目制作工作室团队及 27 个影视剧制作工作室团队。[①] 目前工作室制度的运作机制主要表现在三个方面。

一是内容创作层面：市场化与自主权并举。工作室直接面向市场，对观众喜好和反馈的敏感度高，能够帮助湖南广电迅速捕捉市场趋势，及时调整内容策略，确保内容与市场需求同步。同时，工作室制度赋予内容创作者高度的自主权和灵活的创作空间，内容创作者可以在一定范围内自主决定创作方向、风格和预算，这种自由度鼓励创作者勇于尝试新题材、新形式，促进了内容多样性和创新性。而且，在完成湖南广电各节目中心的任务之后，工作室还有对外自由接洽其他项目的权利，被戏称为"体制内的市场化"运作模式，极大地激发了工作室及其创作者们的创作热情和创新潜能。

二是人才激励层面：创新引领，机制保障。湖南广电构建了"创新机制 + 奖励机制 + 竞争机制"的复合激励体系。在创新机制方面，自 2017 年 7 月，湖南广电正式启动"飙计划"，面向全国人民公开征集节目创意，并通过样片制度甄选优质项目，从而孕育了如《声临其境》《少年说》《声入人心》等市场爆款节目。根据相关数据表明，湖南广电 80% 的节目都来源"创新飙计划"。[②]2019 年秋季，湖南广电正式启动"全球飙计划"，面向全球的合作伙伴公开征集节目模式创意，助力优质节目模式走向国际舞台。在奖励机制方面，湖南广电引入了市场化的激励机制，如项目分成、绩效奖励等，确保

---

① 吴梦雨，王超群．芒果 TV 工作室制度的管理革新 [J]．青年记者，2021（15）：70-71.

② 彭侃，刘翠翠．揭秘湖南卫视 2020 年创新的秘密武器——"全球飙计划"云端突围 [EB/OL]．（2020-04-30）[2024-11-11]．https://mp.weixin.qq.com/s/_3a4-ojsOj9JA2ChwYKApA.

内容创作团队能够直接从作品的市场表现中获益。除物质奖励外，湖南广电还构建了完善的晋升通道和荣誉表彰体系，对于表现优异的员工，不仅有机会获得职务晋升，还能获得诸如"年度创新人物"和"最佳内容创作者"等荣誉称号。在竞争机制方面，通过实施末位淘汰制，保持团队的活力与进取心，确保整体竞争力的持续提升。此外，芒果 TV 在人才培养上的意向创新举措是为新人提供实战机会，让他们在中等成本项目（比如大型 IP 的衍生节目）中独当一面，从而有效促进了人才梯队的建设。

三是保障机制层面：组织重构与体系支持。在制度保障层面，湖南卫视与芒果 TV 分别采取了创新的组织架构。湖南卫视推行"一枢纽三部门"模式，即总监会领导下的总编室、节目制作中心和创新研发中心，以此促进资源的高效流通与整合，为内容创作者营造了一个开放创新的生态环境。芒果 TV 则构建了四级管理体系，从独立工作室、S 级团队、A 级团队到初创团队，层级分明，既保证了团队间的良性竞争，又确保了不同等级团队与项目匹配度，有效管控了内容风险。同时，芒果 TV 的"四大支撑天团"——包装工作室、统筹调度部、艺人统筹部、节目技术部，为工作室的日常运作提供了全方位的支持，进一步巩固了其在国内内容生产工业化领域的领先地位。[①]

（一）工作室制度升级 2.0

2019 年 7 月，经过一年半的实施，工作室制度正式升级到 2.0 版本。相对于 1.0 版本，升级后的工作室制度集中在两个方面：头部人才激励与创新攻关能力。其核心导向明确以激活人才的创新和生产力为主。

首先，在头部人才激励方面，2.0 版本的工作室制度根据"投入产出"原则，制定了"项目价值奖"。每个工作室的 7 名核心成员可分享工作室项目价

① 林沛.芒果 TV 盒子工作室何忧：以经营逻辑转化制度逻辑［J］.中国广播影视，2020（8）：38-41.

值奖的 70%。该奖最大的突破是以奖励的形式使创作者共享创收红利，既奖励制作老牌项目的创收增收贡献，也奖励新创项目的开源贡献。同时，又拟定了"竞业限制"条例，并非所有工作室成员都能够签署竞业条款，每个工作室最多可选定 15 名核心成员。这一规定意味着该竞业协议可约束至少四分之一的头部制作人才。这一协议主要是基于团队内部竞争过大，导致成员频繁出现在外面接活的现象。

其次，在创新攻关方面，将 1.0 版本的"飙计划"升级到 2.0 版本的"创新助推计划"，建立制作人联席会议机制，鞭策制作人牵头组建各类创新小组，进行定向攻关。湖南广电管理层意识到，经验丰富的制作人习惯于衍生性创新，而经验不足但创意十足的新制作人更敢于搞颠覆性创新。基于这种现状，推出制作人联席会议机制，意在为二者提供一个结合点，保证制作人之间的业务沟通，也为年轻的创作团队和经验丰富的制作人之间建立双向选择的桥梁，最终形成节目创新的双向选择机制。

工作室制度 2.0 版本的升级，进一步激发了广电员工的创作潜力、盘活了各方资源，是湖南广电体制内生产关系的再优化、生产力的再释放。

（二）推行外部战略工作室制度

除自建工作室制度外，芒果 TV 还推行外部战略工作室策略，截至 2021 年 6 月，外部签约战略工作室已达 30 个，已合作推出了《下一站是幸福》《以家人之名》《韫色过浓》《从结婚开始恋爱》《猎狼者》等爆款剧集。[①] 在 2021 年的芒果 TV 自制片单中与公司曾签订战略合作的公司包括：好酷影视、深蓝影业、美百馥影业、霄然影业、晨星盛世、国韵文化等。[②] 芒果 TV 与签

① 德外 5 号 . 上半年六大主流媒体上市公司财报解读：营收＋规划＋动态［EB/OL］.（2021-09-09）［2024-11-11］. https://mp.weixin.qq.com/s/LxgjK5Lf0tq3o3ZBi9tMEg.

② 李艳丽 . 芒果超媒 -300413- 跟踪报告：芒果 TV 剧集渐入佳境，会员增长空间大［EB/OL］.（2021-09-13）［2024-11-11］. http://ftp.microbell.com/data/caa5191bcbe127475741df5aa94e4263.html.

约战略工作室合作有五条"黄金法则"：一是合作优先，芒果 TV 一年至少向战略工作室定制 2～3 部剧集，其中至少拍摄、筹备各 1 部；二是 IP 库全面开放，芒果 TV 的文学 IP 库优先开放给战略工作室，创新风险由平台兜底；三是流程简化，在协议签署、评估、议价、验收等流程上全面提效；四是资金充分保障，原则上不需战略工作室任何垫资；五是保底＋奖励机制，基于作品质量和播出效果的评判标准，战略工作室能够获得更高承制费用和额外的阶梯式奖励。通过遵守五大"黄金法则"，让战略工作室尽享合作红利。[①]湖南广电与战略工作室的合作，无论是在内容共创还是商业合作，都是坚持"力出一孔，利出一孔"，共同成长、相互成就。

三、创新人才培养激励机制

传统媒体的人才体系与转型升级要求不相匹配，长期以来都是媒体融合改革中的难点。湖南广电在一方面要巩固原有的内容创意类人才的团队优势；而在另一方面又要补齐人才短板，持续地补充懂新媒体和新技术的人才。

第一，大胆起用新人，建立一整套"培养新人"计划。"够青春，才向上"，湖南广电历来重视对"新人"的栽培。湖南卫视设有"30 未满制度"和"师徒一带一"制度。其中，"30 未满制度"是湖南卫视最重要的青年人才发掘通道，是"创新飙计划"中专门面向年轻导演所设立的制度，帮助他们在缺乏经验的情况下仍有机会大胆提案，展现创新思维。如"30 未满制度"中的热门方案"解忧邮局"获得了 2018 年亚洲模式大赛（ASIA TV FORUM-FORMAT SPITCH，简称 ATF）)亚军，此方案主创就是 3 位"95 后"的年轻导演。[②]"师徒一带一制度"，强调的是频道核心管理人员或业务高手带领新人，依托"金芒果成长计划"，先后通过"芒果训练营"集训、跟班实习

① 芒果 TV. 芒果 TV：发挥融合之力，助推精品创作［EB/OL］.（2019-11-05）［2024-11-11］. https://lmtw.com/mzw/content/detail/id/178581/keyword_id/.

② 成娟. 湖南广电融媒体人才培养秘籍［J］. 传媒，2021（13）：41-43.

1～3 个月、岗位竞聘等流程,帮助新人快速成长的制度。而芒果超媒则先后创新推出了培养实习生的"青芒计划"、孵化制片人的"新芒计划"、征集员工想法的"芒果青年说"、奖励优秀团队、项目或员工的"金芒奖"等一系列内部活动,探索出一套以青年人自驱、创新求变的完善的用人机制,让公司成为青年人才的聚集地。

第二,加大引进力度,面向互联网行业吸纳 IT 人才。从传统广电向全媒体进行转型,突出的弱项就是缺乏互联网技术基因,所以湖南广电加快了吸纳互联网行业技术人才的脚步。从 2014 年到现在,芒果 TV 已从哔哩哔哩、字节跳动、华为、BAT(中国互联网三巨头:百度公司、阿里巴巴集团、腾讯公司)等一线互联网公司引进了百余名专业技术工程师。通过异地多团队的协作和一带多的模式,解决了许多历史问题与业务系统的建设。当前,芒果 TV 的技术产品团队人数超过千人,达到了员工总数的一半以上。外来人才的引进为芒果 TV 带来了丰富的行业经验,促进该平台不断汲取并持续进化,优化升级马栏山创新基因,使芒果 TV 仅用一年多的时间完成了传统一线商业视频网站需要 4～5 年才能实现的技术发展进程。截至 2024 年 3 月,湖南广电"内容 + 技术"的复合型人才占比达到 80%,"90 后"的技术人才占比达到 70%。[①] 湖南广电为吸纳 AI 人才,已举办了四届"国际音视频算法大赛",吸引了全球 3 万支战队参加,招揽了 100 多名算法人才。多年来,湖南广电的技术人才经历了从"运营维护"到"运维与研发并重",再到"技术主导"的三个成长阶段。[②]

第三,成立研究院,通过项目合作培养人才。芒果 TV 在 2018 年成立了创新研究院,前瞻性地针对 5G、AI、VR 等前沿技术进行战略布局。随着人

① 丁舟洋,杜蔚.市值 449 亿元芒果超媒董事长,拟升任湖南广播电视台总经理!年薪曾达 513 万元 [EB/OL].(2024-04-10)[2024-11-11].https://mp.weixin.qq.com/s/qp6Fb8pr6tWAzeyQTqMPuQ.

② 冯刚.广电加速布局 AIGC 聚焦发展新质生产力 [EB/OL].(2024-04-03)[2024-11-11].https://mp.weixin.qq.com/s/EU5TR9IVO99Tvea25mobYQ.

工智能技术在音视频行业的突破发展，随之衍生的算法大赛也成为企业磨炼人才、修炼技术的最佳路径。竞争场中的芒果 TV 正通过算法大赛这类"AI 视频练兵场"，探索前沿创新技术、遴选杰出算法人才。①2020 年，湖南广电正式运营 5G 高新视频多场景应用重点实验室项目，用人才引进和项目合作的方式对人才进行培养。其中项目合作方式形式多元，既有与北京邮电大学等高校共同申报国家级重点课题的方式，又有与电广传媒共建博士后科研工作站的方式；既有与华为实验室等企业研究所合作研发项目等方式，又有与深圳先进研究院、南京紫金山实验室等国家重点科研单位开展横向项目协作的方式……最终的效果都十分显著。迄今为止，已成功申请并授权 1 项共享发明专利、2 项外观设计专利以及 1 项软件著作权，同时构建了具有显著广播电视行业特色的 IP 体系。

第四，改进晋升机制，变"H"型为多通道晋升机制。在传统的广电体制里，想要升职加薪仅能依靠管理序列晋升，一般的晋升路径为：员工—副经理—经理—副主任—主任—副总监—总监，如果想在专业化的制片人职场领域实现晋升，就会遭遇诸多阻碍。为了打破体制阻碍，2014 年芒果 TV 开始实行双通道管理，将制片人划分到专业通道发展，发展路径为：执行制片人—制片人—资深制片人—首席制片人。得益于该人才政策的实施，不少工作室的专业制片人获得了巨大的职业发展空间。从 2019 年开始，湖南卫视创新地开通了人才发展"双职工通道"机制，建立了管理、专业两种薪酬晋升通道。该机制对专业技术人才划分了 8 个等级，并且对每个专业、每个等级的不同的角色定位、职责权限、任职资格标准与任职评审办法等都进行了详细的规定。此外，湖南卫视还开辟了专业型人才晋升通道，给予普通员工充足动力投身业务，实现自我职业提升，并有机会获得与部门副主任级别相当的薪酬

① 力琴. 抢占技术先机，打造 AI 视频练兵场，芒果生态的进化尝试［EB/OL］.（2020-09-10）［2024-11-11］. https://mp.weixin.qq.com/s/MCynm_ohhT6UPMhX2kE3FQ.

待遇。这些措施与芒果 TV 保持实时同步，有效激发了人才的活力。[1]2021 年芒果超媒人才晋升机制再升级，从原有的"H"型的双通道晋升机制创新升级为包含管理通道、专业通道和支撑通道的多元化晋升路径。该体系对每一个通道都有明确的职级定位，确保每位员工均能清晰地认识到自身的职业发展方向，并掌握实现职业成长的具体途径。

第五，创新激励机制，鼓励主流宣传与文化科技创新。在激励机制上，芒果超媒采取了一系列的创新性激励方式鼓舞人才，以维持人才创新活力，如创新（设立创新转向奖金）、收益（员工个人收益与组织绩效、公司整体目标高度关联）、绩效（日活点击、广告收入和会员收入归入奖励体系）、竞争（保持中层干部年均 10% 的淘汰比例）、岗位（中层管理竞聘上岗）等。其中尤为亮眼的两大突出激励手段为：主流宣传创新激励与文化科技创新激励。

一方面，鼓励主流宣传创新，推行嘉奖机制与扶持机制。1998 年，湖南广电开始推行"台长嘉奖令"，在 2016 年，正式出台《〈台长嘉奖令〉实施办法》，重点奖励在主流宣传和内容创新方面取得重大成就的项目，激励创作富含正能量、体现主旋律的网络视听节目，构成湖南广电最高级别的综合性奖励荣誉。"台长嘉奖令"中的最高奖是 100 万元，目前已有《歌手》《爸爸去哪儿》《一年级》《2017—2018 跨年演唱会》《声临其境》《人民的名义》《声入人心》等 9 个综艺节目或者电视剧获得这一奖励。同时，为进一步健全和完善内部奖励机制，充分释放内生发展动力，湖南广电相继制定了《湖南广播电视台事业专项扶持资金管理办法》和《湖南广播电视台节目创新扶持基金管理办法》，在资金扶持和奖励方面，注重向重大主题宣传、新闻行动和创新栏目倾斜，向社会效益显著的节目倾斜，注重维护和提升品牌价值和主流影响。[2]截至目前，包括《新时代学习大会》《故园长歌》等在内的 300 余个项目得到事业专项资金、创新扶持的资金扶持。近年来，媒体融合创新方面的

① 成娟.湖南广电融媒体人才培养秘籍［J］.传媒，2021（13）：41-43.

② 吕焕斌.媒体融合的芒果实践报告［M］.北京：中信出版社，2019：292.

扶持力度逐渐增强。芒果 TV 创新项目，如《超级女声》《金鹰节互联盛典》《我爱你，中国》《功夫学徒》《在那遥远的地方》等项目在获得扶持后，进一步加大了创新投入，推进宣传理念、内容、手段等创新，取得了显著成效。

　　另一方面，鼓励文化科技创新，推行技术重大创新突破奖。近年来，新质生产力在内容行业的应用日益广泛，"科技 + 文化"成为网络视听领域的新命题。习近平总书记考察湖南时强调，"要探索文化和科技融合的有效机制"，为芒果 TV 更好地承担新的文化使命指明方向。湖南广电向来不做追随者，而是坚持"以我为主"，以国际化视野探索出适合芒果发展的"科文融合"创新机制，通过"超强驱动带来超级创新"。在探索人才结构创新方面，芒果通过举办"算法大赛"、打造"芒果青年说"，常态化运营"青年 CEO 俱乐部"等方式盘活人才资源。同时，通过研发互动剧、"芒果大模型"等新技术，打破单向收看壁垒，使用户的视听体验超现实、更沉浸；研发 AI 导演等新产品，给长视频带来全流程的"行业创新解决方案"；利用苹果智能穿戴设备，搭建"芒果平行时空"，完成自我进化的创新。为了激励人才创新，湖南广电设立了"文化科技融合特别激励、技术重大创新突破奖"等，进一步完善复合型人才贡献评估体系，让内容技术团队心智打通、联合共创，共享创新成果。2024 年 4 月湖南广电共获得 8 项技术创新荣誉：在"第三届广播电视和网络视听人工智能应用创新大赛"中，芒果 TV "多目标均衡的可控性推荐系统"获一等奖，芒果 TV "芒视场景生成系统""脸芒人脸合成系统""芒果 PixelAI 视频修复增强系统"获二等奖；在"第三届高新视频创新应用大赛 VR 视频——AR 视频场景"中，集团（台）"4K 超高清视频'披荆斩棘舞台纯享版'""沉浸式 XR 虚拟拍摄'湖南卫视 2022—2023 跨年晚会虚拟制作'"和芒果 TV "自由视角的 VR 视频"获二等奖。芒果 TV "内容交互芒果观影随心记——玩转剧情记录、大神笔记带你解锁观影高能时刻"获优秀奖。[1]

---

[1]　湖南国际频道 . 第 30 届中国国际广播电视信息网络展览会在京举行 湖南广电获多项技术荣誉 [EB/OL] .（2024-04-25）[2024-11-11] . https://mp.weixin.qq.com/s/nldNSgocJIwJo10V_carMQ.

第二部分：创新实践

在媒体融合的浩瀚征途中，湖南广电凭借独树一帜的芒果模式2.0战略，成为业界瞩目的创新典范。这一深度融合的实践，不仅重塑了传统广电的业态边界，更为广电媒体转型提供了生动的案例典范。湖南广电在深度融合过程中，有哪些典型成功案例，其创新做法如何实施？成效与社会反响怎样？又有哪些正在成长的新兴项目？创新策略如何运用？未来前景发展如何？在突出成就之外，还存哪些问题？该如何应对？本书第二部分重点透视湖南广电的创新之路，从成功案例中汲取经验，同时展望茁壮成长的未来项目，深入剖析背后的创新逻辑与无限潜力。

本部分共两个章节。第三章聚焦"深度融合的典型案例"，通过湖南卫视、风芒APP、芒果超媒、芒果MCN四个典型实例，分析各自在融合过程中的创新实践、存在问题、取得成效及经验启示，展现芒果模式在不同业务板块的应用与影响。第四章关注"深度融合的成长项目"，聚焦5G高新视频多场景应用实验室、5G智慧电台、芒果幻视（芒果系元宇宙生态布局）等前沿项目，分析这些项目的基础、创新点、应用现状及未来展望，揭示芒果模式在新兴技术领域的探索与布局。

第三章 芒果模式 2.0 深度融合的典型案例及其成效

　　湖南广电在媒体融合领域已取得显著成绩，多家单位在创新实践中的出色表现赢得了广泛认可。其中，芒果超媒股份有限公司获得"2019 年全国广播电视媒体融合先导单位"殊荣，"湖南广电媒体融合的芒果模式"被列为"2019 年全国广播电视媒体融合典型案例"，展示了湖南广电在融合战略上的领先探索。在 2020 年"湖南广播电视台娱乐频道 MCN 模式"再次被树立为典范，进一步验证了湖南广电在媒体融合路径上的创新与实效。在 2023 年，湖南风芒传媒有限公司的"湖南广电短视频平台风芒 APP"项目被选为全国广播电视媒体融合典型案例。为推广湖南广电在媒体深度融合中的宝贵经验，本书特精选湖南卫视、风芒 APP、芒果超媒以及芒果 MCN 四大案例进行剖析。这四个案例不仅体现了湖南广电在资源整合、平台建设、内容创新上的深厚功底，也展现了其在机制改革、技术应用、市场拓展等方面的前沿探索。通过分析它们的基本概况、发展战略及项目特色，旨在为全国广电同行提供可借鉴的融合发展模式，鼓励学习先进、追赶先进、创新超越的行业风气，共同推动我国广播电视行业的媒体融合向更深层次迈进，拓宽发展视野，激发创新活力，共创媒体融合新篇章。

第一节　湖南卫视：长视频危机下的传统广电大屏生态创新发展

曾几何时，传统广电风光无限，然而到了 2019 年，多家卫视电视剧场出现无赞助商冠名的现象，令人感叹传统媒体荣光不再。从数据来看，从 2017 年起，传统媒体广告收入已经开始下滑，而新媒体广告收入则持续增长。湖南卫视也未能幸免，2018 年湖南卫视广告收入有 86.8 亿，但到 2019 年已经降到 60 亿。虽然收入逐年减少，湖南卫视在省级卫视中仍保持着领先地位。①

面对危机，湖南卫视弱化了频道的概念，转向"新型全媒体链路整合平台"方向的建设，试图打造全新大屏生态。2020 年 9 月，湖南卫视广告部全面升级为湖南卫视商业运营中心，搭建全新的商业生态系统，全力打造以电视 IP 为核心的营销模式。这一商业营销机制的调整标志着湖南卫视全媒体融合战略深化和以内容为核心的"大屏生态"的全面升级。湖南卫视的大屏生态将打通短视频、长视频、电商以及城市商业体联盟，为客户创造新商业全域价值链。

一、创新做法与实践

（一）敢于走出旧舒适圈，开启高品质潮

敢于走出收视舒适圈，创新高品质影视剧与综艺节目，是湖南卫视在竞争激烈的长视频市场脱颖而出的根本法宝。湖南卫视的主要作品有以下三类。

---

① 示其 . 3.49 亿中插广告，2.4 亿创口贴广告，电视台活了？［EB/OL］.（2021-03-08）［2024-11-11］. https://mp.weixin.qq.com/s/VvNaiLplsz3VZo4KZE8aHg.

一是打造系列主旋律作品，加强主流宣传。2020 年以来，湖南卫视相继打好疫情防控、脱贫攻坚和建党一百周年主题宣传战。首先，湖南卫视在抗击疫情宣传报道中，实现了"四个第一"：第一个调整原有节目编排；第一个在黄金时段播出防控疫情专线节目；第一个制作了公益纪录片、宣传片和主题 MV；第一个提出举办元宵主题直播晚会。其次，做好脱贫攻坚宣传工作，不仅将晚间黄金时段用来创制"一县一品"的扶贫公益广告，而且与芒果超媒共同建立"芒果扶贫云超市"带来了近 30 亿元农产品销售额；从在《快乐大本营》《出手吧，兄弟》等王牌节目中开创"节目＋扶贫"模式，到《我的纪录片》中推出的"脱贫攻坚三部曲"：电视版《大地颂歌》、电视专题片《从十八洞出发》、电视剧《江山如此多娇》，湖南卫视塑造了讲述脱贫攻坚故事、以流量变现消费带动扶贫的"广电媒体样本"。最后，湖南卫视弹奏出以庆党百年为主题的"交响乐"，推出了《28 岁的你》《党史上的今天》《百年正青春》等一大批优秀作品，献礼建党百年。大型史诗纪录片《中国》汇聚了国内顶尖纪录片制作团队，耗时达到了五年之久，用电影级别的品质和独特的视角，发扬了数千年来中华文化精髓，展现出一个大气磅礴的史诗中国。《百炼成钢》采用了组歌集锦式的全新结构，将八首经典歌曲串联起来，全景式地展现了党的百年革命史、创业史、奋斗史，用大写意大跨越的手法开拓了献礼剧的新篇章。

二是推出"芒果季风剧场"，打造精品短剧。2021 年湖南卫视停播了持续六年的周播剧场"青春进行时"（主打简单、偶像、青春、流量的剧集），取而代之的是"芒果季风剧场"，旨在"制作电影级短剧"，其剧集题材覆盖了悬疑、情感和都市等，风格相对模糊。在类型上，用恰到好处、短小精悍的集数紧凑包含高能剧情和丰富情感；在题材上，以新颖先锋、独具特色的小切口进入，深度密切连接当下社会焦点话题，打造浓厚中国风韵味的原创作品；在编排方式上，双平台同步周播，十部电视剧、X 部网剧贯穿全年，基于此打造出国内首个台网双联动周播短剧新样式，目标是

"颠覆长剧无脑灌水、颠覆悬浮空洞表述、颠覆流量至上，为行业带来全新气象"。

三是常规剧集综艺在青年引领上大有作为。2020 年金鹰剧场《下一站是幸福》《以家人之名》《完美关系》在中国广视索福瑞媒介研究（CSM）全国网电视剧女性观众收视榜单中稳居前三。2020 年综艺节目《乘风破浪的姐姐》以打破女性刻板印象为立意，展现女性独立价值，获得 70 多家主流媒体推文肯定，其中包括《人民日报》和《中国青年报》。国家广电智库还用专文指出，"乘风破浪"这四个字绝不仅仅是一个节目的关键词，更会成为一种被唤醒的全民榜样精神。《向往的生活》系列节目以温馨治愈的风格，强调回归自然、简单生活的美好，传达了在快节奏的现代生活中寻求平衡与和谐的重要性。2023 年《花儿与少年·丝路季》通过游学探访的方式，带领观众跟随嘉宾的脚步穿越丝绸之路沿线国家，展现了中国与世界各国的友好交流与合作，首播累计播放量达到了 3.4 亿。这些节目以各自独特的方式，将社会主义核心价值观融入娱乐内容之中，既满足了大众的审美需求，又发挥了文化的正向引导功能，为推动社会进步和文化繁荣贡献了力量。

（二）逆势而上，开启云综潮

在 2020 年受到不可控因素的影响，各行各业遭到了前所未有的冲击，电视传媒领域也未能幸免。依托于 5G、人工智能、大数据、云计算等前沿技术的支撑，湖南卫视在逆境中寻求突破，推出了"云录制"这一革命性的节目生产模式，为综艺界注入了新的活力。

"云录制"模式打破了传统节目必须集中录制的局限，允许主持人和嘉宾们即使身处天南海北，也能通过网络连接实现"面对面"的互动交流，录制出完整的节目内容。这一创新之举为节目制作提供了前所未有的灵活性和广度。《天天向上》团队迅速行动，推出了国内首个基于"云录制"的智趣类公益脱口秀《天天云时间》，在天天兄弟的主持下，每期邀请四位明星嘉宾线上相聚，共享欢乐时光。同时，《快乐大本营》也不甘落后，推出了《嘿！你在干嘛呢？》这档原创分享互动生活创意秀，透过摄像头，真实记录了明星们在家的日常，传递了积极向上的生活态度，鼓励观众保持乐观心态。随后，各大卫视也纷纷加入云综艺制作中来。湖南卫视制作团队的反应速度、策划力、创新力、执行力展现了电视人在其领域内的努力探索，向观众展现了电视媒体主动担当起的责任和使命。

更令人瞩目的是，湖南卫视并未止步于此，而是进一步深化"云录制"的应用，将其提升至 2.0 版本，并且在《歌手·当打之年》和《声临其境 3》两大品牌节目中进行了全面展示。《歌手·当打之年》通过"云录制"，实现了跨越地理障碍的音乐盛会，由五位身处不同地点的歌手在云端同台竞技，为观众带来了一场视听盛宴。尤为值得一提的是，该节目大胆改革了传统的现场评审机制，创造性地引入了线上观众评审系统，500 名大众评审通过芒果 TV 平台远程参与，实时观看表演并投票，既保证了比赛的公正性和参与感，又确保了观众的安全健康，这一举措无疑是对电视综艺互动模式的一次重大革新。

（三）探索新的商业模式，开启大商业直播潮

2020 年面对内容电商、网红带货的竞争压力，加之不可控因素的影响，各大卫视的广告创收压力骤然增加，此时湖南卫视创新性推出了"大商业直播"模式。与基于流量的传统直播电商模式不同的是湖南卫视的"大商业直播"基于传播影响力展开。首先，在电视端，大商业直播打破广告插播概念，把商业品牌融入艺术、融入社会责任，既保留了晚会的娱乐性、观赏性品质，又有机且不违和地展开直播带货，突出带货的商业目标的同时并不降低内容调性。其次，在传播上，突破了直播电商日常的"私域流量"的束缚，依托于一线卫视的传播影响力进行拓展，既能与单一平台深度合作，又能跳出品牌深入垂直行业与地区，实现覆盖广泛和影响深远。大商业直播的核心特征

在于，以电视大屏为主，手机小屏为辅，通过高品质晚会直播的电视大直播来激发热点、聚集热度，由此引流到小屏中实现橱窗商品的热卖。其实践创新主要体现在以下三个方面。

一是主题创新。每档直播活动主题各有侧重，但又都具备深厚的公益属性，注重直播主题的社会责任和正面示范作用。2020 年湖南卫视至少举办了八场电视直播：既有《未来可期·六一趣味运动会特别直播》等将传统节日庆典样态翻新的合家欢晚会，又有《第十三届金鹰节开幕式暨文艺晚会》《第十三届金鹰节闭幕式暨颁奖晚会》两大顶尖行业盛典；既有助力脱贫攻坚的公益性直播活动《出手吧兄弟——芒果扶贫云超市大直播》，又有与电商平台联合打造的"拼多多 618 超拼夜""汽车之家 818 全球汽车夜""拼多多 11.11 超拼夜""12.12 超拼夜"等定制晚会。每档直播活动侧重点各不相同，可以从各种不同的角度击中观众切实关心关注的社会议题，帮助观众释放焦虑情绪，引导观众树立正确的社会价值观，从而提升他们的社会责任感。

二是内容创新。既保留了晚会的娱乐性、观赏性，又有机而不违和地展开直播带货，打造全新模式的串屏直播带货舞台。例如，《出手吧兄弟——芒果扶贫云超市大直播》将"前景与背景"进行巧妙的双屏分区。电视直播的主舞台就是前景，由主持人带领两队嘉宾展开带货 PK，并进行相关的文艺表演、游戏比拼、访谈交流；而 20 个带货的直播间构成背景，20 名直播间主播介绍产品的细节、实用价值和购买方式，在线上与网友进行实时带货互动，辅助主舞台两队 PK 的带货转化。[①]

三是传播创新。电视大屏引领手机小屏，线上线下联动带货，电视商业直播取得切实成效。网友在大屏界面或移动平台观看直播的同时，均可以实时扫描二维码，参与节目互动，或进入商品界面直接下单购买。以《出手吧

---

① 浅度.湖南卫视大屏带小屏的"串屏直播"，如何做到 2 小时卖空 15 个县？［EB/OL］.（2020-06-07）［2024-11-11］.https://mp.weixin.qq.com/s/WdbSAxlCqdDcfYaJoyZuNA.

兄弟——芒果扶贫云超市大直播》节目为例，根据数据表明，这档直播节目总计吸引了超过 5.5 亿人参与跨屏互动，仅用 2 个小时就卖空了 15 个县的产品，带动了 20 亿的总销量。[①]

（四）组建商业运营公司，推动"双屏资源"全域商业化运营

2020 年 9 月，湖南卫视商业运营中心与天娱广告公司合并实行公司化运行，成立了新营销事业中心，开始布局电商、产品和内容营销三个板块，致力于打破单一的广告营收方式，寻找新的突破口和变现方式，将原有的广告资源销售模式进行升级，提供整合营销服务给市场客户。一是加速布局电商板块，综艺节目与头部带货主播深度合作，通过邀请主播参加热门综艺节目，将直播带货融入节目内容中；携手"小芒"电商，把大屏的影响力转为产品的销售力；深度联合直播带货头部机构针对 IP 账号运营、艺人账号运营、主播孵化、整合营销等项目开展合作，打通资源、互补优势，实现品牌后链路的销售转化，共创增量价值。二是加快产品共创板块，进行新零售、新业态、新商业的大融合行动，比如与元气森林合作创造专属的芒果味"元气早餐椰汁"、与汽车之家合作举办全球范围内首档汽车主题晚会"汽车之家 818 全球汽车夜"等。三是加强艺人运营板块，与天娱传媒达成战略合作，一方面利用优质的节目内容，为艺人提供展示舞台；另一方面，引入专业的艺人培养机制，源源不断输送演艺人才，让"大屏 + 艺人"成为媒体营收新的增长点，和为品牌赋能新的接触点。[②]

2021 年 6 月"湖南卫视商业运营发展有限公司"全新起航，它由湖南卫视商业运营中心与湖南天娱广告有限公司整合而成，开启"内容 +"传媒商

---

① 浅度. 湖南卫视大屏带小屏的"串屏直播"，如何做到 2 小时卖空 15 个县？［EB/OL］.（2020-06-07）［2024-11-11］. https://mp.weixin.qq.com/s/WdbSAxlCqdDcfYaJoyZuNA.

② 倪叔. 天地无界：湖南卫视的商业化破局之路［EB/OL］.（2021-05-08）［2024-11-11］. https:// www.sohu.com/a/465325447_104421.

业全生态运营时代。①2021 年 10 月，在湖南卫视升级"青春中国"之际，商业运营中心随之提出"价值共创，让商业可持续增长"的口号，湖南卫视将立足于青年文化价值观，延展出多元化、场景化的 IP 内容矩阵，并通过 IP 整合营销为品牌注入更大的价值，与品牌共创良好商业生态。

二、成效与反响

（一）经济效益

2020 年，湖南卫视是唯一一个在覆盖全域的六网数据中，均独居第一梯队的频道，而且领先优势突出，比排名第二的省级卫视最高份额高出了 64%。2020 年，湖南卫视在 CSM 全国省级卫视收视率排名中，占据榜首位置 312 天，比 2019 年增加了 34 天。此数据表明，湖南卫视在全年近 90% 的时间内保持了省级卫视收视率的领先地位。②2021 年，湖南卫视持续保持着全域第一的好成绩，累计观众数量超过了 8.2 亿，成为除中央电视台外拥有最大观众群体的电视媒体；在酷云和 CCData 中的数据分析，其观众市场份额比排在第二位的省级卫视高出了约 50% 的份额。③ CSM 全国网数据显示，2021 年 1 月至 9 月，湖南卫视覆盖观众规模达到 9.23 亿，以鲜明优势位列省级卫视第一，与中国网民总数相当。此外，其月均观众规模 4.67 亿，位于省级卫视的领先地位。金鹰独播剧场凭借不断的热剧，观众规模达到 5.96 亿，成为名副其实的第一"女性剧场"。④

① 湖南卫视广告部. 官宣！我们，正式更名了 [EB/OL]. (2021-06-21) [2024-11-11]. https://mp.weixin.qq.com/s/_FRyJ7-sCbOg3TeSWsIkZg.

② 舒畅，张颖. 2020，跟自己较劲的湖南卫视！ [EB/OL]. (2021-01-04) [2024-11-11]. https://mp.weixin.qq.com/s/Vx3jYUo3kYCbYUt6YBZ79w.

③ 湖南广播电视台.【启航新征程】湖南广电聚力建设主流新媒体集团 [EB/OL]. (2021-08-05) [2024-11-11]. https://mp.weixin.qq.com/s/yGtKNFevWFW3i9HOD4De2w.

④ 林夕. 从快乐到青春，湖南卫视全面升级品牌的背后有何深意？ [EB/OL]. (2021-10-02) [2024-11-11]. https://mp.weixin.qq.com/s/4KiSCgCiePKGVKhvV0-y9A.

（二）社会效益

湖南卫视源源不断地将积极、阳光、青春、快乐的品质精神传递给年轻观众群体，并身体力行地做好主流青年文化的推进者与指引者。在历次重大的主题宣传中，湖南卫视都能够精准把握、率先发声。如脱贫攻坚和建党百年，湖南卫视以优质的内容、精准的传播，在主题宣传和当代年轻人之间搭建对话的桥梁，从而产生情感的共鸣，并引领大家对主流价值产生深层的认同感和强烈的归属感。在 2020 年 10 月 17 日，湖南卫视获得了国务院扶贫开发领导小组颁发的"全国脱贫攻坚奖·组织创新奖"。《党史上的今天》引发广泛观看的热潮，成为"学习强国"APP 等其他主流网站的热门节目；电视剧《理想照耀中国》在全网的话题量超过了 200 亿，多集收视第一；电视剧《百炼成钢》是同时期唯一一部讲述跨越百年党史的作品，《百年正青春》以千人登台晚会的多种形式实现文艺创新；革命文物青年说节目《闪光的记忆》入选《庆祝建党 100 周年重点电视节目名单》；大型史诗纪录片《中国》的网络融合影响力位居 2020 年全网纪录片榜首，其融合传播声量及流量，获得同期全网纪录片冠军，并且最终荣获中国广播电影电视报刊协会与纪录中国理事会等单位联合组织推选出来的"最具影响力十大纪录片"之一。

（三）未来展望

湖南卫视建构的大屏生态新图景，既包含了内容创新和品牌塑造，又包含了技术融合与商业模式创新。未来湖南卫视将在内容创新与价值引领方面、在技术与平台融合方面，以及在商业模式创新方面继续探索前进。

一是在内容创新与价值引领方面。自 2021 年国庆，湖南卫视将品牌定位从"快乐中国"升级到"青春中国"，湖南卫视一直在不断强化作为主流媒体的社会责任担当，进一步深化"季风计划"等创新内容战略，推出更多既贴合年轻人喜好又能反映社会现实、弘扬主流价值观的节目内容，引导青年文化向善向上。

二是在技术与平台融合方面。湖南卫视将进一步加大对 5G、AI、大数据等前沿技术的研发与运用，赋能内容生产，为用户提供更个性化、更沉浸式的观看体验，并进一步推动大屏与小屏的无缝对接与灵活互动。

三是在商业模式创新方面。自湖南卫视将广告部升级为商业运营中心（公司）以来，湖南卫视一直致力于打造以电视 IP 为核心的营销航母，未来将进一步深度整合短视频、长视频、电商板块，通过内容与商品的精准匹配，营造边看边买的新消费场景，激活内容变现的新潜能。

三、经验与启示

湖南卫视始终坚持"破旧立新""敢为人先"的创新精神，虽然在省级电视平台全域中处于第一，但是不断创新内容和商业模式，旨在探索打造"新型全媒体链路整合平台"。

首先，做好顶层规划不动摇。在建设新型主流媒体的融合转型过程中，湖南卫视弱化频道的概念，转向"新型全媒体链路整合平台"方向的建设。湖南卫视仍是湖南广电的发展"核心"，只是角色变迁从"领头雁"的"A"到"树型"的"H"，湖南卫视和芒果 TV 双方互相打通融合，互为支撑。[①]

其次，坚持内容为王，以主流内容创新打造核心竞争力。湖南卫视一直坚持坚定的政治立场，强化创新思维，打造了一系列主旋律作品来加强主流政治思想宣传；主动践行"芒果季风剧场"，坚持"质量即流量"，拒绝"流量水剧"的制作模式，突破了依靠流量明星短期拉拢会员的粗糙方式，通过双平台剧场的品牌效应拉动长期会员收入的增长；将社会主义核心价值观与

---

① 吕焕斌. 媒体融合的芒果实践报告［M］. 北京：中信出版社，2019：83.

内容有机融合，采用青年群体喜闻乐见的方式吸引青年受众，时刻不忘"做青年文化的引领者"和"新时代国民精神的塑造者"的初心使命。

再次，坚持技术赋能，把握核心技术的自主权，大力投入技术研发，实现技术与内容的协同创新发展。从纪录片《中国》到《2020—2021湖南卫视跨年演唱会》，观众在一系列影视作品中体验到了由杜比全景声、6K超高清、5G+VR等前沿科技带来的视听震撼效果，湖南卫视在将最新的拍摄与制作技术融入自制内容中的努力；从《天天云时间》《嘿！你在干嘛呢？》到《歌手·当打之年》，受众在云录制节目中体验到了5G、AI等新兴技术正在与云计算形成更好的协同合作，改变着节目生产制作流程。同时也展现出湖南卫视在异常困难的社会环境中，运用最新技术、创造条件为广大群众生产出优质作品的决心。掌握核心技术的关键在于对人才的培养与重视。湖南卫视重视对技术人才的培养，并将技术人才与营销人才、内容创意人才纳入其中，共同构建了系统化、战略化的培养体系。湖南卫视相信，只有把握"人才"这一核心要素，才能最终实现从卫视平台向"新媒体"平台的全面转型。

最后，坚持商业模式创新，借助融屏思维助力大屏生态整合营销升级，摒弃电视台长期依赖品效广告①的盈利思维，坚持商业模式创新。省级卫视进行节目创新的一个重要趋势是融合直播带货元素，而湖南卫视是将电视大屏和手机直播小屏进行融合，实现了双屏并轨直播。其着力点并不是广告＋直播，而是打造一个以品代销、品销兼顾的流量循环体系，将广电媒体在电视上的广覆盖力、强传播力和高公信力与直播电商的销售力和转化力有机结合起来。

---

① 品效广告（品牌效果广告）是一种将品牌传播（Branding）和效果转化（Performance）结合的广告模式，既强调品牌长期认知的塑造，又追求短期可量化的销售或用户行为（如点击、下载、购买等）。

四、问题与对策

（一）主要问题

打造"剧场"品牌是当下国内外视频平台都在重点布局的方向。在海外，奈飞（Netflix）、HBO Max 等流媒体平台带动下的剧场运营生态已经十分成熟，如限定剧、迷你剧等。自 2020 年以来，国内各大视频平台也根据自己的内容调性进行剧场品牌建设，如爱奇艺相继推出聚焦悬疑题材的"迷雾剧场""恋恋剧场"和"小逗剧场"；优酷也不断更新"宠爱剧场"片单。2021 年湖南卫视停播了主打青春、偶像的"青春进行时"剧场，取而代之的是走"非类型化"路径的芒果季风剧场。"剧场"一方面是用多个精品化内容蓄势，打出"1+1 ＞ 2"的影响力；另一方面是视频平台探索多元化收入模型的有力抓手，在有效拉动会员业务方面表现尤为突出。但是，随着芒果季风剧场的推出，在多个方面存在有待考验的问题。

第一，周播剧带来的问题：从电视剧产业类型化产品的制作流程来看，产业政策限制了周播剧的真正实现。

实际上，湖南广电在剧场运营上已经积累了多年经验。自 2011 年以来，湖南卫视已经开辟了六大剧场（"芒果周播剧场""第一周播剧场""青春星期天""钻石独播剧场""超级独播剧场""青春进行时"），在省级广电媒体中最具代表性，诞生了《古剑奇谭》《花千骨》《楚乔传》等热播剧，成绩相对突出。但周播剧场很难"复制"爆款，即使前一部剧集构成爆款，也无法挽救随后几部剧集无法激起太多水花，回归老路的态势。

探索中国电视剧市场的周播模式，受到五项关键因素的直接影响：产业政策指导、制播机制特性、营销策略选择、收视率导向以及目标观众定位。从产业政策来看，要求电视剧在制作和公映之前，必须经过相关部门的两次审查，这直接制约了真正意义上"边拍边播"的周播剧模式发展。尽管部分剧集采取"一周多次播放"的形式，但实际上所有内容在播出前已全部完成制作，这仅是"周播"表象，未能触及周播剧灵活响应市场反馈的核心精神。中国特有的审查体系成为难以逾越的屏障，使得周播剧更多停留于形式上的"周播剧场"，无法实现与国际接轨的边拍边播，并动态调整剧情，更难以及时融入观众反馈，导致内容创作的互动性缺失。受此影响，中国电视剧制作倾向于快速制作、快速播出的短期策略，剧集内容相对自成一体，难以构建如国际市场上基于季节周期性播出的连续剧模式。这种运作模式限制了剧集与观众之间长期且深入的互动，难以形成稳定且忠诚的目标观众群体。即便某部剧集能够短期内爆红，也无法确保后续作品能持续吸引相同水平的关注度，市场反馈的不确定性显著增加。

第二，从台网融合战略部署来看，自制周播剧承受着多方面压力，促进台网融合的效果较为有限。

2014 年芒果 TV 推行"独播战略"，由湖南卫视为其提供电视剧剧集支撑。为了提升湖南广电整体电视剧的自制能力，减少对其他电视剧制作公司的依赖度，湖南广电将自制电视剧作为芒果系生态中的重要内容战略，其中湖南卫视的周播剧场是主要的播出及输出"窗口"。其中，湖南卫视以向芒果影视委托定制的方式，承诺每年不低于 208 集周播剧捆绑芒果 TV 独家版权。在芒果 TV 启动之初，这一战略不仅助力芒果 TV 的影视剧版权库建设，同时也让湖南卫视的周播剧实现了一定的话题发酵与互动活力，助推双平台融合发展。

但是，因为这个硬性指标，也出现了一些问题。一是湖南卫视版面规划的灵活度受限，需充分考虑到剧集播放的集数要求，使得后晚间时段编排被剧场捆绑，相对固化。二是湖南卫视的周播剧场与芒果 TV 的独播剧场相关联，导致频道无法引入市场上其他台网绑定项目。三是由于剧集投入成本相对比较固定，难以适应市场的变化，相对于 BAT 三家联采价格，缺乏价格优势，因此在前端难以捕捉到市场上的优质资源。四是由于成本固定，部分项目成本受限，内容质量参差不齐，没有真正达到周播所需的品质；适合多季开发的优品也相对稀缺，即使发现一些小而美的创新类型，但是其声量与市场影响力未能达标。五是由于后晚间时段的剧集本身对广告商的吸引力较弱，而且带货能力相对较低，可以增加的植入性广告与硬广有限，也给周播剧的自制的投入产出比带来不小的压力。①

（二）对策探讨

第一，周播剧的对策探讨。从芒果周播剧的最新趋势来看，2021 年湖南卫视与芒果 TV 双平台最新联合推出定制周播剧的"芒果季风剧场"，通过实施"内容为王"的策略拯救剧场。这一对策主要是基于以下因素考虑：一是芒果平台的剧集长期以来主打"青春偶像剧"，主要考虑的年轻女性受众的观影需求，这一策略在早期会员扩张阶段极为有效，但随着市场需求的多元化发展，过于单一的类型化内容难以满足当下观众日益多元的观赏需求。二是随着剧集制作水准的整体提升和市场对内容质量要求的日益增高，青春偶像剧中常见的问题，如剧情拖沓、演员僵硬等频遭诟病。三是剧集类型的单一化限制了湖南广电产出跨平台、广受追捧的爆款作品的能力，相较于爱奇艺、优酷、腾讯等综合视频平台的多元剧集储备，湖南广电在内容多样性方面略显不足，不利于吸引更广泛的受众群体，阻碍了其用户基础的拓展与市场份额的增长。

但是，这一对策仅仅是针对周播剧的剧集类型，而不是针对"周播剧"的周播特征，因此仍然不能解决根本问题。质量高的影视剧一般制作周期较长，从筹划、引资、剧本创作，再到拍摄、后期和发行，最少要花费两年时间。很多时候制作方无法判断出当下的选题是否能在两三年后依然拥有市场，

---

① 吕焕斌.媒体融合的芒果实践报告［M］.北京：中信出版社，2019：147-148.

加上有时候审查阶段耗时过长，"应时"作品更是被活生生拖成"过时"作品。从长远来看，如果想要延续周播剧收视高峰，则需要打造剧集品牌，实施演季周期性运作，形成一种节目生产、编播和营销的全方位联动。而只有将"制播分离"转变为"制播合作"制度，由影视制作公司接受长视频平台的委托，按照市场需求制作电视剧，才能实现以上目标，从而提高固定品牌受众群体的品牌忠诚度。但是，如果想要实现"制播分离"转变为"制播合作"制度，最终还需要寻找行政审批的政策支持。在国家政府层面，必须完善影视作品分级制度，并将部分敏感性较低的影视作品类型从预先审查转变为事后追责制度，从而在一定程度上放宽限制，为周播剧模式的真正实施提供法律和行政支持。

第二，台网联动的对策探讨。目前剧集体量呈两极化趋势，一方面，精品剧集不断刷新受众对剧集质量的期待，也不断拉高制作成本；另一方面，小成本、轻体量的剧集借着分账剧模式蓬勃发展。芒果季风剧场走精品剧市场路线的同时，也不能忽视"分账剧"这一巨大市场。"分账剧"与版权剧最大的不同是片方根据点击率和用户付费观看的表现，按比例获得分成。"分账剧"具备生产制作周期短、投资体量小、市场回报快、分账金额破千万的时间不断被刷新等诸多优势，因此其市场热度不断上升。爱优腾等商业视频平台纷纷入局，芒果 TV 也相继跟进，基于此，芒果 TV 在分账剧集方面加大激励力度。该平台不仅对 S 级项目提供保底收益保障，而且分成比例也是四大平台中较高的，最高可达到 100%。此外，芒果 TV 还提供最高会员拉新奖励，即对于首次付费并有效观看该剧集的用户作为该剧集的拉新会员，奖励金额达到 600 万元。

第二节　风芒APP：短视频趋势下的传统广电新闻融合转型

2021 年 9 月，风芒 APP 上线。风芒 APP 是湖南广电旗下的新媒体平台，以泛资讯为主要功能，以短视频为主要面貌，与长视频平台芒果 TV、内容电商平台小芒共同构成湖南广电打造主流新媒体集团的 "三驾马车"，并且形成一个完整的媒体生态，打造了湖南广电的传播新格局。作为湖南广电建设新型主流媒体集团三大战略之一，风芒从互联网竞争最为激烈的短视频赛道切入，上线两年多来，风芒摸索出了一条具有芒果特色的融合转型路径。

风芒作为湖南广电推动传统主流媒体融合发展向纵深推进的产物，积极探索广电媒体融合发展新路径，创新建立和优化完善大小屏融合机制，通过重塑内容生产流程、拓展传播渠道、打造平台矩阵、强化技术引领，推动传统广电新闻向短视频化演进，成功牵引湖南广电传统新闻团队向新媒体转型，构建全媒体传播格局，真正实现 "主力军全面挺进主战场"。[①]

为什么要做新闻类客户端？由于平台规则的改变，给新闻媒体通过 "借船出海" 式打造的全媒体传播体系产生了巨大冲击。2023 年是媒体融合的第十年，大多数传统媒体通过社交平台建立了各自的全媒体传播体系，实现 "去传统化"。但是，在各大新闻媒体自身新媒体平台尚未成形或形成影响力之前，其发展仍受到社交平台的制约。2022 年 9 月，海外社交媒体 X（原推特，Twitter）进行了一项新的功能测试，不再显示新闻链接中的标题和其他文本，仅显示图片——这项功能将限制新闻媒体在该平台的内容曝光量，从

---

① 林沛 . 湖南广电风芒 APP 上线两年来做了什么？［EB/OL］.（2023-11-20）［2024-11-11］. https://mp.weixin.qq.com/s/soa6JII37W0e6k_9PngILg.

而制约后者向官网导流的能力。脸书（Facebook）母公司 Meta 在 2022 年 9 月官宣，从 12 月初起暂停 Facebook 在英国、法国和德国的新闻服务。Meta 宣称："新闻内容在其全球用户信息流中的比例还不到 3%。"Meta 认为新闻内容对于提高 Meta 平台的用户黏性的作用非常有限，因此考虑大幅减少对新闻内容支持。实际上国内早已"暗流涌动"，社交平台从最初频频向传统新闻媒体抛橄榄枝，到两年前的逐步"脱钩"，再到现在的"限流""断流"，这一系列的变化足以证明根植于社交平台流量模式的脆弱性。湖南广电洞察到这一趋势，在逆境中奋起，勇担重担的决心，打造自己的移动互联网平台，并选择竞争最为激烈的短视频赛道进行布局。[①]

一、创新做法与实践

风芒自诞生之日起就发力建设"泛资讯短视频平台"，涵盖资讯、评论、文化、直播、社交等平台功能，致力于将新闻、资讯、消息等"用短视频的方式进行创新转化"。作为广电媒体打造的新媒体，风芒的特点在于兼顾且融合了新媒体平台的开放特质与传统媒体的把关属性，其优势在于拥有媒体的专业编辑，严格筛选内容输出，以提供知识增量、强化产出质量、创造价值流量的进阶路径推动短视频的精进，抢占当下用户"认知盈余"黄金场域。

（一）内容与科技融合创新：打造内容 IP

"风芒+"功能面向所有用户开放，通过深化"原创+二创+转载+PUGC"的内容生产体系，既注重传播活跃度，又体现思想深度、情感温度，建设性构筑健康内容生态，为自身的长远发展提供坚实支撑。

---

① 林沛．李越胜：风芒 APP 探索 AI 技术驱动的下一代新媒体平台［EB/OL］．（2024-04-15）［2024-11-11］．https://mp.weixin.qq.com/s/h11c27HbJ4dP27DfwBn-PA．

第一，打造湘派电视理论片原创 IP。党的十九大以来，风芒理论片创制团队在湖南省委宣传部和湖南广电的指导、支持下，连续推出了《新时代学习大会》《长江黄河如此奔腾》《从十八洞出发》《选择》《学"讲话"·六堂课》《思想的旅程》《十讲二十大》等"湘派理论片"视频。2023 年 6 月，习近平总书记在出席文化传承发展座谈会时强调："在新的起点上继续推动文化繁荣、建设文化强国、建设中华民族现代文明，是我们在新时代新的文化使命。"这一重要论述指出了文化建设的方向，阐明了新时代文化建设的目标任务，使我们掌握了思想和文化主动，为我们开展新闻宣传指明了方向。正是在这一思想的指引下，风芒制作了系统化宣传阐释"第二个结合"的电视理论片《当马克思遇见孔夫子》。该片全网总阅读量达 11.87 亿次，是湖南广电历年创制的电视理论片中播放量最大、社会影响最广的一次，实现了理论节目的破圈传播，普及了党的创新理论。围绕党的十八大以来的原创性思想、变革性实践、突破性进展、标志性成果，风芒理论片创制团队连续推出《新时代学习大会》《从十八洞出发》《选择》《当马克思遇见孔夫子》等近 10 档电视理论节目。这些节目致力于传播习近平新时代中国特色社会主义思想的大众化，紧扣新时代主题，而且都保持了一贯的青春调性与创新气质，将深刻的主题如盐化水般融入故事与讲述的影像之中。

《当马克思遇见孔夫子》节目创新性地融合了现代说唱元素、创意短片以及前沿的 AR 与 VR 技术等，不断丰富内容表达与观众沉浸式体验。首先，该节目最为突出的是，运用了 XR 技术，这是一种结合了 VR、AR 和 MR 的技术。节目利用 XR 技术将现实中的岳麓书院"搬入"虚拟演播厅中，通过高精度的三维建模和渲染，复原了一个既真实又富有幻想色彩的岳麓书院的环境，这种做法打破了物理空间的限制，让观众仿佛置身于历史悠久的书院之中。节目还使用 AI 算法让古人的画像变得栩栩如生，仿佛古人真实地参与到与现代思想家的对话中，增加了观众的沉浸感和参与感，使得古代智慧与当代思想的交流更加自然流畅。此外，节目运用创意短片形式，让历史人物

"活起来",让历史场景"动起来",轻松化、通俗化地讲述宏大的历史事件。《周召共和》是以动漫讲述周朝国人暴动的故事。在外景短片《老子探馆》运用特效技术,唤醒了"老子"雕像,使其作为向导走进中国国家版本馆,带领观众见识国家书房、兰台洞库等馆藏重地,在别开生面的跨越古今之旅中传承悠久文明,赓续中华文脉,增进历史自信。①

第二,打造政务服务融媒体产品 IP。风芒媒体平台积极响应时代号召,以"贴近民众,深耕本土"为核心理念,深度挖掘地方政务特色,制作倾听民生民意、反映本地生活的融媒体作品,并创新性运用"短视频 + 直播"形式呈现出来。其中,具有典型代表的是"当好行动派"与"民情派"两大 IP。

《当好行动派——县(市区)委书记访谈录》作为风芒精心策划的大型县域政务服务融媒体直播节目,打破了传统运营模式的局限,大胆采用"直播访谈 + 短视频 + 实时连线 + 互动问答"的多元形式,邀请各县(市区)的主要领导直接进入直播间,与广大网民面对面,以沉浸式的交流方式,针对县域政务服务的重点、难点问题进行答疑解惑,同时推广展示地方治理的亮点与成就。此节目一经上线,各地干部群众反响热烈,他们纷纷下载风芒 APP,积极参与直播互动,围绕地方发展积极建言献策,形成了良好的政民互动氛围。截止到 2023 年 8 月 10 日,直播间的观看人数已突破 8000 万人次大关,点赞量超过 9000 万,留言评论数量达到了 10 万条以上。该节目还打破了单一式直播间限制,以风芒客户端为中心总统筹,联动湖南卫视、湖南都市、风芒视频号和省内各县(市区)主要媒体、官方公众号等多个平台,将直播中由当地融媒精心制作的短视频输出到风芒展播,在直播结束后湖南卫视《午间新闻》对直播概况进行联动报道,促使传播链条层层扩容。围绕主

---

① 湖南都市频道.湖南卫视《当马克思遇见孔夫子》创新电视艺术表达,理论宣传讲好讲活［EB/OL］.(2023-12-15)［2024-11-11］. https://mp.weixin.qq.com/s/ZiMFPZ6cB9WXQcr1V16zjw.

题，各个屏幕呈现各显其美。因报道湖湘大地的发展变化和各领域取得的成就，网友化身纷纷转发对家乡的热爱之情和自豪感，促成多款出圈之作，实现流量与口碑齐飞。^①

融媒体产品《民情派》以"一键求助，就上风芒民情派"为口号，利用媒体优势，完善各方参与、服务受众、引导舆论、推动治理的生态体系，向下扎根推进多样化民生服务融合发展，为基层社会治理提供科学决策。风芒开发的政务服务融媒体产品"民情派"畅通与民众互动渠道，搭建与民众沟通平台，将民众提供的新闻线索、服务需求、信访投诉等信息派发至职能部门，通过"人工＋智能"方式回应民众诉求，为基层社会治理提供科学决策。例如，在湖南省党代会召开前夕开展的建言献策活动中，风芒收到有效回复5000 多条，总点击量超过 100 万，成为民情民意的重要"汇集地"，持续增强主流媒体服务民生的能力。此服务上线至今，"民情派"站内累计收集民情来信 1.5 万多条，全网收集民情求助万余次，求助社群 200 多个，覆盖人群近千万，热点新闻事件发稿 1300 多篇，站外新媒体移动端总阅读量 12.2 亿次……"民情派"已经成为风芒客户端站内日活量的重要来源之一。^②

第三，打造二创视频内容 IP。风芒 APP 的"频道"排列，共有推荐、芒客、旅行、芒果 π、湖南各城市 5 个频道。从内容信源上看，基本可以分为两类：一类是湖南广电自有节目的衍生二创；另一类是外部媒体资讯的热点呈现。"芒客"频道目前已吸纳了一大批知名专家、学者、博主入驻平台，建立了多个专栏，对热点新闻时事进行综合点评，输出的内容相对权威和深刻，受众群体偏向男性。"芒果 π"频道则主打轻松、娱乐，针对女性消费人群，而且在内容方面与湖南卫视、芒果 TV 在综艺和电视剧有着深度的联动。例

---

① 林沛. 湖南广电风芒 APP 上线两年来做了什么？［EB/OL］.（2023-11-20）［2024-11-11］. https://mp. weixin.qq.com/s/soa6JII37W0e6k_9PngILg.

② 林沛. 湖南广电风芒 APP 上线两年来做了什么？［EB/OL］.（2023-11-20）［2024-11-11］. https://mp.weixin.qq.com/s/soa6JII37W0e6k_9PngILg.

如，为热播电视剧《那些回不去的年少时光》设置了"80后的童年回忆，你还记得多少？"的话题，将视频做切条处理，吸引更多青年用户的关注；将热播综艺《时光音乐会·老友记》各位演唱者的曲目制作成了纯享精华版，以此吸引音乐爱好者的转发和传播……①

第四，打造个人IP。风芒致力打造主流"网红"，选取有意愿、有潜力、有特质的"种子选手"，打通传统媒体和新媒体人才使用通道，推动名记者、名编辑、名评论员、名主持人到新媒体平台上去施展拳脚，成为传播正能量的"网红"。2023年1月28日，一位失踪106天的江西高中生的遗体被找到，某位资深记者前往新闻事件现场——江西铅山，从多个角度理性解答了网友们的质疑。该记者发布的9条相关稿件仅在抖音平台就获得了超过9000万的播放量，评论数超过了20万，转发量超过了10万。同年9月，这位记者还关注了一个关于河南鲁山县的天价雕塑"牛郎织女"的话题，在全网取得了1321.4万的阅读量。风芒利用新媒体技术，研发了一位高仿真数字人成为其王牌主播，通过视频评论一键生成技术提升了评论工作的效率。由真人主播和其对应的"数字人主播"轮播打造的评论账号已成为风芒的重点评论IP。

此外，风芒基于其传统媒体积累的良好民生基础，还培养了一些具有个人品牌的"名嘴"。其中一位"名嘴"的抖音号拥有74.5万粉丝，带货口碑指数为4.77；另一位"名嘴"的抖音粉丝则达到了389.2万，带货口碑指数为4.76，超越了行业内90%的同行。这些"名嘴"均是由SNG记者成功转型而来，他们不仅具备更强的新闻把关能力，而且熟悉当地语言和文化。例如，在运营某个地方特色食品项目的过程中，其中一位"名嘴"通过一系列短视频如《走遍湖南·常德安乡吃早酒》《安乡酱卤哪家强》《无数粉丝推荐的杨矮子》等做好了前期预热工作。这些视频深入浅出地介绍了从地理特征

① 苗梦佳.【独家策划.评测】融媒案例之地方广电 APP（1）：风芒 APP［EB/OL］.（2023-10-19）［2024-11-11］. https://mp.weixin.qq.com/s/iXrw-MNjxQxozKLT9FQIwg.

到文化风俗的内容，视频中的梗能够引起观众的情感共鸣。每一条短视频都是这些媒体人凭借自身多年积累，精心收集、梳理并输出本地生活服务信息的结果。①

（二）管理融合创新

第一，创新工作室运营机制。风芒积极推进融媒工作室赋能计划，强化"赛马"机制，以组织创新激发生产动能，实现能级跃迁，在提高传播效能上形成独特优势。2023 年 9 月 29 日，风芒 APP 成立两周年之际，首批 16 个风芒内容原创工作室正式集结，由召集人牵头组成主创团队，集策划、制作、推广于一体，进行项目制生产，实现内容生产专业化、垂直化、细分化。其中有让更多人读懂时政、读懂湖南的"阅湖时政工作室"；有解锁湘派理论片新范式的"湘派理论片工作室"；文博工作室即将上线《奇"喵"博物馆》，带领观众探秘湖湘文物背后的故事；科学教育工作室出品《万物皆可拆》，与中国科学院、中国科协等国字号单位合作，"拆解"大国重器，"开箱"高科技产品……

第二，加强人才队伍融合。继续推动双平台深度融合，将都市频道营销团队和部分节目团队整体融入风芒运营，充实了平台运营能力和政务商务服务功能，风芒平台人员超过 200 人。湖南都市频道近 50% 的员工通过转岗培训进入风芒内容运营、商务运营、新媒体矩阵号运营、数据运营、审核小组等岗位。团队上，新闻中心原芒果云团队整体加入风芒，与都市频道运营团队合作无间，融为一体；机制上，新闻中心、都市频道副总监参与风芒轮值副总编，新闻中心设立宣传创新奖新媒体专项，努力推动传统新闻生产模式

---

① 林沛. 湖南广电风芒 APP 上线两年来做了什么？［EB/OL］.（2023-11-20）［2024-11-11］. https://mp.weixin.qq.com/s/soa6JII37W0e6k_9PngILg.

向一体化的融合生产经营的模式转型。①从 2022 年 4 月起，新闻中心副总监参与担任风芒轮值总编，两个部门在管理层面实现了融通；风芒、新闻中心以及都市频道的记者和摄像开始统一调配，不再以各自部门为单位进行外出采访时的人员配对。这些举措从机制层面推进了资源配置与人才共享，有利于一体化生产经营模式的建设。②

（三）经营融合创新

在 2023 年年初，风芒自主推动双平台深度融合，将都市频道营销团队和部分节目团队整体融入风芒运营，充实了平台运营能力和政务商务服务功能，探索质量品鉴、文旅、健康、本地生活等垂直赛道，孵化一批备受赞誉且市场反响热烈的短视频节目，并形成市场回报机制，全年创收预计将突破 3000 万元。

聚力打造优质内容 IP，使其成为线上流量生态中的营销"地标"，通过场景化种草、体验式跨界营销和"品—效—销"一体化的综合营销解决方案，成功激发营销价值。比如，风芒（都市）联合红星实业推出"活色生'鲜'惠玩红星"，首创"百人海鲜长桌宴"概念，为红星实业量身打造独家专属 IP。在孵化"海鲜大巴全程约人""海鲜百人长桌宴"等热点的同时，积极引入多样化的内容矩阵，扩大内容生产规模，覆盖不同类型的目标消费者。又如风芒（都市）打造的"国潮养生"城市 IP，引入当下年轻人喜爱的"国潮养生"概念，联合湖南省文旅厅、湖南省卫生健康委、湖南省中医药管理局等部门，促动颐而康和湖南博物院跨界融合，实现品牌"破圈"。例如，"湖南特色文旅小镇"系列原创宣传片，目前已推出两季共 23 期节目。它紧紧围

———————————

① 林沛. 湖南广电风芒 APP 上线两年来做了什么？［EB/OL］.（2023-11-20）［2024-11-11］. https://mp.weixin.qq.com/s/soa6JII37W0e6k_9PngILg.

② 岳晓华，武学怡. 融媒时代新型主流媒体平台化发展的进路——以湖南广电风芒客户端为例［J］. 青年记者，2023（21）：83-85.

绕"文旅融合"的主旋律，让文旅小镇的特色风貌、特色文化旅游产品和业态、文化旅游基础设施状况、文化旅游管理措施、当地特色少数民俗风情、文旅产业融合发展的典型事例、人物等各方面细节得以充分展示。在此基础上，今年风芒还将打造专属湖湘小镇的展播平台，集合湖南 100 个小镇，紧紧围绕建设"产业优、百姓富、生态美"的目标，打造湖湘小镇"宜居、宜游、宜业、宜学"的品牌形象，提升湖南小镇文化在全球的影响力。100 期节目，每个小镇 5 万元，那么共计为 500 万元。①

二、成效与反响

在风芒 APP 上线的第一年，风芒客户端下载用户即突破 1800 万人次，日活跃用户 50 万人次，位于国内同类客户端前列。截至 2023 年 11 月，风芒 APP 累计下载用户超过 2300 万，全网用户 5000 万，月均阅读量超 5 亿。风芒获评"2023 年全国广播电视媒体融合典型案例"、"十佳"广播电视所属优秀新媒体平台账号（矩阵），成为全国广播电视新媒体联盟首批入选单位。2023 年 4 月 25 日，"湘派电视理论片"获评湖南广播电视局媒体融合成长项目；9 月 28 日，风芒被授予湖南首批党的创新理论网络视频生产传播基地。

三、经验与启示

风芒 APP 能够成功运营成一个面向青年人的泛资讯短视频平台，其背后的成功经验有以下三点。

第一，构建"PUGC+UGC"相结合生产模式，深耕本地，精准服务。风

---

① 林沛. 湖南广电风芒 APP 上线两年来做了什么？［EB/OL］.（2023-11-20）［2024-11-11］. https://mp. weixin.qq.com/s/soa6JII37W0e6k_9PngILg.

芒平台成功吸引了 2500 余个机构账号及个人账号的入驻，涵盖了包括中国移动、中国电信、中国联通、中联重科、三一重工、山河智能等在内的众多知名企业，同时也吸引了长沙美食达人、方言达人、健康达人等用户生成内容（User Generated Content，简称 UGC）的积极参与。在内容创作方面，风芒 APP 致力于挖掘具有地域特色和深度价值的内容。具体而言，该平台充分利用了其地理和文化资源，深入探索了湖湘地区的传统文化、民俗风情、地方美食以及人文故事等丰富内容。

此外，风芒 APP 还建立了互动社区，鼓励用户围绕本地话题展开讨论，分享彼此的见解，从而形成了一个活跃的本地内容共创平台。同时，通过举办线上线下活动，如地方文化挑战赛、主题征稿等，进一步激发用户的参与热情，挖掘更多来自民间的深度故事。这种精准定位不仅增强了用户的归属感，也促进了本地文化的传播和社区的凝聚力。

第二，科技赋能，体验优化。首先，风芒 APP 坚持高频次的迭代升级，从 2021 年 8 月到 2023 年 7 月的 V6.6.0 版本上线，风芒经历了 21 次版本迭代升级，平均每 15 天迭代一次，部署独立微服务模块 30 余个，完善并丰富了 APP 的基础功能。其次，风芒 APP 关注对底层技术性能的深度优化。通过 21 次版本更新，不断优化用户体验，目前客户端具备了毫秒级视频响应能力、近乎完美的视频加载成功率、承载千万级日活用户的服务器部署能力等特点。再次，风芒能保证高视频更新率与覆盖面。每日 500 余条的高视频更新率和覆盖面广泛的频道设计，为用户提供及时、新鲜、丰富的多元内容，不断推动用户数量的持续增长。最后，通过智能算法与人工智能技术的结合，风芒能够提供个性化的新闻资讯，精准匹配用户兴趣，实现了内容与用户需求的高效对接。目前风芒的服务已广泛覆盖至湖南全省 14 个市州广电媒体和 122 个县级融媒体中心，更加符合全媒体时代的内容呈现要求。[①]

---

① 国家广电智库 .【案例】湖南广电"风芒 APP"以"泛资讯""短视频"建构价值型新媒体［EB/OL］.（2023-05-13）［2024-11-11］. https://mp.weixin.qq.com/s/4lAMbxQ-w3HIwulXe6Uk6Q.

第三，内容＋政务商务，探索新增长。面对传统媒体转型的挑战，风芒APP积极探索"内容＋政务商务"的新模式，利用自身在新闻领域的传统优势，将服务链条延伸至政务服务和商业领域，构建涵盖电商、云直播、行业活动等多元业态的跨界平台。风芒传媒致力于广泛连接、整合资源、创新玩法，并与县级融媒体中心在节目内容生产、平台运营进行了深度合作。如通过联合县级融媒体中心，邀请当地网红达人入驻风芒，根据节目需求定制并发布反映当地人文风情的短视频。当地干部群众积极下载风芒观看直播留言，为地方发展建言献策，从而获得了当地干部群众热烈的反响。该策略发挥新媒体传播特色，树立为民谋方法办实事的媒体形象，真正做到搭建平台，畅通渠道，助力基层社会治理。①

四、问题与对策

第一，在内容创新上，需要进一步发展新质生产力。中央经济工作会议指出，要以科技创新推动产业创新，特别是以颠覆性技术和前沿技术催生新产业、新模式、新动能，发展新质生产力。新闻业的新质生产力与人工智能密不可分。人工智能将在媒体内容创作、个性化推送、自动化运营等方面发挥更大作用。必须积极拥抱人工智能技术，推动人机融合，以实现信息要素的高效流通和价值共鸣的更显著提升。

AI正深刻改变着传播方式和传媒形态。推进内容生产供给侧结构性改革，运用新技术赋能内容生产与传播，打造一批理论评论精品节目，带动网络媒体推出理论评论精品。风芒与华为云音视频产业创新中心、微软中国研究院等机构形成战略合作。运用AI技术，风芒研发的智媒体管理工具"芒融融"已具备一键式内容生成与审核能力，将为传媒机构和个人搭建超高效

---

① 国家广电智库.【案例】湖南广电"风芒APP"以"泛资讯""短视频"建构价值型新媒体［EB/OL］.（2023-05-13）［2024-11-11］. https://mp.weixin.qq.com/s/4lAMbxQ-w3HIwulXe6Uk6Q.

率的内容管理与播发系统。随着 AIGC 技术的不断成熟，文字生成视频等能力或将开启"人人可以当导演"的时代，短视频平台也将迎来革命性的变化。风芒 APP 应借助 AI 技术赋能内容生产，提高内容的创新性和多样性，同时确保内容质量与合规性。

第二，传统媒体与新媒体价值共创中的关系协调问题。传统媒体在寻求价值共创的过程中可能处处受阻。传统媒体未能完全摆脱固化思想的桎梏，与天然携带互联网基因的平台型媒体之间存在着固有的矛盾。如何平衡传统与现代之间的关系，并且在保持主流媒体掌控力永不偏移的前提下融入更多新媒体基因，是平台化进程中需要思考的首要问题。

鉴于此，风芒 APP 需要创新管理模式，探索建立适应新媒体发展的灵活管理制度，鼓励跨部门协作，促进内容创新与技术应用的快速迭代。2022 年年底，风芒分别从新闻纪实类、文化类以及其他垂类，相继搭建"湘派理论片""风芒锐评""马王堆一号""健康生活家"等工作室，以提高工作效率，共创精品化视频内容。风芒还搭建了运营、内容、技术三大核心纵队，组建了媒资、用户、数据、品推、政务、审核等业务团队，建立了成熟的总编、主编、编审、责编体系。在机制上，新闻中心、都市频道副总监参与风芒轮值副总编，新闻中心设立宣传创新奖新媒体专项，努力推动传统新闻生产模式向一体化的融合生产经营的模式转型。[①]

第三，新媒体人才培养的问题。受前期投入不足的影响，平台运营团队大多数成员都由传统新闻团队转型而来，而且平均年龄较高。将采取多元化的方式来引进、培养和鼓励更多新媒体管理运营人才。首先，可加大人才培养与引进力度，制定长期的人口发展战略，通过校企合作、海外引才、内部转岗培训等多种渠道，重点培养和引进新媒体运营、内容创作、数据分析等领域的专业人才。目前湖南都市频道近 50% 的员工通过转岗培

---

① 国家广电智库.【案例】湖南广电"风芒 APP"以"泛资讯""短视频"建构价值型新媒体［EB/OL］.（2023-05-13）［2024-11-11］. https://mp.weixin.qq.com/s/4lAMbxQ-w3HIwulXe6Uk6Q.

训进入风芒内容运营、商务运营、新媒体矩阵号运营、数据运营、审核小组等岗位。其次，可构建线上线下相结合的培训体系，既有针对现有团队的转型的提升课程，也有面向新入职员工的基础技能和前沿趋势的培训课程，确保团队持续更新知识结构。最后，还应设计相应的创新激励机制，如项目分红、股权激励等，激发团队创新活力，留住关键人才，同时吸引外部优秀人才加盟。

第三节　芒果超媒：盈利焦虑下的在线视频产业商业模式创新

长视频平台一直难以跨越盈利难题。根据公开数据显示，三家头部长视频平台，目前均尚未实现盈利。爱奇艺自 2010 年正式上线至今一直处于亏损状态，仅 2021 年第二季度净亏损就达到 14 亿元。腾讯视频 2018 年亏损 60 多亿元，2019 年在付费会员规模突破 1 亿的情况下，亏损仍达到 30 亿元。优酷同样没有摆脱"亏损"的状态。而芒果 TV，从 2017 年起就开始扭亏为盈，该年实现净利润 4.89 亿元，在四大长视频平台中，是唯一一位实现盈利的，并且在之后数年里也连续实现盈利。

其实，从用户规模来看，芒果 TV 相比爱奇艺、腾讯尚有一定差距。根据北京贵士信息科技有限公司（QuestMobile）数据显示，截至 2021 年 6 月，爱奇艺与腾讯视频的月活跃用户数分别为 5.7 亿和 4.4 亿，优酷、芒果 TV 紧随其后，月活跃用户分别为 2.2 亿、2.1 亿。鉴于此，本书将探讨在爱奇艺、腾讯、优酷等长视频平台的烧钱大战中，芒果超媒如何实现盈利反超，并分析其盈利策略的核心要素。

一、创新做法与实践

笔者借用商业模式画布理论来分析芒果超媒的商业模式,尝试探索出其盈利的真正原因,并为其他处于转型过程中的传统媒体提供可借鉴的经验。亚历山大·奥斯特瓦德(Alexander Osterwalder)和伊夫·皮尼厄(Yves Pigneur)合作完成的《商业模式新生代》(*Business Model Generation*)一书中首次提出了"商业模式画布"的基本概念,即将一个企业的商业模式划分为 9 个构造性板块并组成一个画布,将其作为以形式进行可视化方式描述了企业战略性的商务模式工具。具体而言,9 个构造板块分别为:客户细分(Customer Segmengts)、价值主张(Value Proposition)、渠道通路(Channels)、客户关系(Customer Relationships)、收入来源(Revenue Streams)、核心资源(Key Resources)、关键业务(Key Activities)、重要伙伴(Key Partnerships)、成本结构(Cost Structure)。他们认为,这 9 个构造板块覆盖了媒体与用户在交互中共同实现"价值创造""价值传递"和"价值获得"的过程。

(一)良性循环的价值获得:成本投入低,业务增长快

媒体在转型发展过程中,商业模式是否合理,可以通过其财务状况直观反映出来。当收入来源大于成本结构,媒体处于盈利状态,那么其价值主张及内容创造得到了用户和市场的认可;反之则面临着被市场淘汰的境地。

1.成本结构

从付出的成本结构来看,芒果超媒大部分的成本支出是互联网视频业务,在 2020 年达到 48.41 亿元,同比增长 42.42%,在总成本中占比达到 52.45%。

首先,这部分的成本主要是指版权购买。芒果超媒背靠湖南广电,以 14.93 亿元的打包价获得了湖南卫视 2018—2020 年间播出的独家电视节目的

网络版权，在 2020 年年底合同到期后双方又续签了五年。在 2020 年，"爱优腾"三家购买版权和内容自制均超过 200 亿元，腾讯视频甚至计划在未来三年投入 1000 亿元进行内容制作。与每年必须花费大量成本购买影视版权的"爱优腾"相比，芒果超媒在经营模式上具有无人可比的成本优势。

其次，在艺人成本的控制上，芒果超媒具有绝对的优势。在以往的综艺项目中，艺人成本最高达到项目总投资的 60%。湖南卫视历年制作多部具有广泛影响力的综艺，芒果超媒背靠湖南卫视旗下的综艺节目吸引众多艺人参加节目，不仅提高了艺人自身的曝光度，而且促进了其与芒果 TV 的双向合作、实现共赢。在合作关系中，芒果超媒常常掌握着谈判的主动权，从而避免了高额成本的支出；此外，艺人经纪公司天娱传媒属于芒果超媒的子公司，早已建立起了完备的艺人体系，使得芒果超媒可以通过提高艺人利用率控制嘉宾成本。例如，2020 年的爆款综艺《乘风破浪的姐姐》节目，参赛的 30 位姐姐中，其中芒果系的签约艺人有 5 人，而与芒果超媒有合作的有 11 位。[1]

最后，背靠湖南广电，芒果超媒还是互联网视频平台中唯一具有 IPTV/OTT 两张运营牌照的平台。这表示，芒果超媒可以自己决定播放已经"上星"的内容，而如果其他平台想要同步播出，需要经过有牌照的广电机构的同意。相关数据表明，加上其他交易份额，芒果超媒在和湖南广电的买卖中获得利润 18.28 亿元，在所有毛利中的占比达到 38.28%。也就是说，芒果超媒接近四成的盈利是依靠跟湖南广电的关联交易。[2]

2.收入来源

根据 2020 年芒果超媒的财报显示，在营收构成中，芒果 TV 互联网视频业务贡献了 90.61 亿元，营收占比达到 64.69%，同比增长 43.40%，这部

---

① 俞瑶，刘谧.音乐节门票卖到 18888 元！芒果超媒如何把粉丝资源变现到极致［EB/OL］.（2021-07-17）［2024-11-11］.https://mp.weixin.qq.com/s/R7_lYXuGvIZKzwDy4NoHqA.

② 白天天.重度依赖关联交易 芒果超媒盈利成色几何？［EB/OL］.（2021-04-30）［2024-11-11］.https://mp.weixin.qq.com/s/0FGCzmoWlO25IHdx-QLVqQ.

分收入是公司实现业绩增长的主要原因。芒果 TV 互联网视频业务可以细分为广告业务、运营商业务、会员业务三大块，分别实现营业收入 41.39 亿元、16.67 亿元、32.55 亿元，同比增长 24%、31%、92%。由此可见，芒果 TV 的广告业务收入规模最大，但会员业务的增长最快。①

在关键业务方面，可谓会员、广告、运营商三管齐下。

首先，在会员业务方面：实施三级跨越战术，先拓宽用户边界，再深挖会员价值，最后实现用户付费收入。区别于 BAT 视频平台的互联网会员快速拉新逻辑，芒果超媒坚守优质内容稳定输出，牺牲短期利益，打造符合媒体规律的媒体平台。芒果超媒 2021 年开创"芒果季风"剧场，主打男性向用户偏好内容的剧集，拓宽用户边界，实现从月活跃用户数量（Monthly Active User，简称 MAU）到付费用户的第一级跨越。第二，在 IP 的内容运营上，从单一群体转向全年龄人群，开发出一批全生命周期新型综艺 IP。纵向方面沿着"出生—少儿—青少年—成人—婚育"的时间轴，布局 20 多款综艺栏目；横向方面开创"正片＋衍生节目"的行业模式，提升付费用户黏性，实现从付费用户到忠诚付费用户的第二级跨越。第三，从线上到线下进行全覆盖的"粉丝化运营"，线上设有提升用户活跃度的栏目"疯狂星期三"、提升用户黏性的栏目"芒果影视城"，以及挖掘 IP 衍生品价值的栏目"芒果好物""芒果盲盒"等。线下开发多种落地活动，如"青春私享会""青春体验馆""青春芒果节"等，创新搭建会员生态体系，深挖会员价值，实现内容付费到多元付费的第三级跨越。

其次，广告业务方面：创新内容营销模式，"大芒计划"打造 KOL 营销新生态。"爱优腾"三家因为缺乏内容制作能力，收入主要靠会员付费，其次才是广告收益。而根据芒果超媒 2021 年上半年最新财报数据显示，其广告业务收益是总营收的 40%，由此可知广告收入才是其真正的核心收入来源。芒

① 白天天. 重度依赖关联交易 芒果超媒盈利成色几何？［EB/OL］.（2021-04-30）［2024-11-11］. https://mp.weixin.qq.com/s/0FGCzmoWlO25IHdx-QLVqQ.

果超媒的广告收入主要依靠两大法宝。一是综艺节目本身的吸金能力。2020年，芒果 TV《乘风破浪的姐姐》招商数据刷新多项纪录，节目广告客户总数超 40 家。2021 年《乘风破浪的姐姐 2》《披荆斩棘的哥哥》以及《明星大侦探》回归，使得广告和会员收入同比再度增加。其中《乘风破浪的姐姐 2》刷新了 2021 年上半年单项目招商金额之最，《向往的生活》《明星大侦探》等 "综 N 代"、《谎言真探》等剧集是品牌招商会的常青树，由此扩大了广告招商的基本盘。二是芒果特色 "IP+" 品牌营销效应。具体操作模式多样化：有 "IP+ 品牌" 相结合，芒果 TV 不断增强广告植入效果，让广告和内容相互渗透，如让 OPPO 植入广告成为《明星大侦探》内容的一部分；有 "IP+线下营销" 相结合，如芒果 TV 举办《明星大侦探》校园活动，打通了 IP 到线下的融合破壁营销，将 OPPO 品牌营销延伸到线下；还有 "IP+ 电子商务" 相结合，芒果 TV 与京东合作，通过 "京芒计划" 框架，如《朋友请听好》由京东冠名，并与京东合作实现电商 + 内容双核驱动联合招商，成为品效合一的新模式；更有 "IP+ 网红意见领袖" 相结合，芒果 TV 推出 "大芒计划"，打造垂类头部 KOL，充分发挥 "人货场" 优势，比如综艺 IP《我最爱的女人们》发起 KOL 韩束品牌带货挑战赛，开播 5 分钟即售罄，催生品牌营销化学反应。[①]

最后，运营商业务方面：通过 "内容 + 会员 + 活动 + 品牌" 多维互动，探索本地内容及垂直领域创新。芒果 TV 是唯一一家集合了 IPTV 和 OTT 集成牌照的视频网络平台，于 2019 年年底融合了 IPTV 业务和互联网电视业务，建立起智慧大屏业务中心，以 IPTV+OTT 多屏互动，推进省内 + 和省外双增，加速推进线上教育与生活服务业务布局。截至 2020 年上半年，运营商大屏服务包括了 31 个省级行政区域，用户数量总数达到 1.5 亿左右，在省外

---

① 芒小研. 芒果超媒易柯明：芒果 TV 广告模式让一切都这么好看［EB/OL］.（2021-04-30）［2024-11-11］. https://mp.weixin.qq.com/s/WstqxOPHlmsrjp_FgjRbCg.

地区开展的业务利润和收入占比稳步升高。① 公司发展大屏方面的措施具体如下。一是开展了一大批"芒果＋客户定制"特点的普通基础与高端增值服务，给大屏终端用户打造深度内涵、种类丰富的专属内容和细分产品，将互联网视频业务扩展到家庭多场景内容消费领域。二是通过与运营商、智能硬件终端方合作，积极拓展在 IPTV 端和 OTT 端的用户和付费增长。在 IPTV 业务方面，芒果超媒不但提供了热门电视剧、综艺节目、电影、纪录片等丰富内容，而且不断强化增值服务体系，提升用户的体验感，比如通过上线"智能推荐系统"，提升内容点击转化率，增强用户互动与满意度；同时通过与华为、中国移动等企业的合作，进一步拓展芒果超媒在 5G、智能家居等方面的可能性，共同构建更广阔的家庭娱乐生态。在 OTT 业务方面，芒果超媒不断引入体育、音乐、教育等多元化内容，满足不同家庭成员的观看需求，构建了一个全方位的家庭娱乐生态系统。芒果超媒与华为、小米等智能硬件终端厂商合作，将其 OTT 服务内置到智能电视、机顶盒等设备中，拓宽了内容分发渠道，实现了内容与硬件的深度融合，覆盖更广泛的用户群体。此外，还与运营商，如中国移动建立深度合作，通过"芒果卡"等产品，捆绑 OTT 服务，利用运营商庞大的用户基础，迅速扩大用户规模，推动业务收入的增长。三是从地区运营来看，既保持湖南省内业务稳步增长，也在优质内容输出、创新业务模式、挖掘潜在用户等方面积极拓展省外业务。②

（二）独特基因的价值创造：坚持内容原创，传递芒果价值观

价值创造是指企业生产、供应满足目标客户需要的产品或服务的一系列业务活动及其成本结构。芒果超媒的受众定位、价值主张、核心资源以及所

---

① 杨仁文，姚蕾 . 芒果超媒（300413）2020H1 点评：内容自制势能扩大 会员收入贡献显著提升 ［EB/OL］.（2020-08-28）［2024-11-11］. https://stock.finance.sina.com.cn/stock/go.php/vReport_Show/ kind/search/rptid/651942608740/index.phtml.

② 国信研究 . 芒果超媒（300413）深度：成长逻辑的阶段检验，新成长周期的起点［EB/OL］. （2020-04-08）［2024-12-12］. https://mp.weixin.qq.com/s/BCZH78fwD77QIVTfraZ-KA.

提供的业务类型，均是影响价值创造的关键因素。

1.顾客细分：创新突破用户圈层

芒果 TV 创办之初的定位就是年轻女性用户市场。根据 2020 年数据统计，芒果 TV 的用户结构组成以年轻用户为主，大龄用户为辅，其中 35 岁以下的年轻用户占比超 90%，[①] 芒果 TV 一直以来深耕年轻女性用户，如 2020 年综艺节目《乘风破浪的姐姐》《说唱听我的》《密室大逃脱》引发收看热潮。在 2021 年的战略部署里，湖南卫视又布局了多元化的内容来拓展新用户。如推出居家生活、新型婚恋、代际情感、户外旅行等新类目综艺，增加民国传奇、悬疑谍战、都市职场等新品类剧集，将视野跳出原有的年轻女性用户群体，着眼于年龄更大的女性用户和部分的男性用户。在 2021 年发力剧集制作，依托"芒果季风剧场"和《披荆斩棘的哥哥》打开男性用户群体市场。据财报数据，芒果 TV 剧集在 2021 年第二季度播放量达到 153 亿，环比增长了 71.8%。而剧集《猎狼者》的男性用户达到了 80%，这就表明了芒果超媒"巩固核心受众内容 + 开拓多元化受众群"已经取得了初期成效。

2.价值主张：传递芒果价值观

身为国有主流新媒体，芒果 TV 主动承担社会责任，不遗余力地坚持在影视综艺节目中宣传芒果价值观。什么是"芒果价值观"？芒果 TV 总裁蔡怀军表示，它不是经济学意义上的利润、利益的价值，而是"对个体或群体具有引领作用，帮助他们形成正确的、深入骨髓的世界观和人生观"。[②] 芒果 TV 接续湖南广电开拓创新使命，从建立之初就传达社会主流价值观和正能量，固守网络主阵地。在综艺节目方面，《女儿们的恋爱》关注家风建设、引导建设融洽的家庭关系；《乘风》系列传达了女性群体自强、自信、独立、阳

---

① 于靖园 . 从"用户为先"三部曲 看芒果 TV 如何乘风破浪［EB/OL］.（2020-07-10）［2024-11-11］. https://baijiahao.baidu.com/s?id=1671828977807380412&wfr=spider&for=pc.

② 杨朝文 . 天生青春 从新媒体到全媒体跨越的芒果 TV 背后［EB/OL］.（2019-08-17）［2024-11-11］. https://hn.rednet.cn/content/2019/08/17/5818275.html.

光的新风貌；《披荆斩棘》系列呈现出"披荆斩棘"的奋斗精神。部分节目获得《人民日报》《光明日报》及新华社等主流媒体发文点赞。在剧集方面，正式上线的"芒果季风"剧场，其中《我在他乡挺好的》关注都市职场话题，《夜色暗涌时》聚焦当代男女情感困局，《婆婆的镯子》是一部现实主义题材的喜剧，《逆光者》是一部禁毒题材的悬疑罪案剧。除此之外，还推出了《理想照耀中国》《百炼成钢》《凭栏一片风云起》等献礼建党百年。总之，芒果TV 始终坚守创作融合主流价值与高效传播力的节目内容，致力于将国家主流价值观深入渗透至每位观众的心灵深处，激发情感共鸣，为持续的长期发展奠定坚实基础。

3.关键业务：形成以互联网视频平台运营为核心的全产业链布局

芒果超媒是湖南广电旗下唯一的新媒体及资本运营平台，主营业务包括芒果 TV 互联网视频业务、新媒体互动娱乐内容制作及内容电商业务等。其中芒果 TV 互联网视频业务分为广告、会员及运营商业务，自 2018 年以来在广告、会员业务的驱动下取得快速增长，营收占比由 2018 年的 43% 持续提升至 2022 年的 76%；新媒体互动娱乐内容制作业务包含内容制作及运营、艺人经纪、音乐版权、IP 衍生开发及实景娱乐等业务，营收占比由 2018 年的 34% 持续下降至 2022 年的 8%；内容电商业务包括转型为媒体电商快乐购业务板块，以及构建以"内容＋社区＋电商"为核心的全新电商模式的小芒业务板块，营收占比由 2018 年的 20.6% 下降至 2022 年的 16%。[①] 可见，总体而言，互联网视频业务占比持续提升。

4.核心资源：难以复制的内部优势，得以服务好用户

芒果超媒的核心资源至少有三类。一是凭借"独播—独特—独创"不断优化升级的版权资源，低成本实现内容差异化优势。从 2019 年开始，芒果TV 从"独特"转向"独创"，分别从技术升级、机制建设、内容生产、品牌

---

① 思变行研.纪要丨芒果超媒（300413.SZ）核心三问：竞争格局，增长空间，内容体系建设［EB/OL］.（2023-09-26）［2024-11-11］. https://mp.weixin.qq.com/s/3q8-DktYWiMBnMYO41vngg.

塑造等方面来强化自身的创新力与引领性，同时通过长期提供差异化内容在用户、行业和社会之中打造主流价值。二是通过"工作室模式"，建立起一流高效的内容生产工业化体系。芒果 TV 总计已经组建了 20 个综艺节目团队、12 个影视剧制作团队，另外还有 30 家战略合作工作室。给予工作室足够的自主权，在影视剧集的自制上同样使用综艺上试验成功的体系化、工业化路径，形成芒果特色的爆款方法论。三是依靠芒果独特的造血与激励机制，来开启人才创新动力。设立"青年 CEO 俱乐部""青芒计划"等针对年轻人才的培养项目，同时设立创新基金，每年向年轻人才投入五千万元人民币的预算，该预算的分配不以投入产出比为考量标准，旨在激励年轻人才勇于进行创新实践。

5.重要合作：充分挖掘外部资源，借力战略同盟伙伴服务好用户

芒果 TV 于 2018 年、2019 年相继与华为公司、中国移动开展战略合作，扩展公司优质内容的辐射边界，扩大了渠道优势，用战略同盟伙伴的力量帮助公司旗下的各项业务的扩容。2018 年芒果 TV 与华为签署战略合作，绝不是内容与技术的简单相加，而是涉及内容、用户、平台、技术等在内的一揽子方案，也是从基础平台搭建到入口拼接，再到年轻价值观共享的深度合作。在内容领域，芒果 TV 的全量内容注入华为视频中，华为视频用户可以收看芒果 TV 的综艺和剧集；在技术领域，针对 5G 端到端系统建设、5G 行业应用示范、4K 等 5G 视频业务孵化、全媒体云及 5G 人才培养等领域进行深度合作。2020 年芒果 TV 与华为云技术合作开发出芒果"光芒"4K 云制播系统，并运用于《乘风破浪的姐姐》节目制作中。该系统将 4K 内容生产的硬件成本从千万级降到百万级以内，同时实现了平均每期节目 4K 制作时长控制在 12 小时内，突破了 4K 技术在综艺行业难落地的瓶颈。2020 年 8 月，芒果 TV 与中国移动咪咕公司联合共同发布"5G 创视界"众创合作扶持计划，充分发挥芒果 TV 内容产业优势与中国移动"双创"示范基地身份，联合孵化 5G+VR+AR 沉浸式体验新内容，持续推动文化创新。2021 年 10 月，作为两

家合作项目成果的"首个 VR 综艺舞台"在《披荆斩棘的哥哥》家族诞生夜闪亮登场，成功打造出 5G 创新沉浸式演艺场景。

（三）用户思维的价值传递：一云多屏全覆盖，满足用户多元需求

1.渠道通路："全渠道"+"全终端"覆盖，跨屏、跨地域拓展用户规模

芒果超媒为高效传播其优质自制及特色版权内容，精心构建了"一云多屏"的融媒体分发体系，成功实现在广播、电视、互联网，以及移动互联网的全渠道覆盖，并且在手机、平板、PC、智能电视、IPTV、OTT 等多终端全面渗透。为拓宽国际视野，芒果 TV 推出国际版 APP，旨在吸引更多海外华侨及国际用户。截至 2025 年 4 月，芒果 TV 国际 App 累计下载量达 2.71 亿，支持 8 种界面语言与 17 种字幕语言的自由切换，已经上线的阿拉伯语界面，覆盖全球 195 个国家和地区，活跃用户数量前 5 位的国家和地区为马来西亚、印度尼西亚、美国、中国台湾、菲律宾；"湖南卫视—芒果 TV"以 YouTube 为主的海外账号矩阵订阅量总数 2911 万，是党媒旗下粉丝量最大的海外账号矩阵。[1]

2.客户关系：以用户为中心，重视用户体验，满足用户需求

芒果 TV 非常重视通过技术手段提供全新观影体验，紧抓用户所需，甚至实现用户共创。在 2020 年《乘风破浪的姐姐》引爆收视狂潮时，首推 0.25 倍速观看模式，方便用户更加清晰地看到姐姐们的精彩表演和微表情；"芒果季风剧场"《猎狼者》开播时，推出了 4D 观影特效；首创"视频连麦"观影，用户在欣赏节目时，有机会与明星视频连麦互动；邀请用户测评，深挖用户对产品的使用感受，根据用户反馈，在《明星大侦探》第六季上线了"防剧

---

[1] 芒果 TV. 总书记赴东南亚国事访问之际，且看芒果 TV 如何契合国家外交战略［EB/OL］.（2025-04-14）［2025-05-06］.https://mp.weixin.qq.com/s/FIUId9pPPufC6jGLPgjXPuQ

透弹幕"功能和"明侦笔记本"功能，优化用户观看体验。①

此外，芒果 TV 重视粉丝运营，提升圈层黏性，形成良性互动，是其他视频平台难以复制的优势。自 2018 年始，锁定年轻观众的芒果 TV 每年为粉丝们举办青春芒果节。在 2019 年 7 月的第二届"青春芒果节"中，芒果 TV 将热门综艺 IP《快乐大本营》《明星大侦探》搬到线下，打造成实景娱乐项目，以供粉丝进行实地体验娱乐。2020 年"青春芒果节"与漫威、剑网三等爆款 IP 合作，这是视频行业首次与国际超级 IP 漫威开展的线下合作。

二、成效与反响

（一）经济效益

2019 年，芒果超媒营业收入达到 125.23 亿元，实现净利润 11.57 亿元；2020 年，芒果超媒营业收入为 140.02 亿元，同比增长 12.01%；2021 年，芒果超媒实现营业总收入 153.53 亿元，同比增长 9.62%；2022 年，芒果超媒实现营业收入 137.04 亿元，同比下降 10.76%；2023 年实现营业收入 146.28 亿元，同比增长 4.66%。除 2022 年有小幅度的下滑外，芒果超媒长期保持营收增长的态势，足以证明芒果超媒是国有新型主流媒体代表之一。具体的经济效益体现在以下三个方面。

一是会员收入显著增加。2023 年，芒果超媒的芒果 TV 有效会员规模达到 6653 万，全年会员收入达到 43.15 亿元，同比增长 10.23%。其中，第四季度会员收入同比增长更是高达 35.64%。这一增长体现了芒果超媒在内容付费领域的强大吸引力。二是运营商业务扩展。在 2023 年，芒果超媒的运营商业务全年实现营业收入 27.67 亿元，同比增长 10.27%，显示了其在 IPTV、OTT

---

① 芒果小叮当. 芒果 TV，技术突围 | 芒果日志［EB/OL］.（2021-07-20）［2024-11-11］. https://mp.weixin.qq.com/s/izP_Z7yf_0CJnLCwwtcB9Q.

等领域的稳定扩张。三是广告业务回暖。尽管面临行业整体广告营收下滑的压力，芒果超媒通过内容创新与精准营销，使得广告业务有所回暖，显示出较强的市场适应能力。四是净利润增长。2023 年前三季度，芒果超媒实现归母净利润 17.66 亿元，同比增长 5.21%，表明公司整体盈利能力持续增强。[①]

（二）社会效益

芒果超媒的商业模式在创造经济价值的同时，也带来了显著的社会效益。自 2018 年以来，芒果超媒推出了超过 300 档原创节目，涵盖综艺、电视剧、动画等多个领域，丰富了电视和网络视听内容生态，满足了广大观众多样化的文化需求。尤其是《乘风》系列、《披荆斩棘》系列、《歌手》系列等热门综艺节目，有效融合了正能量主题和多元文化元素，不仅获得了高收视率和点击量，还推动中国综艺节目的国际化、提升中国文化的全球影响力。比如《歌手》系列邀请国内外知名歌手同台竞技，促进了中西音乐文化的交流融合。该节目还在美国、马来西亚、新加坡等国外电视台同步播放，扩展了中国音乐综艺的国际视野。又比如《花儿与少年·丝路季》更是选择了沙特阿拉伯、克罗地亚、冰岛三个"一带一路"国家作为拍摄地，通过讲述普通人的故事，展现了"一带一路"带来的实际成果和人与人之间的情感连接，为国际社会提供了观察中国及"一带一路"倡议的新视角，该节目还获得多个中国驻外使领馆的推介，促进了官方外交与民间友好国际传播的双重效果。

芒果超媒从 2019 年到 2023 年连续四年皆位列于"全国文化企业 30 强"榜单。该评选由中央文化体制改革和发展工作领导小组办公室组织推荐认定，是中国文化产业领域最权威的评选活动。将社会效益放在首位、实现社会效益与经济效益有机统一，是评估入选"全国文化企业 30 强"企业的重要标准。

---

① 芒果 TV. 会员业务"换挡提速"芒果超媒 2023 年营业收入达 146 亿 [EB/OL]. (2024-04-22) [2024-11-11]. https://www.jiemian.com/article/11073671.html.

2020 年，芒果 TV 获"第六届湖南省省长质量奖"，成为省内首家获此项殊荣的互联网企业。"湖南省省长质量奖"是湖南省政府设立的最高质量荣誉奖，以表彰质量管理绩效卓越、自主创新能力显著、在同行中具有标杆示范作用的组织。芒果 TV 获此荣誉，是湖南省政府对其质量管理水平与自主创新能力的充分肯定。在 2021 年度证券时报社主办的"第十五届中国上市公司价值评选"活动中，芒果超媒荣获"创业板上市公司价值 50 强""A 股上市公司社会责任奖"两项大奖，这主要得益于持续领先的行业地位，良好的资本市场口碑，突出的社会责任担当以及优秀的团队管理。

（三）未来前景

在内容生产方面，芒果超媒始终聚焦"锁定核心生产要素、打造高门槛长视频"。依托湖南卫视的强大内容制作能力，芒果超媒如果未来能持续在综艺节目和自制剧集上进行创新，不断满足观众对高质量、多样化内容的需求，必将进一步巩固其市场地位。

在商业变现方面，尽管芒果超媒面临行业竞争激烈、用户增长放缓、广告市场波动等挑战，但其成本控制优势和灵活的市场策略使其相对更具韧性。未来，芒果超媒需要在广告收入、会员服务基础上，不断探索新的商业模式，如 IP 衍生品开发、电商直播、内容付费等，多元化收入结构有利于降低单一业务风险，提升盈利能力。

三、经验与启示

（一）内容创新、坚持价值观引领是动力根本

芒果超媒是国有新型融媒体集团，精准把握舆论导向，长期致力于开发符合主流价值的、具有深远传播力的题材内容来传递主流价值观和社会正能量。一方面，奉行"内容为王"的核心法则，以"用户思维"生产内容，以

精品内容树立品牌内涵，自制了《大侦探》系列、《密室大逃脱》等爆款综艺和《锦衣之下》《三千鸦杀》等品质佳剧。另一方面，将社会价值与内容创意有机结合，引导和谐家庭关系建构，展现奋斗、独立、自强的精神，让主流价值观真正触及受众内心，产生情感共鸣，为长期发展保驾护航。在此之前，芒果超媒自制内容的焦点在于"小而美"，从而过度地捆绑爆款综艺和当红流量明星；现在需要积极探索新题材、新领域，以未知领域为核心抓取项目突破口，尤其要积极探索价值观引领，探寻触动观众与市场的共同情绪点，以共同观念为核心进行研发。总之，芒果价值观实现了从"流量至上"到"价值至上"的根本性变革，芒果 TV 发挥了文化底蕴和竞争优势，也履行了根本职责。

（二）管理创新是机制保障

芒果超媒坚持市场运行机制，一步步打造"独播—独特—独创"战略升级，推行工作室模式，给予工作室充分自主性，并依托独特造血和激励机制，通过创新飙计划与样片机制，形成了打造爆款 IP 的专业化路径。芒果超媒已经建立起 IP 矩阵生产线，提高生产效率，综艺制作实现流程化、工业化。这种制作方式在剧集制作上可以进行复刻，进而塑造芒果出品的"综艺"＋"剧集"双品牌，形成"核心内容全自制"的影视制作生态闭环系统。此外，芒果超媒还善于借力资本赋能，用市场化原则和资本化运作方式来搭建互联网平台，直接参与到新媒体市场中，建设合作共赢的资本市场生态，健全完善内控制度，形成高效透明的治理格局。芒果超媒独到的新媒体运营方式，为湖南广电建设成为主流新媒体集团提供了核心引擎，提供了珍贵的互联网发展经验，强化了集团公司的造血能力和市场竞争力。

四、问题与对策

（一）主要问题

第一，内容项目波动带来风险。"芒果系"强大的自制内容输出能力是芒果超媒面向外界最靓丽的名片，芒果超媒主打"小而美"类型内容，自制、自主、自控形成全产业链生态闭环，以此构筑"芒果生态"护城河。然而这样过度地依靠热门综艺和流量明星，同时也有着各方面的压力。首先，过度依赖热门综艺。第一季《乘风破浪的姐姐》用独到新潮的节目立意，收获了高收视率和高关注度，成为当年当仁不让的爆款综艺，仅是开播当天芒果超媒股价就大涨了接近 7%，总市值达到了千亿元。不久之后，芒果超媒又在2021 年 1 月紧锣密鼓地推出了《乘风破浪的姐姐 2》，首播当日芒果超媒股价再创新高，但是节目播出后市场反馈不佳，股价也呈持续走低态势。其次，过度依赖当红流量明星。2021 年以来，相关艺人接连触雷，让芒果超媒股价一跌再跌。可见一旦因为艺人翻车导致内容下架、流量失效、IP 贬值，芒果超媒盈利的根基也极有可能受到动摇。

第二，用户规模及营收不及预期带来风险。首先，付费会员规模难以上涨。与三大视频网站相比，芒果 TV 的用户规模尚小，存在较大的提升空间。2018 年末芒果超媒有效会员用户 1075 万，2019 年末有效会员数达到 1837 万，2020 年年末有效会员数达 3613 万，2021 年末有效会员数达 5040 万，2022 年末有效会员数达 5916 万，2023 年末有效会员规模达 6653 万。[①]虽然芒果 TV用户数增速快，但付费用户数增长速度较慢，MAU 体量上与爱奇艺相差 2 倍以上。随着市场逐渐饱和，以及用户对内容质量和性价比要求的提高，单纯

---

① 数据来源于芒果超媒当年年报。

依靠增加会员数量来驱动增长的策略面临挑战，亟须不断创新内容和服务模式以吸引并保留用户。其次，广告收入存在较大波动。2022 年，广告业务实现营业收入 39.94 亿元，同比下降 26.77%；2023 年，广告业务实现营业收入 35.32 亿元，同比下降 11.57%。[①]一方面，这反映出宏观经济环境的不确定性和市场竞争的加剧对广告市场的冲击，尤其是短视频平台的崛起对传统广告模式构成了挑战。另一方面，芒果 TV 综艺口碑下滑，导致其广告招商困难。最后，盈利结构单一依赖。芒果 TV 作为芒果超媒的核心业务板块，其互联网视频业务收入占公司总营收的比例极高，如 2023 年占比 72.56%，这种高度依赖单一业务板块的情况将导致公司整体抗风险能力较弱，一旦互联网视频市场发生重大变化，将直接影响到公司的整体业绩。

第三，借力资本赋能带来风险。阿里创投在 2020 年 12 月入股了芒果超媒，占据了芒果超媒总股本的 5.26%，一举变成了芒果超媒的第二大股东。2021 年 9 月，阿里创投由于亏损了 20 多亿元，对外宣布将退出芒果超媒。此外，中国移动于 2019 年入股芒果超媒，中国移动旗下咪咕文化董事长刘昕从 2019 年 9 月至今还在芒果超媒担任董事一职。2021 年 8 月，芒果超媒完成了新一轮定增工作，中国移动子公司的中移资本耗资近 30 亿元再次入股芒果超媒，总持股比例超过了 7%，超越阿里创投取代成为芒果超媒第二大股东。在阿里创投退股之后，湖南广电旗下的芒果传媒与中国移动旗下的中移资本，成为芒果超媒里唯二的拥有 5% 股份持有人，国资背景之下的二者总计持股份额超过了 63%，稳居芒果超媒股东前两位。以上种种数据表明，引入新的大股东会改变公司的治理结构，增加管理复杂性。对于具有国有背景的芒果超媒，控制权的分散将影响决策效率和战略方向的一致性。资本的注入往往伴随着对回报的高期望，这可能会对内容创作团队施加更大的商业化压力，从而影响内容的质量和创意自由度。芒果超媒面临的挑战在于如何在资本逐利性和内容创新性之间找到平衡点。

---

① 数据来源于芒果超媒当年年报。

（二）对策探讨

第一，抵制流量至上，加强艺人管理。2021 年下半年以来，国家对于演艺圈整治动作高频、力度极大，坚决抵制"流量至上"的现象。湖南广电坚决拥护党中央和省委的决策部署，迅速响应，制定并出台了《湖南广播影视集团有限公司（湖南广播电视台）关于开展文娱领域综合治理工作的实施方案》，湖南广电旗下涉及内容生产、单位湖南卫视、艺人经纪的各部门、芒果超媒、潇影集团、电广传媒都要进行自查自纠，在责令限期内进行整改。自 2021 年 9 月 5 日开始，芒果超媒成立了在文娱领域进行综合治理工作领导小组，下级还设立了影视、综艺、艺人、财务法务、商务版权、游戏线下、品牌七个专项小组，对各大板块当下存在的问题和隐含的风险进行大规模的排查和整治。芒果 TV 组织召开了关于艺人使用和签约艺人管理的专题党委会，深度钻研如何强化综艺节目艺人使用规则与如何对签约艺人进行管理等问题。天娱传媒在艺人管理上采取分类模式，对于"成熟的出道艺人"进行定期的会议制度和常态化交流谈心管理，掌握艺人工作和心理情况；对于"培训阶段的新人"开展一周一次的谈心课程，把思想教育和制度规范都纳入学习考核内容；而对于管理人员，则制定了开展政治理论学习之类的管理制度。

第二，盈利模式多元化探索。芒果超媒显然已经意识到自身对于综艺节目以及明星流量红利的依赖，所以目前除互联网视频业务外，它正力图从"大芒计划"、小芒电商、实景娱乐等渠道拓展新业务，开启多元化盈利的路线。首先，要加强新媒体互动娱乐内容制作。内容自制是芒果超媒的一大特色，通过旗下的多个子公司，芒果超媒涉足艺人经纪、音乐版权、剧集、综艺节目、游戏等内容的制作与运营。高质量的自制内容不仅丰富了平台的独家资源，也通过版权分销、IP 衍生开发等方式创造额外收益。其次，要进一步推动小芒电商等内容电商模式的发展，利用湖南广电自身的内容影响力和用户基础，以节目植入、直播带货等形式，将内容流量转化为商品变现。再次，还可以通过新技术的赋能探索新的商业机会。2024 年，芒果超媒将与大模型公司合作推出 AI 角色对话产品，将 AI 拟人大模型与《大宋少年志 2》《以爱为营》等热门 IP 联动，建立 AI 角色聊天场景，试水新的变现模式，提高用户黏性和活跃度。[①] 随着"剧本杀"与"元宇宙"概念的融合，芒果超媒也可以考虑将 AR/VR 等先进技术融入线下实景娱乐中，结合芒果 TV 热门 IP 如《大侦探》系列和《密室大逃脱》等，创造更加高科技、高互动性的娱乐场景，提升用户体验的深度和广度，探索更多与新技术、新消费趋势结合的可能性。

第三，保持国资国企身份不动摇。2021 年 10 月 20 日，阿里创投与湖南财信精果股权投资合伙企业（有限合伙）（简称"财信精果"）签署《股份购买协议》。在交易完成后，阿里创投不再持有芒果超媒股份，财信精果持有公司总股本 5.01% 的股份。财信精果由湖南财信金融控股集团有限公司、湖南省财信引领投资管理有限公司、湖南省财信产业基金管理有限公司分别持股 66.67%、33.18%、0.15%。湖南财信金融控股集团有限公司则由湖南省人民政府办公厅 100% 控股。[②] 在国家层面，强化和完善了在文娱综合领域和互联网行业的监管措施。芒果超媒展现出对国家大政方针的高度敏感性，持续深化对监管政策的理解和适应能力，并迅速实施了相应自省自律措施。公司深入强调国资国企"身份"，提升自主可控的资本运营能力，巩固在新监管形势下的市场竞争优势。

---

① 张衡、陈瑶蓉 . 国信证券－芒果超媒（300413）23 年年报及 24Q1 点评：广告增速向上，内容表现值得期待［EB/OL］.（2024-04-25）［2024-11-11］. https://pdf.dfcfw.com/pdf/H3_AP2024042516312889 19_1.pdf?1714069738000.pdf.

② 广电视界 . 阿里退出，湖南国资接盘，芒果超媒仍被看好［EB/OL］.（2021-10-24）［2024-11-11］. https://www.sohu.com/a/496989131_99994436.

第四节　芒果MCN：新业态探索下的省级地面频道跨界融合转型

从 2000 年开始，我国的电视节目开始改革、转型，各个省市电视台也纷纷成立了地面频道，如"生活频道""公共频道""都市频道""文化影视频道"，这类地面频道在创设初期，得到了受众的认可与欢迎。[①] 在融媒时代，地面频道进入新的拐点，面对更严峻的挑战。首先，地面频道只能用地面上铺设光纤的方式来传播信息内容，这限制了频道的覆盖面。在受众面、人力、物力、财力等方面难以与央视、省级卫视或者是个别城市台上星频道形成竞争。其次，新媒体的剧烈冲击进一步加剧了困境，导致收视率和经营收入停滞不前，甚至出现负增长的情况。[②] 有危机也会有机遇。5G 网络、AI 技术以及短视频的迅猛发展催生了内容产业化趋势。2015 年 MCN 在中国作为一种全新业态得以诞生，至 2020 年 MCN 机构的数量突破两万家。[③]MCN 同广电有着天然的适配性，其具有组织结构灵活，试错空间大等特征，也为广电转型 MCN 带来希望的曙光。

2018 年后，宏观经济下行压力加大，地面频道的广告经营更加艰难，经营压力向上游传导，收视下降直接导致电视台传统广告收入下降。电视台传统的商业模式周期长、传播链路长、商业效率低、转化效果差，已经不适应新媒体时代的发展。重重围堵下，湖南娱乐频道瞄准了新媒体短视频领域，在 2018 年年底创建了湖南娱乐 MCN。截至 2020 年，湖南娱乐已形成比较完

① 王晓山 . 融媒体时代省级电视媒体地面频道建设的创新路径分析［N］. 山西经济日报，2020-11-09（003）.

② 冶进海 . 转型与突破：新媒体背景下地面频道发展探析［J］. 电视研究，2014（4）：77-78.

③ 胖胖 . 2021 年上半年在线直播行业发展状况分析：MCN 机构数量、直播用户规模［EB/OL］.（2021-08-15）［2024-11-11］. https://www.iimedia.cn/c1020/80355.html.

整的产业链，据李志华透露，湖南娱乐 MCN 收入将超过传统电视广告板块，占总营收的 70%。

自从 2018 年，湖南娱乐开始探索融媒体发展之路，最早进入 MCN 的传统电视之一的湖南娱乐频道，在母婴、美妆、剧情、美食、娱乐等垂直领域进行内容布局，全面对接市场，成功建立起"引入达人—产出内容—平台运营—广告/电商推广"的商业变现完整链条。经过两年半的摸索与发展，湖南娱乐 MCN 的 Drama TV 位居所有广电前列。2021 年开局之时，湖南娱乐 MCN 宣布更名为"芒果 MCN"，品牌定位迭代升级，由原有的"广电第一MCN"行业标签向"第一明星娱乐 MCN"市场标签方向转化，强化机构的 B端定位，晋升为文娱生活领域领先的新型主流媒体。

一、创新做法与实践

（一）内容服务的创新升级

Drama TV 是湖南娱乐频道孵化的第一个 MCN 机构，自 2018 年 10 月创建以来，到 2019 年年底就已经名列全国十佳广电 MCN 机构首位，覆盖粉丝数逾 9000 万。尽管 Drama TV 发展趋势鼓舞人心，但是如前文所述，至 2020年，全国 MCN 机构的数量就已经突破两万家，竞争日益激烈，内卷现象日趋严重。在此背景下，MCN 短视频才能如何留住观众？单纯为了追求爆款而制造爆款的策略，虽然可以在短期内获得利益，但是从长远来看，会对整个内容生态带来根本性的破坏。2021 年芒果 MCN 品牌升级后，不再仅仅局限于 Drama TV 这一个 MCN 机构规模化扩张，而是试图打造成能包容多个独立MCN 机构同时运转的平台型组织。2021 上半年基本驱动各业务板块逐步迈向独立 MCN 化阶段，形成了包括 Drama TV、芒果引擎、NEW 4、Show TV 在内的 4 个各具特色的 MCN 经营形态。由于 Drama TV 成立早，在内容运营方面已经积累了非常丰富的经验，且具有鲜明的湖南广电 IP 资源特色，可为其他三家 MCN 机构所借鉴。

第一，发挥 PGC 优势，深耕垂直类内容。4 大 MCN 机构各自都拥有自身的达人媒介矩阵和完备的商业化链路，力图从不同角度生产优质内容，合力打造 MCN 可持续性的良好内容生态。Drama TV 着重于明星娱乐和母婴生活赛道，致力于打造头部媒体达人 IP，深耕娱乐行业内部营销；芒果引擎深耕知识文教类领域；Show TV 专注于做直播电商 MCN，致力于将自己打造成知名的"抖音品牌直播服务商"；New 4 的定位是品牌营销 MCN，业务内容包括代直播、信息流、培训、营销活动等。

第二，充分利用主持人、明星等广电资源优势作为第一生产力，进行精准定位从市场上脱颖而出。首先，充分合理运用湖南广电老牌主持人等人力资源，打造成明星主播矩阵；其次，根据主持人在某个垂直领域的专业素养打造人设，如某主持人，不仅具有一定育儿领域的经验知识和亲和大方的外表形象，为其打造母婴类账号，一经上线，便在抖音平台登上"母婴类账号排名第一"的宝座。这种模式也为后起之秀 Show TV 所应用，Show TV 以抖音电商为依托，为垂类品牌客户提供一站式抖音电商营销服务解决方案。

（二）组织架构的扁平化升级

早在 2018 年 Drama TV 成立之时，当时的湖南娱乐 MCN 就突破式地推翻原有传统组织架构，构建全新商业化 MCN 管理结构机制。组织架构趋向扁平化，形成了"达人运营中心""内容工作室""市场运营中心""芒果公会"和"北京运营中心"五大板块，分别对应艺人签约运营管理、IP 孵化专业内容输出、短视频商业变现、对接湖南娱乐直播运营以及对接北京市场运营五个部分。[①] 通过遵循市场化原则并借鉴互联网经验，实行扁平化的组织架构，湖南娱乐 MCN 基本形成"前台 + 中台 + 后台"的结构体系。区别于其

---

① 周逵，史晨．正当性的互嵌：广电 MCN 机构的创新动因与模式分析［J］.新闻与写作,2020（10）：47-56.

他广电系 MCN 机构，湖南娱乐 MCN 具有一套完整的运营机制和商业变现链条，从内容制作包装、平台运营到推广的经纪合约。不仅仅拘泥于内容供应商链条，而是探索出了适宜自己的芒果模式，高效且深度推动媒介融合，促进湖南广电系 MCN 在短视频市场中发挥产品内容优势，在市场中占据一席之地。

2021 年，湖南娱乐频道遵循流程数字化、职能产品化、运营数据化的原则，进一步调整优化频道公司组织架构由垂直管理关系向水平合作关系转移，基本形成"前台业务单元＋中后台运营平台"的模块组合，即前台业务部门自主经营，独立核算，负责人拥有部门人事权、绩效调控权、奖金分配权，自主确定工作内容，负责经营运作；中台进行目标总控并配置资源，制定年度发展策略，搭建组织系统能力，围绕内容生产和流量运营两个基本核心能力模块，进行公司业务形态的设计；后台职能部门配合前台业务部门的发展，提供快速、高效、专业的资源支持。[①]

（三）管理中台的建设升级，赋能传统广电向 MCN 机构转型

从机构层面来说，2021 年上半年整个系统的工作重心是建设强大的管理中台。围绕业务需求，数字中台已经开发迭代了 12 个工具系统，覆盖了 5 条不同逻辑的业务线。其中，创造性地推出"万灿"平台，为传统广电媒体向 MCN 机构转型赋能。"万灿"是芒果 MCN 自主研发的一套提效管理工具。准确来说，这是一款基于云原生技术架构（微服务、DevOps、容器化）的云服务平台，旨在帮助传统广电零基础、低成本、高效率地发展 MCN 业务。

"万灿"平台共有 17 个业务模块，可覆盖 MCN 市场超过 80% 的业务场景。"KOL 库模块"主要负责达人和机构账号管理，目前已经沉淀了近千个优质生产者、机构资料，可根据他们各自的专长与风格，对达人与机构进行

---

① 张颖.《2021 年电视频道调研报告》："内容服务为王"的时代已经来临［EB/OL］.（2021-10-12）［2024-11-11］. https://mp.weixin.qq.com/s/6ISYFCU1x68WF9R1PItidA.

匹配;"商务管理系统模块"主要针对短视频广告单进行统一管理;"内容风控系统模块"可帮助内部实现高效能的移动内容审核管理,即使在外出差,也可以轻松实现线上实时审核;"内容安全检测手册模块"则提供了系列专业知识,包括直播基础信息自查自测、低质量限流问题、敏感词分类纠察等。总之,"万灿"平台是 MCN 业务"万事通",直面直播带货 MCN 业务三大难题:货品管理、主播管理、财务结算,为新入局的 MCN 机构提供技术支持与攻略设计。[①]

目前芒果 MCN 通过免费开放、付费升级、一对一培训等多元化方式推广"万灿"平台,以期以最快速度帮助 MCN 机构成长,让广电同盟连接共生。

二、成效与反响

(一)经济效益

近两年,湖南娱乐频道在新媒体赛场上,出现了"品牌服务""活动 IP""短视频媒体运营""直播电商"等业务板块,每个业务板块均形成了"内容生产—流量运营—商业变现"的独立商业闭环,各自内部又能针对流量资产,进行资源协同和关联交易。如今,湖南娱乐经营模式已从单一依赖寄托电视媒体资源向利用全互联网平台发展转型,基本已经实现了以小为主,大小结合的经济增长方式,在发展较好的新媒体板块的加持之下,缓解了传统电视媒体营收下降的局面。通过内容产品形式进入新媒体渠道,在全网各大互联网平台上均建立了常态化内容矩阵,在明星娱乐、母婴生活等垂直领域积极布局,总计设立了 600 多个账号。截至 2021 年 10 月,全网账号超过

① 芒果 MCN. 芒果 MCN 的开辟式创新,引领广电同盟共生共赢[EB/OL].(2021-10-24)[2024-11-11]. https://mp.weixin.qq.com/s/fHNPrDLfttDh1MAu9GxOww.

900 个，全网粉丝超过 4.65 亿人次，视频总播放量高达 1557 亿次。[①]2020 年排在 2 万多家 MCN 机构中前五名，在广电体系中居于第一位。2020 年湖南娱乐频道总计营收数额超过了 1.5 亿元，同比增长 50%，新媒体业务在整个收入结构中占比超过 65%，同比增长超过 400%。[②] 仅仅用了两年时间，芒果 MCN 成功完成了从新入局者，到跻身市场前五、位列广电第一的好成绩，还被国家广播电视总局评为 2020 年度媒体融合发展典型案例。

（二）社会效益

芒果 MCN 争做文娱生活领域领先的主流新媒体，始终坚持社会效益第一的原则。2020 年，仅"善意的谎言，为谢善良的你"单条视频全网播放量就有 1.13 亿，点赞数 488 万，互动评论高达 6.5 万条，为社会群体驱散焦虑情绪作出了积极贡献；多个母婴矩阵账号持续发布以普及生活健康知识为主题的原创短视频，帮助培养与树立受众关注自身健康的日常习惯；举办多场"为家乡带货"电商直播，拓展了农副产品的销售渠道，服务于湖南省经济大局；湖南娱乐还参与总台调度的《大地颂歌》、金鹰节等主题文艺宣传工作，都极好地利用好了新媒体端的渠道优势。[③]

（三）未来前景

湖南娱乐在 2021 年将进入到公司三年规划"强品牌 IP 化"阶段，这也是实现高质量发展的纵向提升的年份。公司会紧紧把握"内容为本，做人设卖产品"，将内容生产与分发作为根基，把短视频/直播业务作为主体、长视

---

① 芒果 MCN. 芒果 MCN｜十月速报［EB/OL］.（2021-11-02）［2024-11-11］. https://mp.weixin. qq.com/s/sIry0kwRLGh2tqcOKO1v4g.

② 杨余. 李志华:2020 年营收超过 1.5 亿元，湖南娱乐如何从 MCN"看客"升为"头部玩家"？［EB/ OL］.（2021-03-22）［2024-11-11］. https://mp.weixin.qq.com/s/QjhG0tq-ppkTry71Xs9-gQ.

③ 冯刚. 特别策划｜湖南广播电视台融媒案例分享（上）［EB/OL］.（2020-12-13）［2024-11-11］. https://mp.weixin.qq.com/s/f3w9TXsXEIyUOhEeBtMZ7w.

频／直播业务作为保障的两大板块；由于盈利模式不同，各自又区分了自营和服务这两条业务线，自营性业务线注重头部 IP 的经营，而服务型业务线则立足于规模化经营。

三、经验与启示

（一）把握个性化定制道路发展

湖南娱乐之所以能开辟一条辉煌的发展之路，主要与湖南卫视血脉相连的独特优势有关。依托于母体的高知名度与品牌号召力，以及芒果 TV 等融媒体平台的强势崛起，共同筑就了转型发展的基石。此外，湖南娱乐"小而精"的组织规模、高度灵活性，以及对频道改革的深刻理解与成熟实践，这些特有因素促使湖南娱乐敢于在组织架构上大胆革新，最终成长为自给自足型 MCN 的典范。然而，值得注意的是，虽然湖南娱乐 Dramma TV 为其 IP 达人发展模式树立了典范，但其他广电机构需要谨慎借鉴这种"芒果模式"。广电机构涉足 MCN 领域，必须坚持个性化定制的发展之道，即深刻洞察自身现状，结合自己的内外部优势，量身定制独一无二的发展航道，避免盲目效仿。

（二）建设自主可控的平台

当前广电 MCN 机构在与抖音、快手等众多内容平台合作中，常常处于被动局面，因为他们往往仅扮演内容供应商的角色，缺乏对内容运营全链条的深度参与，这不仅限制了其社会影响力与传播力的发挥，还导致其在与商业平台的博弈中处于弱势，使得自身在互联网空间拥有较少的话语权，始终处于不利地位，难以向成熟的 MCN 过渡。

为了突破当前的发展瓶颈，广电机构应加速推进自主平台建设，致力于构建一个从内容生产到分发、运营、商业变现一体化的闭环生态系统。通过自建平台，广电机构能够实现对内容生态的深度整合与有效把控，减少对外部平台的依赖，增强抗风险能力。此外，通过优化广告合作、内容付费、IP 衍生开发等多种盈利模式，形成良性的商业循环，为广电转型注入持久动力。

（三）深化体制改革

湖南娱乐 Drama TV 成功的重要原因是它围绕 MCN 的核心业务逻辑，通过红人孵化到平台运营的全链路布局，重塑了组织架构，形成了五大工作室的矩阵式布局，不仅优化了资源配置，还构建了多元化的变现模式，实现了商业闭环。同时，它还建立了一套与新媒体运营特性相契合的机制，使得内容创作、推广与变现各环节高效协同，极大地增强了市场竞争力。

面对市场资源整合、内容孵化、运营管理及商业转化的高标准要求，广电 MCN 机构要想跨越传统界限，发展为成熟商业 MCN，其关键步骤就是要进行机制体制改革。首先，要打破固有的层级障碍，借鉴互联网企业的扁平化管理模式，构建一个以市场为导向，灵活高效的运作体系，简化决策流程，鼓励内部创新，确保项目能够迅速适应市场变化，实现高效推进；其次，要改革人事管理制度，包括建立更为开放的人才引进机制，提供具有竞争力的薪酬待遇，创建一个鼓励尝试、容忍失败的工作氛围，以及创新内部激励措施等，这样才能最大限度地激发员工的工作热情和创造力。

（四）规避风险，保证主流媒体权威性

广电在学习互联网思维，打破传统结构框架的同时，要保证权威地位、公信力不动摇，发挥其公益属性。这是广电未来可持续发展的关键保证，获得流量的重要基石，也是主流媒体的职责所在。首先，商品的品控是直播带货的重要流程，代表着受众的信任度，每一个产品的售卖都代表着背后广电的品牌形象，也是最终的风险承担者，因此必须保证产品货真价实、质优价廉，使宣传内容与实际产品保持高度的一致性，避免夸大其词或误导消费者。

其次，带货人需经过专业培训，具备一定专业素养，确保其具备对产品质量和带货流量平台的风险把控能力。还有物流、仓储、售后服务等一系列问题需要进行周密的准备和风险评估，以减少风险可能发生的概率。

四、问题与对策

（一）主要问题

"人才的问题"是创新工作中比较突出亟待解决的问题。一方面，存在老员工的转岗问题。部分传媒体制内部老员工市场竞争意识匮乏，靠着"惯性"进行工作，长此以往的"惯性"进而转化为"惰性"。目前整个湖南娱乐频道有六分之一左右的老员工，还没有和新业务产生直接关联。[1] 另一方面，存在新员工如何融入集体与奖励机制的困难。2020 年年初，湖南广电在追求稳健的策略指导下，对待机遇的策略显得过于谨慎，缺乏必要的勇气和决断力，未能有效把握机遇，从而导致在新业务领域的拓展进程相对迟缓。这就意味着不仅需要提高对商机的敏感度，而且需要解决已存在的内部体制机制、团队认知和专业能力不足等一系列的问题。另外，在人才引进方面，现行的激励机制尚存优化空间。2021 年，应充分利用国家政策优势，进一步深化体制机制改革。[2]

（二）对策探讨

对于老员工的转岗问题，需要通过创建与实施一系列"转岗培训制度"来循序渐进地解决。2021 年 7 月《湖南省事业单位工作人员培训实施细则（试

---

[1]　杨余 . 独家揭秘湖南广电如何打造 MCN 机构：整个频道向综合性 MCN 机构转型！［EB/OL］.（2019-10-29）［2024-11-11］. https://mp.weixin.qq.com/s/rNSxXdvSzlJcMSVQ1ge5Eg.

[2]　杨余 . 李志华：2020 年营收超过 1.5 亿元，湖南娱乐如何从 MCN"看客"升为"头部玩家"？［EB/OL］.（2021-03-22）［2024-11-11］. https://mp.weixin.qq.com/s/QjhG0tq-ppkTry71Xs9-gQ.

行）》得以出台，其中明确指出，培训分为岗前培训、在岗培训、转岗培训和专项培训，依据年度培训累计不少于 12 天或 90 学时的规定，湖南娱乐频道积极把握机遇，对与新业务无直接关联的老员工实施转岗培训，以促进其顺利过渡至新的工作领域。

对于新员工的融入与激励机制问题，解决的关键是要进一步加强机制改革，打破因循守旧的固化思维。可以从两方面解决：一方面是在日常工作细节上减少一些繁文缛节，比如开会可以改变按行政级别进行座位排次的惯例，以圆桌会议的形式进行，从点滴的细节入手，进行潜移默化的影响；另一方面则是在日常工作流程上注重遵循市场化原则，业务流程与考核体系主动与市场接轨，逐渐打破"劣币驱逐良币"的不良现状。

第四章 芒果模式 2.0 深度融合的 成长项目及其前景

自 2019 年起，国家广电总局已连续五年组织并开展了全国广播电视媒体融合先导单位、典型案例和成长项目征集评选活动，旨在深入贯彻习近平总书记关于推动媒体融合发展的重要论述精神，充分发挥先进典型的示范作用和重点项目的带动作用，加快推进全国广播电视媒体深度融合发展。

在湖南广电系统中，2020 年有两个项目入选全国广播电视媒体融合成长项目，即"5G 高新视频多场景应用重点实验室建设项目"和"5G 智慧电台项目"。这两个项目也是湖南广电 2021 年融合发展的重点建设目标之一。张华立曾公开表示，要强化核心技术自主创新，"5G 高新视频重点实验室正力争升级为国家重点实验室，围绕 5G 高新视频多场景应用，打造 5G 高新视频创新创意应用孵化基地和众创空间，培育形成围绕广电生态的 5G 高新视频产业链主体；5G 智慧电台项目将紧紧围绕'三年千频'的目标，加大技术研发力度，制定行业标准，搭建数据中台，打造优质内容，赋能全国 1000 家县级融媒体中心，把党的声音送到全国的田间地头。"[①] 此外，"芒果幻城智慧虚拟社交平台"获评 2023 年湖南省广播电视媒体融合发展成长项目。本章重点通过梳理这三大成长项目创新技术与应用情况，及时总结广电融合工作中的新现象新经验，以推动广电媒体融合创新纵深发展。

---

① 张华立. 湖南广电当前要务及 2021 年目标［EB/OL］.（2020-12-14）［2024-11-11］. https://mp.weixin.qq.com/s/b5Ej4DNPiWqRuhzOaOXSqA.

第一节　5G高新视频：以新质生产力探索多场景应用

近年来，湖南广电依托 5G 高新视频多场景应用国家广电总局重点实验室，2000 多名技术研发人员全力以赴，成功研发了时空凝结、高动态范围影像、AI 现实增强系统、虚拟数字人"小漾"、光芒云制播系统等新技术，广泛应用于节目制作，创新了视频艺术表达方式，使观众得以在虚实之间、古今之间体验文化魅力，感知中华优秀传统文化的万千气象。由此也收获了诸多荣誉。例如，2024 年 5G 高新视频多场景应用国家广电总局重点实验室的"AI 虚拟歌手"获第三届广播电视和网络视听人工智能应用创新大赛中的"虚拟数字人技术应用类"三等奖。在第三届高新视频创新应用大赛中，湖南广电的"披荆斩棘 2 舞台纯享版"获超高清视频——4K 超高清视频场景二等奖、"湖南卫视 2022—2023 跨年晚会虚拟制作"获沉浸式视频——沉浸式 XR 虚拟拍摄场景二等奖、湖南快乐阳光互动娱乐传媒有限公司的"自由视角"获 VR 视频——VR 视频场景二等奖、"芒果观影随心记——玩转剧情记录、大神笔记带你解锁观影高能时刻"获互动视频——内容交互场景优秀奖。[①]

一、基本情况

5G 高新视频多场景应用实验室（简称"5G 实验室"），是首个经国家广播电视总局特别批准的，致力于 5G 技术在广电领域应用的国家级重点实验室，于 2021 年 3 月 31 日在湖南马栏山视频文创产业园荣耀揭牌，标志着实

---

① 湖南省广播电视局.我省在第三届广播电视和网络视听人工智能应用创新大赛、第三届高新视频创新应用大赛中喜获佳绩［EB/OL］.（2024-01-04）［2024-11-11］. https://mp.weixin.qq.com/s/uYqtF7vc8mXQC5aw2dtNng.

验室正式在湖南广电安家落户。自此，湖南广电集团所有新技术驱动的新内容、新产品、新项目、新课题全部归口到 5G 实验室，故而实验室集结了一个涵盖传统广播电视技术精英、网络技术专家以及视频技术前沿探索者的强大团队，该团队规模庞大，共计 2393 名技术精英，其中核心技术人员超过 1200 人。①2020 年湖南广电 5G 实验室和 54 云魔项目入选湖南省"数字新基建"100 个标志性项目名单。

二、应用典型

5G 实验室较为突出的创新性技术产品之一是"5G 芒果超视"，它具体由电广传媒旗下湖南省有线网络集团创新研发，后更名为"54 云魔""芒果云魔方"，它主要利用"5G+ 云 + 人工智能技术"，实现了实地实时的拍摄剪辑、上传储存、审核发布的生产制作全流程，提供给职业生产内容（Occupationally-generated Content，简称 OGC）、PGC、UGC 等高质量内容生产的创作到发布全流程，提供了详细的解决方案，非常适用于在新闻生产与节目制作中。自 2020 年全面应用于视听内容生产以来，随着产品技术的持续改进与完善，"5G 芒果超视"技术运用正逐渐为广电内容生产带来智能化变革。

（一）实现高新视频的云录制、云制作和智能分发

5G 芒果超视首次应用于 2020 年湖南两会报道中，它能够在两会现场实时采集相关新闻素材，及时上传，利用 AI 技术进一步"云剪辑"，每两分钟即可产出一条新闻短视频。其与湖南卫视旗下的芒果云平台展开合作，共同采集素材，生成每日精彩集锦，打造的《两会一日》专题栏目反响热烈。②继

---

① 广电猎酷.【行业】5G 高新视频——探索湖南广电的第三个发展窗口［EB/OL］.（2021-05-06）［2024-11-11］. https://mp.weixin.qq.com/s/4om0fJJl5kaxqgl4Y0A54g.

② 湖南广电 5G. 湖南广电 5G "黑科技"亮相省两会［EB/OL］.（2020-01-11）［2024-11-11］. https://mp.weixin.qq.com/s/wg2GV7H-srieHPKpD8kikA.

2020 年取得显著成效后，在 2021 年两会报道中采用了升级版的"芒果云魔方"这一更加成熟的技术，实现了长距离、无延时、零障碍的"云采访"。如在湖南省人民代表大会代表团抵达北京后的不到十分钟内，其视频新闻报道在社交和资讯平台上广泛传播。

5G 芒果超视还应用于 2020 年《歌手·当打之年》总决赛，利用 AI 技术，对 500 位大众评审的近 90 小时视频源素材进行深入分析，精选并进行表情标签化归类。随后，将这些经过处理的数据上传至云端，供节目制作团队进行后期剪辑工作。这项工作如果按传统方法，需动员 200 多人不间断地工作 24 小时，但在 5G 芒果超视的辅助下，仅仅一天即可完成，效率显著提升。2021 年，升级版的 5G 芒果超视——5G 芒果云魔方，在 2021 年电视剧《理想照耀中国》主题曲《理想》的录制过程中大放异彩。当时，歌手无法到现场进行录制，5G 芒果云魔方成功桥接了北京、长沙、上海三地，使身处不同城市的 11 位歌手能够远程协作，完成了一场前所未有的 5G 云制作音乐录制。

（二）2020 年湖南卫视《歌手·当打之年》率先真 4K 超高清直播

2020 年湖南卫视的重磅节目《歌手·当打之年》"歌王之夜"的总决赛，成功实现了湖南省首次基于广电 5G 网络的 4K 在线直播，标志着真 4K 视频直播的首秀。这一成功得益于 5G 实验室与湖南卫视协同合作成立的技术视觉共研团队。本团队使用了上百台专业设备，依托于 54 云魔平台，采用云化异地协作的方式，将电视台发出的 1080P 信号源转化成高清 4K 视频，并实现了实时色彩校正。最后，通过湖南有线集团机房中转到用户终端界面。在不改变现行播出流程和设备的情况下，从技术方案协商到直播全流程执行完毕，整个过程仅耗时 7 天，便让用户体验到"歌手零时差"的高清 4K 直播。

（三）湖南卫视 2022—2023 跨年晚会沉浸式 XR 虚拟拍摄

湖南卫视芒果 TV 跨年晚会大量运用 XR 与计算机动画（Computer Graphics，简称 CG）技术打造虚拟舞台，全新 XR 技术呈现了四大主题虚拟场景。主舞台犹如一个火把，前方通道链接了芯片舞台，12 组飞屏实现在空中的各种运动变化；左右两侧分别为机械手舞台和 XR 虚拟舞台，整个"机械手"的重量近 50 吨，在半空中悬浮，创造了一个符合当代审美的新潮视觉装置；XR 虚拟舞台由渲染技术再加持，巧妙地将前沿梦幻的舞台场景呈现与各种家国情怀故事融合在一起。

跨年演唱会现场，集合青春感、科技感、潮流感与艺术感，并且虚拟人也参与进来——数字人主持小漾、《制造浪漫》虚拟人康康和果果、姚安娜与四人数字乐队等。在互动节目《制造浪漫》中，首次实现两个数字人同框互动，每个机位都配备了虚实融合系统来渲染和播控虚拟人。演唱歌曲《ATR》的乐队也并非真人乐队，而是 4 位数字人乐手组成的"数字分身"组合，随着镜头拉远，一时间虚实转换，呈现 Z 世代群体偏爱的独家浪漫与个性潮流，奉上了一场特别的元宇宙音乐秀。①

三、机制创新

5G 实验室是机制创新的排头兵。它由国家广电总局、湖南省政府"省部共建"、统筹指导，由湖南广电主导实施，由电广传媒作为实施主体，推进建设落地。实验室的科研体系由多个科研机构合力构建，主要成员包括国家广播电视网工程技术研究中心马栏山分中心、电广传媒博士后工作站、实验室

---

① 数艺网．"数字人"鏖战 5 大跨年晚会，AR/XR 虚拟技术 2023 年将惊艳破"圈"？［EB/OL］．（2023-01-30）［2024-11-11］．https://mp.weixin.qq.com/s/cAX0tzJbeFXckm0p1sTxWg．

专家委员会、马栏山新媒体学院等。实验室借力资本赋能，由达晨创投、芒果基金、马栏山创投等公司合力布局市场投资体系。

第一，运营管理机制创新：开展 5G 高新视频实验室实体化、市场化运营。2020 年 11 月，中国（湖南）广播电视媒体融合发展创新中心正式成立，作为湖南广电的内设机构之一，它负责国家广电总局重点实验室——5G 高新视频多场景应用的运营管理。2021 年 3 月，5G 高新视频实验室成立了湖南芒果无际科技有限公司，尝试市场化运营。自 2021 年 4 月 24 日起，5G 高新视频实验室正式创新构建"一套人马、三块牌子"的组织架构，即湖南芒果无际科技有限公司、湖南广播电视台媒体融合创新中心、5G 高新视频实验室的一体化运行，促进实验室科研成果落地见效，增强造血机能。

第二，资源调配机制创新：与湖南广电各单位、科创文创企业和高校共建合作。5G 高新视频实验室致力于实现实体化的道路，连接了芒果生态的研发、技术和内容，同时连接课题、项目和市场。主要与一流高校、科研机构、头部科创文创企业，以及广电集团内部单位四大方面的合作展开项目建设，力促形成长效稳定的研发共同体，进而推动了产业能力的创新、科研成果的转化。一是形成国家重点实验室培育基地，联合马栏山计算媒体研究院、马栏山投资开发建设有限公司、华为 2012 实验室和北京邮电大学。二是形成与高校资源的连接，达成与北京邮电大学共建"北邮—电广传媒技术创新中心"的意向，共建博士后科研工作站、联合研究课题、申报了国家级和省级重点课题和成果转化的项目。在中央媒体技术院的华为 2012 实验室达成 VR 的内容制作、虚拟 IP 制作和渲染方向合作的意向。三是和深圳先进研究院、未来网络研究院、南京紫金山实验室、鹏程实验室等国家重点的科研院展开横向的项目的交流与合作，初步建立《超分智能边缘计算平台》《多感官媒体交互》《360 度三维立体视频技术》等项目场景优先落地、合作共同研发的意向协议。① 四是湖南广电集团各单位开展合作项目研究，如"代入式 VR 体验研究中心"是与芒果幻视共建而成，重点开展"VR 虚拟现实""虚拟仿真"类的课题研究；又如"5G 智慧音频研究中心"是与湖南广播传媒中心共建而成，目前正在积极开展应急通信方面的合作研究。

第三，产品研发机制创新：设立媒体融合发展基金，走产学研一体化模式。一是建立以"媒体融合发展基金"为抓手的创新与激励机制。通过创设"媒体融合发展基金"，鼓励科创文创人才团队研发具有持续发展潜力、效益明显的项目；同时，配套"媒体融合发展项目"评选机制，组织开展相关学术交流、新技术培训等活动；在管理基金的过程中，注重严控成本、强化项目监督，促进项目如期落地。此外，注重对青年人才的吸收与培养，采用湖南广电集团"创新合伙人"制度和"双聘管理"制度，一方面激励一线的年轻技术人才大胆实验，孵化新项目、新产品；另一方面不断吸纳高精尖专家和青年才俊，为实验室注入新鲜血液。二是建立以知识产权和项目成果为核心的考核机制。编制两项创新成果清单，一个是《融创项目产品清单》，共 9个类别 34 个产品，基本涵盖湖南广电媒体融合领域的落地项目；另一个是《高新视频技术创新清单》，诸如虚拟直播技术等，让员工的奋斗有目标可定，让实验室的考核有据可循。

四、发展前景

在未来的发展布局中，湖南广电最直接的目标之一是加强基础建设，构建高新视频产业生态圈。加强"四大体系"（专业科研、内容制造、市场投资、人才培育）、"四大底座"（数字、物业、创新、政策）、"四大能力"（变现、整合、连接、输出）的基础建设，扩大广电的行业合作规模和多样性，

① 冯刚. 湖南广播电视台融媒案例分享（上）［EB/OL］.（2020-12-14）［2024-11-11］. https://lmtw.com/mzw/content/detail/id/195620/keyword_id/-1.

构建 5G 多场景、应用、多产品的实验孵化基地，以及 5G 的内容生产、分发和运营中心。其中，值得关注的一些措施如下文所示。

一是进一步探索虚拟产业的前瞻性布局。随着 5G 技术的进一步成熟和普及，实验室将更加注重开发沉浸式视频内容，如 8K 超高清视频、VR、AR 及 MR 等技术的应用。目前，5G 实验室与华为、中兴、利亚德启动 5G 虚拟现实智能制造平台项目、打造芒果系"头号玩家"芒果幻城智慧虚拟社交平台，建设立体版的"芒果 TV"，带动中国虚拟产业落地湖南马栏山。

二是继续探索人工智能与 5G 技术的深度结合，利用 AI 在内容生成、编辑、分发、个性化推荐等方面的功能，提高内容制作效率和用户体验。例如，利用 AI 进行视频内容的智能分析、情感识别、自动化剪辑等，以及在直播、点播服务中实现更精准的个性化内容推送。

三是推动"智慧广电"战略，促进传统广电与新媒体的深度融合，探索 5G 在新闻采集、编播、分发等方面的创新应用，如利用 5G 进行超高清直播、移动新闻采编、互动式新闻体验等，加速广电行业的数字化转型。

第二节　5G智慧电台：助力县域融媒新生态

一、基本情况

湖南广电 5G 智慧电台是在国家大力推动县级融媒体中心契机下，以科大讯飞语言智能技术为原点，湖南广电自主研究发明的一套基于 AI 人工智能，对节目内容进行智能抓取和编排的系统。这是湖南广电积极落地 5G 技术发展，推动媒体融合发展趋势，从而产生的跨区域发展战略性的项目。项目目标力求以湖南广电内容生产和自主创作的 IP 作为基石，形成"一县一频"的 5G 智慧电台集群，将智能广播播出系统和高质量的音频内容产品下沉至"县级"市场，全新构筑音频内容运营场景与平台。

2020 年 7 月，湖南广电召开 5G 智慧电台建设调度推进会，积极推进 5G 智慧电台项目建设。湖南广电 5G 智慧电台项目先后荣获国家广电总局 2020 智慧广电传播分发类先进案例、2020 全国广播电视媒体融合成长项目、2021 年国家广播电视总局首届广播电视和网络视听人工智能应用创新大赛（MediaAIAC）智慧广电终端类三等奖、百度地图行业解决方案创新应用奖、2021 声音探索者大会暨北京广播节 2021 "声音探索者"，入选国家广播电视和网络视听产业发展项目库、2021 年湖南省 "数字新基建" 100 个标志性项目。

2024 年，5G 智慧电台获得第十一届传媒中国年度盛典六大奖项，即 "传媒中国年度融合创新团队" "传媒中国年度省级媒体融合传播融媒产品 10 佳" "传媒中国年度广播电视融媒创新案例 20 佳" "传媒中国年度全国县（市）级融媒建设标杆单位" "传媒中国年度全国媒体融媒平台 10 佳" 五项荣誉。

二、项目创新

利用 5G 智慧电台的产品，服务地方传媒广电，助力县域融媒转型升级，是其项目创新的主要表现。[①]

（一）助力地方传统广电焕发新活力

全力推广 "5G 智慧电台" 项目，扩大电台同盟，助力地方传统电台广播打开新的发展窗口。5G 智慧电台的产品构成，可概括为 "一套系统集成 + 两项技术 + 三个套系节目 + 四项在地内容 +5 分钟的整体输出"。[②]

---

① 黄荣 .【融媒新品牌】聚焦县域融媒，湖南台 5G 智慧电台实现规模化可持续发展［EB/OL］.（2023-01-31）［2024-11-11］. https://mp.weixin.qq.com/s/8b9D8WnQJo_8RcazS__cxQ.

② 张晓宝 . 先行先导的湖南 5G 智慧电台，未来前景是怎样的？［EB/OL］.（2021-10-07）［2024-11-11］. https://mp.weixin.qq.com/s/-OwfpQZaGnmiVcLA3O1NyA.

"一套系统集成"，即 AI 技术 + 内容 + 系统。一套系统由两个部分构成。第一部分探讨了 AI 与内容生产的结合。通过应用人工智能技术，与传统媒体的生产流程相比，开辟了一条创新的内容生产路径，包括自动信息采集、自动内容编排等功能。主要是对各省级官方网站进行了信息采集，并扩展至中央广播电视总台、新华网、人民网、"学习强国"等主流媒体平台。此外，系统支持用户根据个人偏好自定义新闻源，实现个性化内容抓取。第二部分阐述了系统架构与内容生产的整合，即"中央厨房"概念，它将内容制作与播出系统存储于云端，确保了中国县级融媒体中心能够实时更新节目内容，从而全面维护了节目内容的完整性。

"两项技术"，即语音合成系统 + 语音编辑系统。目前，虚拟 AI 主播群体的形成已经成为广播市场和县域音频内容输出的重要模式。这些主播能够依据听觉反馈实时调整语速、音量以及垫音效果，展现出高度的灵活性。此外，他们能够定期更新声音库模型，创造出多样化的主播风格，从而在一定程度上替代传统的人类主播，例如 AI 串词主播、AI 天气主播、AI 路况主播和 AI 新闻主播等。2024 年政府工作报告首次提出实施"人工智能 +"行动计划，这标志着 AI 技术发展正处于一个关键的转折点。在这一背景下，数字人和虚拟主播等概念正迅速成为行业热点。5G 智慧电台致力于运用其核心科技推动生产实践的革新，不断对 AI 声库进行更新和升级。合作用户可以在 AI 声库中选择合适的虚拟主持人，以适应不同的场景、节目和需求，从而有效支持日常工作的进行。2024 年，5G 智慧电台的 AI 声库迎来了五位新成员：智宸、智睿、慧珊、智达和智粤。这些新成员不仅在新闻、天气、路况播报方面表现出色，而且在综艺、宣传片和节目制作等领域也展现出卓越的能力。为了庆祝中华人民共和国成立 75 周年，大型融媒共创节目《探寻家乡的宝藏》的宣传片由"王牌播音员"智宸倾情呈现。作为新闻栏目黄金搭档的智睿和慧珊，他们能够随时"代班"《田间地头大联播》节目。而作为 5G 智慧电台综艺类主持人的佼佼者，智达已经加入《与人为膳》节目的制作中。5G 智慧电台计划针对不同语系"培养"AI 主持人，使得广东地区的用户能够聆听到智粤所特有的"家乡风味"路况播报。①

"三个套系节目"，即私家车节目体系、音乐节目体系和新闻综合节目体系。节目内容的构成主要源自两个方面：其一，湖南广电自制的热门节目，这些节目享有湖南卫视及芒果 TV 的独家 FM 版权资源；其二，与国内领先的内容提供商进行深度合作，例如蜻蜓网、阅文网、财新网等，从而拥有庞大的正版音乐曲库，并实现 24 小时连续播放。巴音郭楞蒙古自治州、焉耆回族自治县融媒体中心对此进行了明确指出："在以往使用传统电台时，我们没有制作少儿节目的经验，导致一直没有少儿节目播出，使用 5G 智慧电台后，丰富的版权节目，解决了我们由来已久的问题。"

"四项在地内容"即播报本地新闻、资讯，以及路况、天气状况。这四项内容是最重要的，具有切实提升民生服务和地方智慧生活便利性方面的重要作用。通过利用 AI 技术进行内容抓取，实现了节目内容的一键生成和云端编排。此外，根据地方实时情况动态调整节目逻辑，确保了不同频道的节目内容差异化，从而在"中央厨房"模式下实现了"千频千面"的个性化播放。在山西省曲沃县融媒体中心，5G 智慧电台已进行了一段时间的试运行，其智能化编排和资源 AI 自动生成功能显著提高了节目制作效率，节约了时间和人力成本，同时提升了节目质量和安全性，取得了良好的应用效果。山西省恒曲县融媒体中心指出，AI 技术通过一键生成，相当于提供了一位内容编辑，一组主持人以及全套全天节目，这吸引了各县级融媒体中心更加深入地使用 5G 智慧电台的各项功能，以更好地服务和引导群众。

"五分钟"，即 5 分钟创办一家电台，可实现 24 小时 365 天无缝隙播放内容的当地电台。5G 智慧电台，借助 AI 技术显著降低人力资源成本，替代低效的劳动方式；同时，依托智能抓取技术，灵活应对多样化信息内容的处理

① 梁权. 创造营｜加速发展新质生产力，打造媒体融合发展新引擎（2024-03-29）[2024-11-11]. https://mp.weixin.qq.com/s/7EfbYibxTQlcagFScqZFYw.

需求，助力地方广播电台制作具有"本地化、原乡特色"的广播节目，使那些被忽视的声音重新得到传播。此举旨在构建具有地方 IP 属性的基础广播体系，以满足下沉市场地方用户群体的特定需求。截至目前，全国范围内已有 397 家电台部署了 5G 智慧电台系统，并与全国 27 个省、自治区、直辖市的 737 家广播电视台签订了合作协议。湖南 5G 智慧电台项目计划在未来三年内服务全国 1000 家电台，利用新技术将这些电台互联，打造成为下沉市场的全新平台，实现"千频互联，创造无界"的愿景。

（二）"既授人以鱼，又授人以渔"，积极援疆与开展培训双管齐下

2021 年 4 月，为贯彻落实第三次中央新疆工作座谈会精神，借着湖南开展文化援疆活动的契机，并且在湖南省委宣传部的大力支持下，湖南广电免费援助吐鲁番市、鄯善县、托克逊县及 221 团各 1 套 5G 智慧电台，并且在当天正式投入使用。[①]5G 智慧电台在吐鲁番及 221 团的成功开播，显著提升了新疆维吾尔自治区县市级广播电台的技术水平，使其逐步接近省级电台的标准，为实施"文化润疆"工程提供了坚实的技术支持与设备保障。自 2021 年至 2023 年，在国家广播电视总局的引领与推动下，5G 智慧电台对新疆、西藏以及"三区三州"地区的 243 家基层电台进行了技术援助。特别在 2023 年 5 月，得益于湖南省广电局与山西省广电局的联合推进，完成了对山西省内 60 家基层电台的技术援助工作。[②]

此外，授人以鱼不如授人以渔，5G 智慧电台在县域调研过程中发现基层对提升运营业务能力的呼声很高，于是整合湖南广电的优势资源，于 2021 年 4 月开办了全国首个智慧广播线下学习实践平台"马栏山智慧广播

---

① 中新网新疆. 湖南援助吐鲁番 5G 智慧电台开播［EB/OL］.（2021-10-07）［2024-11-11］. http://www.tlfw.net/Info.aspx?Id=349333&ModelId=1.

② 国家广电研修. 媒体融合新品牌推介活动丨5G 智慧电台：5 分钟办一家电台［EB/OL］.（2023-06-30）［2024-11-11］. https://mp.weixin.qq.com/s/lJJ3t_5GZyIixRgmEI7qPA.

创造营"。来自全国各地的 236 名学员（包括主持人、编辑、频道负责人等）参加了团训，这是 2021 年最大规模县融广播团训。首期团训，16 讲干货课程，4 大传媒基地游学，部分学员还将参与 7 天广播业务实训。课程内容既有湖南广电创意人才从宏观上介绍广播电视、电商直播业务新趋势，也有头部互联网公司、MCN 机构，畅聊新兴媒体运营，还有全国优秀的县级融媒体单位代表分享运营案例、管理方法，丰富多元，实用性强。通过开办"马栏山智慧广播创造营"，5G 智慧电台强化媒体责任担当，积极洞察用户需求，为县级融媒体中心建设探索新方向，提供新动力，激活新潜能，创造新价值。

三、应用典型

5G 智慧电台，作为一类新型的党管党控媒体平台，致力于为县级融媒体中心提供服务支持。其目标在于构建一个深入基层、服务县域的音频生态体系，以更好地履行党媒的社会责任，拓展主流价值的影响力范围。该平台旨在确保党的声音能够更迅速、广泛且深入地传播。

（一）投入防控疫情应急传播与两会报道运用

近两年，5G 智慧电台投入应用的典型案例有"2020 年新冠疫情防控'村村响'应急传播运用"和"2021 年湖南广电全国两会报道运用"。

2020 年年初，湖南省应急广播湖南交通频道、938 潇湘之声、新闻综合广播、湖南经广、芒果动听联合推出《防控疫情，从我做起》村村响特别节目，湖南电台《全省新闻联播》也连续多天开辟《村村响大喇叭健康之声》特别板块。湖南电台启动 5G 智慧电台，将这些节目进行个性化抓取，由 AI 主播第一时间发布党委政府的权威声音、宣传防控疫情知识、澄清防控过程中传播的谣言，并通过"村村响"广播，联动全省 101 个县 1740 个乡镇

27421 村级广播室，运用 36.47 万只大喇叭，每天两小时广播，将防控疫情宣传送到农家村舍、田间地头；实现了 2.9 万个建制村和社区防控疫情宣传的全覆盖。①

2021 年两会期间，5G 智慧电台系统实现全国头条新闻智能抓取，将两会相关重要报道快速、准确地编入新闻稿件中。新闻稿件编入完成后，历经三轮严苛审查，自动生成语音文件，智能编排后进入播出系统并通过各市、县域广播电台自有频率完成播报。依托人工智能编播系统和专业的采编播内容团队，5G 智慧电台每天将 100 多条两会精彩内容通过云端分发至全国 200 多家合作电台，同时联通全省 100 多个县融媒中心，真正实现以先进科技服务基层，帮助建设县域党管党控的融媒平台。②

此外，5G 智慧电台还依托湖南省深厚的红色精神文化底蕴和专业的采集、编辑队伍，将 2021 年《全省新闻联播》两会新闻内容分发至湖南省内的 92 家广播电台，联通"村村响"大喇叭直达田间地头，全线赋能县级融媒体中心，帮助地方融媒体提升内容播出水准，提高内容生产的专业水平，第一时间将党和政府的声音、县委、县政府的决策部署和优质广播节目送到全县车厢和村组。③

（二）发起"创作者计划"，打造联合制播活动

2021 年，在庆祝中国共产党成立一百周年之际，5G 智慧电台发起"创作者计划"，积极联动全国百家广播电台，开展建党百年的《红色讲解员》融媒报道活动。共创全国百县百台建党百年融媒报道活动《红色讲解员》，以全

---

① 电台工厂.业界｜湖南电台 5G 智慧电台创新应用，传统广播迎发展契机［EB/OL］.（2020-02-08）［2024-11-11］. https://m.sohu.com/a/371363772_738143.

② 湖南省广播电视局.湖南广播电视台使用 5G 智慧电台 智能音箱新技术 传播两会好声音［EB/OL］.（2021-03-11）［2024-11-11］. https://mp.weixin.qq.com/s/iBe1P9aOKlkJW2EbnJLzmg.

③ 湖南省广播电视局.5G 智慧电台守正创新服务基层"把党的声音送到田间地头"［EB/OL］.（2023-06-06）［2024-11-11］. http://gbdsj.hunan.gov.cn/gbdsj/xxgk/gzdt/hyxx/202306/t20230606_29369093.html

国各地 100 个正在红色旧址和纪念馆中工作的"讲解员"为切入口，讲述百年大党的初心和使命，进一步增强基层广播电台的政治意识，讲好中国故事，真正实现"百频共创、千频传播"。

目前，80 集《红色讲解员》已经成为全国广播节目播出排行第一的节目。其中，系列音乐节目《红色讲解员之百炼成钢》《百炼成钢中的红色乐谱》，由电视剧《百炼成钢》推出，以音乐为媒介，展现建党百年开辟伟大道路，建立伟大功业，铸就伟大精神的奋斗历程，通过 5G 智慧电台全国百家电台分发，打通基层传播渠道，把党的声音送到田间地头。

四、发展前景

5G 智慧电台探索出一条省级媒体与各级融媒体中心共成长、技术成果应用与内容共创传播互促进的创新发展之路，正向着"打造全国最大的基层数智化音频平台"这一目标全速迈进。

第一，芒果数智导览平台。2024 年文旅市场持续火热，5G 智慧电台融合人工智能、大数据、5G 通信、智能语音合成等技术开发"芒果数智导览平台"，通过文化＋科技＋IP 升级游客体验，以数智技术、定制内容和创意运营助力城市文旅智慧"声"级。

第二，5G 智慧电台数智小程序。当媒体融合发展进入深水区，5G 智慧电台直击传统广播向移动互联网融合进程中遇到的难点和痛点，针对传统广播电台发射功率有限、收听数据缺失、自主平台缺乏、专业人才匮乏等问题，推出"5G 智慧电台数智小程序"，赋能融媒体中心日常宣传、云端收听互动和运营提质增效，加速形成媒体行业新质生产力。

第三，芒果数智校园广播体系。5G 智慧电台持续探索多场景应用，自 2023 年 10 月全国首家数智校园广播开播以来，团队持续在产品研发、内容生产、创新应用等方面精准发力，不断完善"芒果数智校园广播体系"，已推出小学—中学—大学三个版本,服务不同学生群体的思政教育、安全教育、应试等需求,为推进智慧教育新型基础设施建设贡献广电力量。[①]

第三节　芒果幻视:未来传播形态竞争下的芒果系元宇宙生态布局

湖南广电已逐步形成由元宇宙平台、数字虚拟人、数藏平台等产品构建的芒果元宇宙体系。推进媒介融合的路径是多样化的,芒果幻视采用的是一种用技术推进融合的方式,在媒体融合转型的浪潮中,芒果幻视积极抢占元宇宙赛道,以自主可控的技术推动广电媒体深度融合,加速推动湖南广电"文化和科技融合"的成果落地,也进一步提高了新型主流媒体的建设能力。

继入局元宇宙,提出打造芒果元宇宙新业态以来,2022 年湖南广电在元宇宙的探索步履铿锵有力:1 月,数字主持人"小漾"实现综艺常驻;3 月,发布基于自有区块链技术"光芒链"的芒果数字藏品平台;6 月,上线湖南广电在 Web3.0 时代的泛娱乐内容社交平台《芒果幻城》;11 月,进军虚拟直播赛道,国风虚拟家族首发成员橙双双登录短视频平台进行常态化直播。[②]

随着数字技术的迅猛发展,元宇宙作为新兴的传播形态和社交空间引起了广泛关注。元宇宙"Metaverse"这一概念来源于 1992 年尼尔·斯蒂芬森科幻小说《雪崩》,指的是一种现实世界与通过 AR 和 VR 创造出的虚拟世界相混合的状态。即,人们在"Metaverse"里可以拥有自己的虚拟替身,这个虚拟的世界便是"元宇宙"。2018 年上映的科幻电影《头号玩家》,以

---

① 5G 智慧电台.创造营 | 加速发展新质生产力,打造媒体融合发展新引擎[EB/OL].(2024-03-29)[2024-11-12].https://mp.weixin.qq.com/s/7EfbYibxTQlcagFScqZFYw.

② 湖南广电办公室.湖南广电:打通虚拟世界链路,让数藏不再"藏"[EB/OL].(2022-12-12)[2024-11-12].https://mp.weixin.qq.com/s/SD_HUwVYvaDj_qWbaOdr_A.

生动直观的方式，展现了元宇宙的无限魅力。借助虚拟设备，观众可以跟随主角，在名为"绿洲"的虚拟世界与现实世界间自如游走，深刻体现了元宇宙的潜力与美好愿景。2021 年被称为"元宇宙元年"，这一年 Facebook 宣布更名为"Meta"，意味着"元宇宙"概念正式跨越科幻界限，成为社会各界热议和探索的焦点。

实际上，湖南广电早就未雨绸缪，布局了虚拟现实赛道，并且于 2019 年 4 月成立湖南芒果幻视科技有限公司。2021 年 11 月，湖南广电董事长张华立提出"探索芒果元宇宙"，这是湖南广电首度在公开场合提出"芒果元宇宙"的概念。2022 年 6 月 28 日，芒果幻城在各大 VR 平台上线。芒果幻城是由湖南广电旗下湖南芒果幻视科技有限公司自主研发，集内容浏览、游戏体验、虚拟社交于一体的基于 VR 的泛娱乐内容社交平台。"芒果幻城"作为芒果系在 VR、AR、MR 等虚拟现实领域的头号战略布局。它的上线标志着芒果系元宇宙进入了新时代，也标志着中国广播电视媒体行业正式参与到以元宇宙为背景的未来传播形态的竞争中。芒果系以 5G 高新视频多场景应用国家广播电视总局重点实验室为基础，探索搭建芒果的元宇宙平台，是对市场导向的精准把握，也是全面参与未来传播形态竞争的信号。

芒果幻城在虚拟现实技术领域的应用，标志着国内在此领域的开创性进展。该平台是国内首个集成虚拟家园功能的应用、首个集成虚拟综艺功能的应用，以及首个举办线上虚拟发布会的应用。芒果幻城作为湖南广电"芒果模式 2.0"媒体深度融合的先锋项目，正引领着传媒行业的变革，进入一个崭新的发展阶段。以芒果幻城为典型代表的数智媒体平台，正在推动传媒行业向一个变革的新纪元迈进，并将对未来的内容生产模式、媒介互动方式以及数字经济领域产生深远的影响。[①]

———————————

① 肖征宇. 数智时代新型平台生态的芒果探索［J］. 传媒，2022（14）：17-18.

一、基本情况

2019 年 4 月，随着 VR 与 AR 技术的不断进步，湖南广电成立了幻视科技有限公司，致力于 XR 技术的研究与应用领域。自成立伊始，幻视科技便肩负起开发适应未来十年数字化与智能化时代需求的创新产品的使命。公司自主研发的数字虚拟人"小漾"成功入驻综艺节目《你好，星期六》，标志着国内广播电视节目首次采用实时驱动技术实现虚拟数字人的应用。目前，芒果幻城的日常活跃用户数量在国内 VR 行业中位居前三。

作为湖南广电在元宇宙领域和内容创新的先行者，芒果幻视在成立的第二年便完成了包括高仿真数字人"小漾"的打造、中国首个虚拟人工作室的建立以及数字人实时直播技术的储备等多项重要任务。同年，芒果幻城拆分出的板块"咕噜岛"上线，迅速积累了原始平台的用户基础。至 2022 年，芒果幻城携三大业务板块正式上线，标志着芒果系元宇宙的初步构建。数字人"小漾"与"橙双双"的卓越表现，进一步验证了团队在数字人生产与运营一体化方面的专业能力。[①]

二、项目创新

湖南广电提出打造芒果元宇宙新业态以来，进行了多维度探索。除"小漾"等虚拟数字人，芒果幻视还发布了基于其自主研发的区块链技术"光芒链"的数字藏品平台，并上线了泛娱乐内容社交平台"芒果幻城"。此外，推出了"昔日斑斓"系列虚拟家园数字藏品，逐步构建了芒果元宇宙虚拟世界的多链路连接。综合来看，芒果幻视目前推出的各类内容产品可大致划分为

---

① 唐瑞峰. 广电系"元宇宙先遣部队"是这样炼成的！［EB/OL］.（2022-12-15）［2024-11-12］. https://mp.weixin.qq.com/s/ycEinz4yrF_pJNM--HGw2w.

三大领域：首先是 VR 场景内容领域，以芒果幻城为代表，该平台融合了虚拟综艺节目、沉浸式游戏和虚拟社交三大板块；其次是虚拟人领域，以湖南卫视实习数字主持人"小漾"和国风虚拟主播"橙双双"等为典型代表；最后是基于"光芒链"区块链技术的芒果数字藏品平台。

（一）芒果幻城

芒果幻城 1.0 版本主要由虚拟综艺、沉浸式游戏、虚拟社交三大板块构成。团队将充分利用芒果系的资源优势，持续在内容生态和经济系统构建上进行迭代更新。针对虚拟综艺板块，《芒果幻城》将依托湖南广电的固有优势，在 PGC 领域展开竞争，迅速与市场上的同类产品形成差异化。基于初步的市场调研，本研究团队认为当前 VR 头盔的购买者在文化娱乐方面的主要需求集中在游戏和社交两大领域。因此，轻量级、娱乐性质的 VR 游戏成为《芒果幻城》内容开发的重要方向。

1.加强自有IP的开发与利用，打造独特的元宇宙内容生态系统

首先，元宇宙本质上具备显著的社交与体验属性。湖南广电集团多年累积的内容数据及各类 IP 构成了极具价值的内容资源库。相较于国内其他元宇宙平台，芒果系拥有庞大的娱乐内容资源库，为其发展提供了独特的优势。元宇宙的核心功能之一是为用户提供沉浸式的娱乐体验，芒果系天然适应了这一生态系统。从《芒果幻城》的内容生态来看，其特色在于融合了娱乐与媒体双重属性的平台特性。自带的综艺节目 IP 为娱乐性增添了价值，随着平台功能的不断完善，虚拟明星与真人明星将在 VR 环境中与用户进行互动。同时，用户可参与《芒果幻城》举办的媒体活动，并与入驻品牌进行联动，构建一条完整的"平台—品牌—用户"传播产业链。在虚拟综艺板块，据芒果幻城产品负责人苏远所述，芒果幻城当前的整体策略在于，一方面利用芒果系生态现有的内容资源进行联动，例如热门综艺的 VR 体验，实现与用户的零距离互动；另一方面则在于通过与当前的真人明星或虚拟偶像合作，推

出虚拟秀场、虚拟演唱会、明星见面会等多样化的活动形式，充分利用湖南广电的艺人资源优势。①

2.深化与 Z 世代用户的互动，优化用户体验，满足其多样化的社交需求

芒果元宇宙，作为一种面向陌生人的虚拟形象社交平台，正迎合了当前 Z 世代对于新鲜有趣事物的追求，同时满足了部分社交焦虑症（"社恐"）人群的社交需求。该平台与芒果 TV 以"青春"为品牌定位的用户群体高度契合。在虚拟社交板块《芒果幻城》中，平台社交功能被置于核心地位，而陌生人社交则作为主要的切入点，开放了创新的家园系统。针对 Z 世代用户，《芒果幻城》特别设计了游戏娱乐、漂流瓶、随机配对等社交功能。用户得以通过个性化的虚拟形象登录，并自由地装饰其专属空间。展望未来，该平台计划推出虚拟社区概念，使用户能够与朋友进行家园连接，深化元宇宙社交体验。

芒果幻城为每一位玩家设置了属于自己的家园——用户可以按自己喜好，打造个性化的虚拟空间。玩家可以购买地块，置办虚拟资产，建造各具特色的房屋楼宇。苏远表示，与常规经营类小游戏相比，芒果幻城有两大本质不同。其一，常规经营类游戏以数值成长为核心，是一种纵向成长体验，要求用户投入大量时间。而芒果幻城以横向收集形式为主，不会强制要求用户进行数值成长，只需要用户参与芒果幻城当中的活动，或者只需要在其中游玩，就可以进行收集。其二，芒果幻城当中所摆设的家具在后续会有相应的实用功能开发。例如一台可以真正观看节目的电视机、可以击打的架子鼓、可弹奏的钢琴等。家园系统将完全按照功能区域进行打造，一切都遵循模拟现实

---

① 共同虚拟.芒果幻城：基于 VR 的泛娱乐内容社交平台，"芒果元宇宙"的平台生态探索 I「共同虚拟」案例库［EB/OL］.（2022-08-15）［2024-11-12］. https://mp.weixin.qq.com/s/nM8bZ6E56iuiGOCBJZ1bcg.

的形式来制作。①

此外，芒果幻城提供了家园的互访、点赞等功能，用户可以浏览其他玩家上传的照片及其他的个性化布置。未来，芒果幻城会推出虚拟社区概念，用户可以在朋友之间进行家园连接。同时，芒果幻城设置了"心动匹配"板块，陌生人之间可随机匹配，实现聊天或听音乐等互动。甚至，还能邀请明星和虚拟人入驻自己的理想家园，并参与芒果幻城当中所开设的媒体活动、娱乐内容等。②

3.开发沉浸式游戏板块

在沉浸式游戏板块，芒果幻城开发了"消逝的猎人""霹雳行动""猫鼠游戏"等多人协作游戏。基于传感设备和可视化技术，芒果幻城开发的游戏能提供较高的沉浸感，用户能获得良好的游戏体验。③

4.探索多元化的商业合作模式

持续探索多元化的商业模式，包括品牌合作、广告植入、虚拟商品交易等，以实现可持续发展。据张可所述，芒果幻城的整体商业模式规划基于 C 端用户增长，进而拓展 B 端业务。芒果幻城初期着重于为 C 端用户构建体验虚拟化生活的场景，提供一种虚拟生活方式。随后，基于 C 端运营，B 端品牌企业及机构协会可入驻芒果幻城的商业主街。主街形态可涵盖多场景应用，例如具有人文教育功能的展馆、竞技演绎形式的场馆、品牌虚拟形象店等。2022 年 10 月，芒果幻城与华为云合作开发"虚拟互动空间生产线"，拓展 B 端应用场景，如虚拟发布会、会议等。该生产线基于体积视频服务、GSE 弹性资源网络、云数据库 RDS、全球一张网等技术，构建起体积视频、海量算

---

① 共同虚拟.芒果幻城：基于 VR 的泛娱乐内容社交平台，"芒果元宇宙"的平台生态探索 I「共同虚拟」案例库［EB/OL］.（2022-08-15）［2024-11-12］. https://mp.weixin.qq.com/s/nM8bZ6E56iuiGOCBJZ1bcg.

② 唐瑞峰.广电系"元宇宙先遣部队"是这样炼成的！［EB/OL］.（2022-12-15）［2024-11-12］. https://mp.weixin.qq.com/s/ycEinz4yrF_pJNM--HGw2w.

③ clover.芒果系推出「芒果幻城」，打造泛娱乐内容元宇宙平台［EB/OL］.（2022-09-08）［2024-11-12］. https://mp.weixin.qq.com/s/-P_NIajlHWZDdWV-ZJz0zA.

力与弹性、用户互动低时延、虚实互动等技术特性，能够应用于虚拟明星演唱会、虚拟发布会、个性化虚拟形象等多个场景。[①]

（二）数字虚拟人

借助 AI 技术风口，数字人虚拟主播正在急速升温，人工智能、虚拟现实等技术融合，拓展多领域应用。2021 年 10 月 1 日，湖南卫视数字主持人"小漾"正式亮相；2022 年 11 月，芒果幻视和潇湘电影集团旗下潇影互娱传媒共同打造首位元宇宙国风虚拟人"橙双双"；2024 年 3 月 15 日，湖南广电正式推出首个 AI 导演爱芒（英文名 AIM）。

1.赋予数字虚拟人"人格化"形象塑造

"人格化"是指将人格特质赋予无生命的物体、抽象事物或自然界的各类现象。通过展现个性特点、人格魅力、情感情绪等人格化要素，更能够塑造一个真实且有温度的虚拟主播形象，并与受众建立情感连接。

作为芒果幻视与湖南广电 5G 重点实验室联合研发的第一位数字主持人，"小漾"诞生历时 3 个多月时间，集结了 30 多位数字艺术家和工程师的灵感和智慧，大数据赋予她青春活泼、元气满满的形象。不同于林明美、初音未来、洛天依、乐正绫等虚拟偶像的二次元风格，小漾的肤质、形态、表情都高度接近真人状态。"小漾"被设定为一位活泼热情的元气少女，"20 岁，留着齐肩发，鹅蛋脸，柳叶眉，湖南卫视实习主持人"。"小漾"在诞生之初开通了自己的微博，在微博上热情地跟观众打招呼。"小漾"的取名源自英文单词"Young"，寓意着年轻与青春，与湖南卫视"青春中国"的品牌理念相一致。

2022 年 11 月，芒果幻视公司积极拓展虚拟直播领域，与快手平台签订了 S+ 级别的战略合作协议。作为合作的首个成果，虚拟女团"柒仙女"的首发

---

① 案例空间站.华为云与芒果幻视联合发布"虚拟互动空间生产线"共创音视频元宇宙新未来［EB/OL］.（2023-02-07）［2025-05-06］.https://mp.weixin.qq.com/s/cSi6fLUK11W_KZCZk4HqCA

成员"橙双双"正式登录快手平台。该角色被塑造为赛博天庭的公主，天界"七仙女"中的次女，一位天生的社交达人以及对知识充满好奇的仙子。在形象设计上，"橙双双"采用了改良版的特色汉服，既体现了传统汉服的东方美学，又与她活泼好动的角色设定相得益彰。^①在 2023 年，她荣获快手直播"夏季之星"的荣誉称号。

2024 年 3 月 15 日，湖南广电隆重推出了国内首个 AI 导演——爱芒（英文名 AIM）。爱芒的形象是将湖南卫视和芒果 TV 两大平台的制片人肖像，通过合成技术创造的，其声音则是通过采集并合成"95 后"和"00 后"年轻导演的声音样本而制成的。^②

2.赋予虚拟数字人多元化的角色功能

自 2022 年 1 月起，AI 虚拟主播"小漾"在综艺节目《你好星期六》中亮相，随即受到广大网民的热烈追捧，并成为国内首个以周播形式展现的数字主持人。该虚拟主播能够根据节目主题与风格，变换为舞者、Rapper、配音演员等多种角色，参与节目互动环节，从而展示其功能的多样性。^③在角色转换的过程中，人工智能虚拟主播为受众提供了多样化的全新体验，有效预防了审美疲劳和厌倦情绪的产生。2022 年 9 月，小漾作为唯一入选的数字人，在"奋进新时代"主题成就展中大放异彩。作为湖南展区的"讲解员"，小漾向在场的观众详细介绍了湖南十年来的卓越建设成就。其逼真的立体效果、超写实的数字人模型以及生动的人设，吸引了众多观众的驻足观赏与热烈讨论，成为展览现场的焦点之一。在党的二十大开幕当日，湖南广电唯一的泛资讯视频新媒体平台风芒推出了创意短视频系列《小漾来学二十大》，该

---

① 新浪 VR. 虚拟人"橙双双"直播首秀，首个国风虚拟家族来了！［EB/OL］.（2022-11-21）［2024-11-12］. https://vr.sina.com.cn/news/2022-11-21/doc-imqqsmrp6999490.shtml.

② 德外 5 号 . AI 加持"新质生产力"，第一批"广电版 Sora"长这样！［EB/OL］.（2024-03-20）［2024-11-12］. https://mp.weixin.qq.com/s/3NbGkStqL1Uj0otS29boLg.

③ 何欣宇，袁星洁 . AI 虚拟电视主播能否代替真人？［EB/OL］.（2023-07-08）［2024-11-12］. https://mp.weixin.qq.com/s/Ga8eU1rMxyKFye62y427UQ.

系列在上线不到 24 小时内，点击量突破了 10 万次。[①] 该节目采用数字人小漾的个性化叙述，并融入专家实时互动等元素，以微观视角阐释党的二十大报告中的新理念、新思想、新战略。系列内容语言生动、形式创新、视觉效果鲜明。[②]

"橙双双"作为芒果幻视与潇湘电影集团旗下的潇影互娱传媒共同推出的首位元宇宙国风虚拟人物，在 5G 高新视频多场景应用国家广播电视总局重点实验室的强力技术支持下，将优质的内容 IP 与先进的数字技术相结合，实现了对中国神话故事的数字化"重塑"。该虚拟人物在连接虚拟与现实方面发挥了桥梁作用，引领了新时代青年的审美趋势，弘扬了文化自信，并为传统文化与数字时代的融合提供了实践路径。[③]

AI 导演"爱芒"在湖南卫视王恬工作室的综艺节目《我们仨》中首次亮相，以助理导演的身份参与录制，并与艺人共同探索潮流生活的新模式。在节目中，"爱芒"不仅展示了其核心技能，包括实时语音交互、视频剪辑和绘图等，还融合了来自广电领域数十位资深制作人和导演的经验与作品数据，实现了节目流程推进和策划等高级交互功能。作为人类对人工智能探索历程中的一个标志性成果，"爱芒"凝聚了人类智慧与科技的光辉，转化为一种具体可感的"新质生产力"。"爱芒"不仅能在行程开始前提供出行思路，还能通过全天行程的反馈，迅速调整后续旅行体验，类似于一个即时性的"陪伴服务型导演"。节目中嘉宾提出的所有建议都被"爱芒"作为数据反馈纳入考量，并在次日的行程中用于优化出行体验。基于人工智能的庞大数据库、高效率和资源优化能力，同时结合高自由度的互动、情绪传达和诉求表达能力，

① 唐瑞峰. 广电系"元宇宙先遣部队"是这样炼成的！［EB/OL］.（2022-12-15）［2024-11-12］. https://mp.weixin.qq.com/s/ycEinz4yrF_pJNM--HGw2w.

② 编辑部. AI 数字人亮相党代会报道｜二十大·观媒［EB/OL］.（2022-10-19）［2024-11-12］. https://mp.weixin.qq.com/s/o2kOi_Rw8nHZgIvuqNE9eQ.

③ 唐瑞峰. 广电系"元宇宙先遣部队"是这样炼成的！［EB/OL］.（2022-12-15）［2024-11-12］. https://mp.weixin.qq.com/s/ycEinz4yrF_pJNM--HGw2w.

这些因素共同塑造了一种"新质创作理念"。创造力的最基础层面是素材整合能力，三人组全天拍摄的大量素材能够迅速被剪辑成一段逻辑清晰的 VLOG 视频；更高级的创造力体现在情绪传达上，当接收到"楚楚动人""温暖之旅""励志"等剪辑主题词后，"爱芒"能够有针对性地选择素材和配乐，以适应不同情绪的表达；而最高级的创造力则体现在主动分析和表达诉求上，例如为了满足最终 VLOG 的主题风格，"爱芒"与三人组进行了反复沟通，并通过主动对话形成了一套逻辑共识。①

（三）数藏平台

2022 年 3 月，芒果数字藏品平台正式上线，它是基于芒果 TV 自建区块链"光芒链"搭建的数藏平台。国外的 Open Sea、SuperRare、Rarible 等数字平台已在前几年完成了市场布局，并在当前市场中占据了显著地位。在国内方面，蚂蚁集团旗下的鲸探和腾讯旗下的幻核平台也标志着互联网巨头的积极介入。从市场时机和技术层面来看，芒果数字藏品交易平台似乎并未展现出明显的优势。然而，凭借"数字资产的安全性"和"IP 资源的独特性"，芒果数字藏品平台依然具备其独特的优势。首先，芒果平台依托于湖南广电的国资背景，并作为可信区块链推进计划副理事长单位成员，其数字资产的安全性与可靠性得到了进一步的保障。在当前市场中，数字资产被盗和价格被人为炒作至天价后迅速贬值的现象，在芒果数字藏品平台将受到严格的监管。芒果数字藏品平台所采用的"光芒链"，是芒果自主研发的区块链技术，已在国家网信办完成备案登记，确保每个数字藏品在"光芒链"上拥有唯一的标识、不可篡改且永久保存。其次，湖南广电拥有丰富的 IP 内容资源，例如《大侦探》系列、《乘风》系列、《披荆斩棘》系列等，这些内容均可作为优质数字藏品的素材来源。例如，《尚食》在 2022 年 3 月于芒果 TV 热播期间，

① 浅度、分味. 新质生产力提供「新质生活方案」，首个国内 AI 导演做对了什么？［EB/OL］.（2024-03-23）［2024-11-12］. https://mp.weixin.qq.com/s/07WIkwm7LBhHuc22UD8sAA.

观众的观看和参与热情较高，因此选择在 3 月推出《尚食》角色纪念卡，市场反响热烈，一经推出便迅速售罄。①

2022 年 12 月 12 日，湖南广电旗下芒果幻视与芒果互娱携手，共同推出"昔日斑斓"虚拟家园系列数字藏品。这标志着湖南广电在元宇宙领域对数字藏品应用新形态的探索，实现了数字藏品与虚拟空间的深度融合。该系列数字藏品突破了传统数字藏品的单一平面形态，首次构建了虚拟空间与数藏平台之间的交互通道，实现了数藏与虚拟空间资产的互换功能。用户在芒果数字藏品平台购置一套数字藏品后，即可利用该藏品在芒果幻城购买虚拟房产。在芒果幻城，用户能够根据个人兴趣和偏好，打造个性化的虚拟空间，涵盖购买土地、配置虚拟资产、升级改造建筑结构以及进行个性化的人格塑造等多样化活动。"不同于一般数藏只有平面形态，该数字藏品打通了虚拟空间和数藏平台，可以实现数藏与虚拟空间资产的相互兑换，用户可以到芒果数字藏品平台购买数字藏品，然后去芒果幻城使用，也可以在芒果幻城商城购买虚拟房产，以后再去芒果数字藏品平台兑换成同款数藏，一次购买即可获得双份权益，让数藏立体化、实用化。"② 数藏与虚拟资产的相互映射，两个虚拟世界的链路打通，带来全新的芒果元宇宙新业态尝试。此次推出的昔日斑斓·虚拟家园套装限量 6000 份，包含一座虚拟家园，一个虚拟地块及三套虚拟家具，以"芒果数藏平台数字藏品"及"芒果幻城三维虚拟资产"两种形态呈现。套装概念设定以复古留声机为创意思路，打造主题风格化的芒果幻城创新型家园，其周身缓缓流动的七彩长河，仿佛在诉说着过去的动人故事，时间长河里逐渐斑斓的记忆带你一同重启沉睡的过去。③

---

① 新声出品. 扎根自有 IP，芒果如何打造数字藏品平台［EB/OL］.（2022-05-21）［2024-11-12］. https://mp.weixin.qq.com/s/Gg28w40R-sK9kaCYKWM7iQ.

② 唐瑞峰. 广电系"元宇宙先遣部队"是这样炼成的！［EB/OL］.（2022-12-15）［2024-11-12］. https://mp.weixin.qq.com/s/ycEinz4yrF_pJNM--HGw2w.

③ 湖南广电办公室. 湖南广电：打通虚拟世界链路，让数藏不再"藏"［EB/OL］.（2022-12-12）［2024-11-12］. https://mp.weixin.qq.com/s/SD_HUwVYvaDj_qWbaOdr_A.

三、机制创新

随着 VR/AR、人工智能、大数据、云计算、区块链、5G 等新一代通信技术的快速迭代，芒果幻视对"芒果系"的战略意义更为显著，而能够支撑起这份厚望的则是团队中的 66 人研发铁军。"幻视团队 85% 以上都是程序员、工程师、模型师等人员，是一个工程师氛围浓厚的团队，我们是一家科技型的内容和产品公司。"

肖征宇提到团队最初的组建全靠"相信"，相信未来元宇宙是一个方向，相信技术能给内容带来变革，因为在行业发展的初期，只有对行业极端感兴趣的人才能凑到一块，成为团队。湖南广电对待创新一直是包容的态度，这种轻松氛围就是最大的支持。

从实践来看，芒果幻视团队是一个集技术、美术、创意、运营为一体的虚拟内容制作高效闭环全流程团队，综合能力可覆盖虚拟现实应用开发、虚拟人直播、XR 虚拟内容制作多条业务赛道。比如，主程来自世界一流建设 A 类高校，具备多年端游、页游全栈游戏开发经验，拥有丰富的工业虚拟仿真、端游、VR 项目经历；制作人毕业于加州州立大学，号称游戏"百科全书"，3A 级游戏作品资深策划，打造了次世代 VR 口碑之作；运营及内容团队为广电资深制作团队，拥有丰富的一线新媒体操盘能力；美术团队集技术、美术、创意为一体，更是聚集多位一线大厂资深美术人员。面对这一人才济济的精英团队，肖征宇用 9 个字来形容团队培养：逼出来的，用项目历练。[1]

---

[1] 唐瑞峰. 广电系"元宇宙先遣部队"是这样炼成的！［EB/OL］.（2022-12-15）［2024-11-12］. https://mp.weixin.qq.com/s/ycEinz4yrF_pJNM--HGw2w.

四、发展前景

第一，技术的探索。从 2019 年 4 月幻视成立开始，加之技术储备阶段，整个项目的打造周期历时两年时间。在战略方向的探索阶段，团队尝试了 VR 剧本杀、XR 综艺等多种方向，最终芒果幻城定位为融合芒果系内容生产能力的泛娱乐内容社交平台。幻视的成立是经过深思熟虑后的决策，民用 VR 头显自 2010 年起已有所应用，至 2016 年迎来了发展的转折点。当时，湖南广电已开始关注 VR 领域，并于 2019 年决定参与探索虚拟现实的应用场景与商业模式。基于市场分析，目前海外 VR 设备销量已达到一定规模，国内 VR 市场也正处于快速发展阶段，众多硬件厂商开始布局，VR 用户数量持续增长。据 IDC（全称 Internet Data Center）数据显示，2021 年全球 VR 出货量约为 1100 万台，首次突破千万大关。根据 Fastdata 极数发布的《全球 AR&VR 行业发展趋势报告 2025》，全球 AR（AR/VR/MR）市场规模庞大，2024 年达 937 亿美元，预计 2025 年将达到 1207 亿美元。其中，游戏是用户认为未来最有可能被 AR/VR/MR 颠覆的行业之一。[1] 芒果幻城方面认为，当前国内 VR 设备的普及率确实不高，这也会对幻城的用户数量及增长带来一定的限制。从技术角度看，国内外都处于较为早期的发展阶段，但疫情等因素加速了 VR 应用场景的扩展。湖南广电希望通过先行试水，对尚处于发展初期的市场进行一次深入的探索，获取一些有效的分析数据，同时在获得先行者经验的基础上在整个市场站稳脚跟。[2]

第二，项目的推进。芒果幻城将致力于虚拟演绎与真人现场演绎的双向

---

① 数字未来事务所 .Fastdata 极数：全球 AR&VR 行业发展趋势报告 2025 | 数字研报 [EB/OL]. （2025-04-28）[2025-05-06] .https://mp.weixin.qq.com/s/HeQU4tt1DNdZzmRuiIj2QQ

② 共同虚拟 . 芒果幻城 : 基于 VR 的泛娱乐内容社交平台，"芒果元宇宙"的平台生态探索 | 「共同虚拟」案例库 [EB/OL] . （2022-08-15）[2024-11-12] . https://mp.weixin.qq.com/s/nM8bZ6E56iuiGOCBJZ1bcg.

发展：一方面，构建沉浸式虚拟秀场，为明星虚拟化身及虚拟偶像打造震撼的演唱会体验；另一方面，与热门综艺节目合作，利用 VR 技术实现观众的现场体验，实现与明星的零距离互动。然而，这些目标的实现面临诸多挑战，目前仍在积极筹备演唱会阶段。[①]

第三，战略合作的开展。与长沙的底层技术企业建立紧密合作关系，共同推进元宇宙技术的创新与应用。芒果幻城已与潇湘电影集团、天娱传媒、芒果马栏山广场等达成战略合作意向。潇影集团将在元宇宙中探索 IP 衍生链，现已在幻城主街开业影片展览馆，后续将开设潇影数字影厅、发行影视 IP NFT，计划举办虚拟空间影视见面会、宣推会等。

第四，现存问题的不断解决。电视媒体在面对人工智能虚拟主播应用过程中所呈现的角色定位模糊、功能重叠等问题时，必须首先确立长远且明确的目标定位。应致力于使人工智能主播与节目内容自然融合，使其不仅成为技术创新的展示窗口，更成为内容价值提升的关键驱动力。通过这种方式，可以超越短暂的炒作效应，确保人工智能主播在媒体生态系统中持续发挥其价值与影响力。其次，在实际操作层面，电视媒体应精于选择与节目内容的契合点，实现人工智能主播与内容创作各环节的无缝对接，以达到应用的常态化和内容相关性的最大化。

---

① 数藏情报员. "芒果" 杀进元宇宙，"芒果幻城" 首发上线！［EB/OL］.（2022-07-01）［2024-11-12］. https://mp.weixin.qq.com/s/Ex5mtTM3GmwFgVc8PMN-ww.

第三部分：理论探索

当前媒介生态呈现快速迭代态势，湖南广电通过"芒果模式2.0"构建了深度融合发展的标杆范式。该模式以内容创新为核心驱动力，在国际传播、微短剧、综艺制作等多个维度上展现了强大的内容创新力，而且在组织变革、媒介治理、价值共创等方面构建了一套行之有效的体系，为全球广电行业的转型升级提供了兼具实践价值与理论意义的参考模型。本部分重点从"理论探索"的视角解读湖南广电在深度融合实践中的创新路径及其理论贡献。

第三部分共两个章节。第五章从可供性理论、竞争战略理论、组织变革理论、媒介治理理论和价值共创理论等不同理论角度，深入解析芒果模式的创新策略与实践，为理论与实践相结合提供多元化的思考视角。第六章总结芒果生态圈深度融合的关键成功因素，包括内容创新、产业化运作、企业文化建设等方面，同时探讨芒果模式的可复制性与独特性，为其他广电媒体乃至整个传媒行业提供宝贵经验和启示。

第五章　多元理论视角下芒果模式 2.0 深度融合创新研究

　　本章分别运用了可供性理论、竞争战略理论、组织变革理论、媒介治理理论以及价值共创理论来探讨湖南广电深度融合创新模式的理论与实践，将目光重点放在国际传播、微短剧市场、工作室制度、乡村振兴以及综艺节目等领域，充分挖掘经验与启示，为我国广电媒体的深度融合之道提供可资借鉴的经验。

第一节　可供性理论视角下的湖南广电国际传播芒果模式创新研究

　　党的二十大报告提出："加强国际传播能力建设，全面提升国际传播效能，形成同我国综合国力和国际地位相匹配的国际话语权。"近年来，湖南广电不断扩大国际传播阵地，截至 2025 年 1 月，湖南卫视、芒果 TV 国际版 App、湖南国际频道已覆盖全球两百多个国家和地区近 20 亿人口。[①]本节运用可供性理论探讨湖南广电国际传播的深度融合创新。

---

① 龚政文．推动广电视听高质量发展的芒果探索 [J]．中国电视，2025（1）：9-15.

一、理论基础与问题的提出

可供性理论最早出现在生态心理学的领域，该理论由著名学者吉布森所开创。吉布森（Gibson，J.J）将可供性概念界定为："意味着动物和环境之间的协调性。"[①] 他在对心理学领域的深入研究过程中，突破了传统框架，采用生态视角对相关概念进行阐释，即强调环境及其内部有机体之间存在着多样化的相互关系，环境本身蕴含了互动关系发生的潜在可能性。[②] 伊恩·哈奇比（Hutchby I）提出了传播可供性（Communicative affordance），关注技术与人之间的互动关系。[③] 这也影响了传播学领域对传播技术可供性的共识性定义，将可供性视为一种行动的可能性，其揭示了对象 / 技术和用户之间的多方面关系结构。[④]

该理论自引入国内中文传播学领域后已经逐步得到学界的认可。潘忠党、刘于思在探讨"新媒体"的界定上加入了可供性的概念，并将其分为三个部分——生产可供性、社交可供性和移动可供性，认为越"新"的媒体在这三种可供性水平越高，各媒介平台或应用都可以在这三种可供性上加以区分，媒介可供性这一理念可以达成理论统合。[⑤] 可供性理论被分为三个部分，每个部分都包含了具体的构成。生产可供性中包含"可编辑""可审阅""可复制""可关联""可伸缩"，即用户可以进行编辑、审查、复制等操作，平台等

① GIBSON J J. The Ecological Approach to Visual Perception［M］. Boston: Houghton Mifflin, 1979: 119.

② 罗玲玲，王磊. 可供性概念辨析［J］. 哲学分析，2017，8（4）：118-133.

③ HUTCHBY I. Technologies, Texts and Affordances［J］. Sociology, 2001, 35(2): 441-446.

④ FARAJ S, AZAD B. The Materiality of Technology: An Affordance Perspective［C］//LEONARDI P, NARDI B, KALLINIKOS J. Materiality and Organizing: Social Interaction in a Technological World. Oxford: Oxford University Press，2012: 237-258.

⑤ 潘忠党，刘于思. 以何为"新"？"新媒体"话语中的权力陷阱与研究者的理论自省——潘忠党教授访谈录［J］. 新闻与传播评论，2017（1）：2-19.

媒介可以相互关联、延展或压缩；社交可供性中包含"可致意""可传情""可协调""可连接"，即可以提供表达意向、情感传播交流、多种社交关系相互协调、多个社交对象彼此连接的功能；移动可供性中包含"可携带""可获取""可兼容""可定位"，即提供用户便捷使用、直接使用、多种设备和传播模式可用、位置信息使用的可能。[①] 在现有的研究中，不少学者将可供性简化理解为互联网平台技术特性，甚至在论述中直接采用"某某媒介的技术可供性"这样的表述。

2018 年，丹麦学者布赫（Taina Bucher）和荷兰学者赫尔蒙德（Anne Helmond）归纳了当下社交媒体可供性的三个研究方向：高阶可供性与低阶可供性（High-leveland Low-level Affordances）、想象可供性（Imagined Affordances）、通俗可供性（Vernacular Affordances）。[②] 从内容上来看，高阶可供性视角较为宏观、抽象，关注传播信息形态或信息属性，例如社交媒体平台具有可持续性、可复制性、可测量性和可搜索性的内容特点等；相反，低阶可供性关注物质介质，例如平台的技术特点、交互界面和架构设计等。而想象可供性，强调用户对媒介技术的特定期待可能会塑造他们与媒介的互动行为与方式，比如用户对算法的态度和理解，塑造了算法本身，了解算法的用户可能会积极点赞、评论以获取流量池的青睐。通俗可供性，指在用户与技术互动的过程中，如何根据自身情况来理解可供性。可见，前者关注作为环境的平台，后两者关注在环境中的个体，即用户。[③] 这种观点启发学者们在研究中应更多地引入平台与用户互动的考察视角，要看到"可供性"涉及用户和媒介之间的集体协作，是一个协商和动态感知的过程。

作为一个有责任有担当的主流媒体集团，湖南广电积极肩负起了"走出

---

① 景义新，沈静.新媒体可供性概念的引入与拓展［J］.当代传播，2019（1）：92-95.

② BUCHER T, HELMOND A. The Affordances of Social Media Platforms［C］//BURGESS J, MARWICK A, POELL T. The SAGE Handbook of Social Media. London and New York: Sage Publications, 2018: 237.

③ 张志安，黄桔琳.传播学视角下互联网平台可供性研究及启示［J］.新闻与写作，2020（10）：87-95.

去"的伟大使命，通过许多的实际行动和相关举措，不断提高自身国际传播能力，向世界传递出中国声音。可供性理论为国际传播领域的研究提供了理论的指引，而湖南广电的创新实践的过程是一个多方位逐步强化可供性的过程。

二、生产可供性层面：渠道搭建与内容生产双管齐下，强化国际传播

在媒体信息生产实践中，生产可供性主要包括可编辑（Edit-ability），可审阅（Review-ability），可复制（Replicability），可伸缩（Scalability），可关联（Associability）五个方面的要素。可编辑性和可审阅性，揭示的是媒体组织须具备快速响应、灵活修改内容以及实施有效审核流程的能力；可复制性，要求媒体能够便捷地将信息搬运到多个渠道，保持信息的完整与影响力，从而最大化覆盖不同用户群体；可扩展性和可伸缩性，强调了媒体信息生产系统的灵活性与适应性，能够迅速调整其生产链的规模与结构，以适应快速变化的用户需求和市场趋势；可关联性，则凸显了媒体能顺畅地与其他平台及信息源建立联系，促进资源共享与合作的能力。

国际传播工作不仅要关注内容的生产和输出，还应该关注内容在海外的落地情况。在国际传播领域，以往的实践过程中频繁遭遇流程烦琐、传播渠道复杂等难题。随着全球互联网技术的加速发展以及智能终端设备的广泛普及，国际传播的效率得到了显著提升，产品能够直接触达目标受众。智能终端在国际传播链路中的作用愈发凸显。[1]湖南广电除打造自主、自有、自控的网络视频平台，还从社交媒体平台等方向入手打开海外市场，积极谋求国际传播渠道建设的可能性，为国际传播工作的长足发展提供强有力的平台基础。

---

[1]　李宇.融合背景下国际传播渠道的生态变迁与路径变化［J］.中国广播，2021（10）：77-80.

（一）"自建平台"与"拓展渠道"并举：建构国际传播的可供性场景

湖南广电国际传播矩阵建设，表现为以芒果 TV 和湖南国际频道两大平台协同运营为主要特色。

第一，实现大屏与小屏的协同效应：构建自主可控的可供性平台。平台可供性作为生产可供性的核心要素之一，涉及平台为用户提供的浏览、传播及内容生产之可能性。在互联网技术迅猛发展的背景下，电脑、平板和手机等终端设备的成熟化，使得受众能够实现信息获取和视频观看的时空自由。在媒介融合时代，湖南广电并未完全依赖海外社交媒体平台，而是通过大屏与小屏的协同，构建自主可控的可供性平台。在大屏领域，湖南国际频道于2009 年 5 月 20 日在中国香港上星，向全球 76 个国家和地区传播中国文化、传递中华潮流。至 2019 年 5 月 20 日，湖南国际频道迎来上星十周年，以"世界潮我看"为频道口号，确立"一心一意拓海外，全心全意走出去"的战略目标，启动"五位一体"媒体融合发展工程，打造成为中国省级首家中英双语国际电视频道，目前已在 230 个国家和地区落地。在小屏方面，湖南广电于 2018 年 3 月率先构建了"自有、自主、自控"的海外新媒体平台——芒果 TV 国际 APP。截至 2024 年 1 月，芒果 TV 国际 APP 的海外用户数已超过1.4 亿，业务覆盖全球 195 个国家和地区。[①] 小屏渠道和终端设备的出现，让传播工作拥有更多可能——在硬件上，移动设备实时抓取用户的使用习惯、地理位置和偏好[②]；在软件领域，移动应用程序通过个性化算法技术实现了对用户特征的精准匹配，从而满足了用户对个性化观影体验的需求。尤为关键的是，该算法技术对用户需求的响应时间极为迅速，能够在秒级内完成匹配。

---

① 众视 AsiaOTT. 走出国门！芒果 TV 国际 APP 已覆盖全球超过 195 个国家和地区［EB/OL］.（2024-01-05）［2024-11-12］. https://mp.weixin.qq.com/s/O87Jef8WHsj5lUMt_pII0A.

② 黄森，黄佩. 媒介可供性视角下短视频电商的实践特征［J］. 编辑之友，2021（9）：47-53.

与传统电视大屏媒介相比，芒果 TV 国际版 APP 与移动传播环境更为契合，用户仅须在便携式移动设备上下载 APP，即可随时随地观看最新的影视内容，这顺应了移动设备的显著特性——即刻、无处不在、便于携带。借助小屏渠道和终端设备所产生的影响，湖南广电得以进一步增强其核心竞争力，并优化了国际传播工作的成效。

第二，扩张传播矩阵：扩大在海外用户群体中的影响力。为更有效地激发海外用户对品牌的兴趣和互动需求，湖南广电在传播矩阵上持续进行扩展、调整和优化，采用双频道协同模式入驻多个能够增强品牌影响力和国际传播效果的海外社交媒体平台。截至 2025 年 3 月，湖南广电共建立了 219 个海外社交媒体账号，其中，"湖南卫视—芒果 TV" 等以 YouTube 为主的海外账号矩阵订阅量总数达 2911 万人次，是主流媒体旗下粉丝量最大的海外账号矩阵。[①]湖南国际频道更是制定了"全员向海外新媒体转型"的战略发展规划，其独立运营的"湖南省外宣融媒体矩阵"目前已集结超 30 家新媒体平台，通过入驻包括 Facebook、Twitter、YouTube、Instagram 等在内的海外头部新媒体平台，组成"跨平台、多账号"的社交媒体传播网，并以此为基础在全球范围内建立内容多平台分发体系，搭建有效的品牌影响力阵地，抢占全球互联网用户市场。2022 年以来，湖南国际频道逐步成立了一批海外社交平台工作室，以工作室制度推进海外新媒体矩阵的发展。目前成立"最美中国话""最燃中国潮""最火中国味"和"潮玩世代"四个工作室，分别以中文教学、中国潮流文化、中国美食和年轻人生活游戏内容为创作方向，在海外社交平台运营独立账号。[②]截至 2023 年 11 月 30 日，湖南国际频道在海外社交平台运营独立账号 130 个，原创内容占比 78%，中英双语内容占比 60%，

---

① 湖南卫视.全国人大代表龚政文：一步一个脚印，一年一个台阶，湖南广电"破圈"全球叙事［EB/OL］.（2025-03-05）［2025-05-06］.https://mp.weixin.qq.com/s/d7saQ7AUTt649IJ9ePUp0g

② 林沛.变"国际频道"为"国际电视业务"，搭建海外融媒体矩阵——专访湖南广电国际传媒有限公司党总支书记、执行董事、总经理，湖南国际频道负责人汤集安［J］.中国广播影视，2022（8）：58-61.

粉丝数超过 28 万，其中外国用户占 60%，华人用户占 40%，粉丝足迹遍布五大洲，每周最高触达人数达 2500 万，有助于构建融通中外的话语体系，在国际社交媒体上塑造可信、可爱、可敬的中国形象。鉴于此，频道申报的"打造海外社交平台账号矩阵 提升国际传播能力"项目成功入选国家广电总局"第三批国家广播电视和网络视听产业发展项目库"。①

第三，拓展合作渠道：让海外"朋友圈"互联互通。湖南广电不断扩展对外战略合作渠道，拓展海外"朋友圈"，加速互联互通国际大通道建设。一是加强框架合作。湖南国际频道大力扩大南亚、东南亚、非洲等地市场，开展深度合作。2022 年 4 月，湖南国际频道和西非加纳黄金数字电视台达成合作，湖南国际频道通过加纳黄金数字电视台落地西非 15 国，双方还将在节目合作、文化交流等方面加强合作。②2023 年 6 月，湖南国际频道与西非黄金数字电视台联合创办的加纳金芒果卫星频道在西非地区成功实现本土化运营。该频道为中国首家在西非地区本土化运营、以中国元素为核心的英文卫星频道，其信号覆盖中非及西非 23 个国家，触及近 5 亿人口。截至 2025 年 1 月，在加纳 12 家主要电视台黄金时段统计中，收看金芒果卫星频道节目开机占比最高达 35%。③2022 年 8 月，芒果 TV 与老挝国家电视台、云数传媒正式签署战略合作协议，在数字化平台建设、内容授权与译制、跨境电商、合资等领域开展合作，共建东南亚区域国际传播中心；与马来西亚电讯公司和新加坡电信达成平台级战略合作，开辟"每天 1 小时"湖南广电内容节目带，覆盖当地 410 万华裔观众。二是拓展当地渠道。在亚洲、拉美、非洲等地区，芒果 TV 拓展的商务合作项目超 100 个。尤其在全球范围内，与华为、传音、

---

① 湖南国际频道. 湖南国际频道 2023 年终盘点②——探索国际传播的"芒果模式"［EB/OL］（2023-12-28）［2024-11-12］. https://mp.weixin.qq.com/s/H-wmyHIsCG6ukDL7_Pbppw.

② 中国联合展台.【报道】开展多元化务实合作，湖南国际频道积极打造"文化中国·青春湖南"品牌［EB/OL］.（2022-05-09）［2024-11-12］. https://mp.weixin.qq.com/s/gU9QruiEhcZT9mLdE9deuA.

③ 视听中国. 高质量发展 | 湖南国际频道：搭建"金芒果卫星频道"打造中国对非国际传播新典范［EB/OL］.（2025-01-14）［2025-05-06］.https://mp.weixin.qq.com/s/i8ZtHzafDAsNg5irA3Ceww

小米等硬件厂商达成战略合作，将芒果系内容接入传音、小米手机视频 APP 内，借助厂商渠道优势输出内容，辐射千万级海外用户；在重点发展地区，加强与马来西亚电讯等当地头部运营商的合作，扩大芒果 TV 国际版用户规模和海外市场影响力。①

（二）芒果 TV：自制视频内容，实现 IP 版权出海

学者何国平曾经提出，在国际传播的实践过程中，应充分利用传播技术进步所带来的社交文化传播格局变革，针对 Z 世代（出生于 1995 至 2009 年之间的人群）用户，增强内容的供给力度。② 对于湖南广电而言，精心策划能够满足 Z 世代受众喜好的内容，正是其发掘并发挥自身优势的国际传播路径。继而，针对年轻受众群体，深入开发相关的影视 IP，通过引人入胜的剧本内容和独具特色的节目设置，吸引广泛的海外年轻观众，持续提升受众的忠诚度。芒果 TV 在内容生产方面的特色，可将其概括为"版权外销、联合创制、本土合作，多元探索内容出海新模式"。通过对自制内容 IP 版权的海外管理与销售，极大地满足了海外年轻用户娱乐体验的精神需求。

第一，版权外销。借助湖南卫视与芒果 TV 双平台双核驱动的战略优势，凭借优质的自制内容成功打造系列影视 IP，不论是《歌手》《快乐男声》《向往的生活》《妻子的浪漫旅行》等王牌综艺节目，还是纪录片《闪耀的平凡》《我的青春在丝路》，都通过国际 APP 和海外新媒体矩阵的传播，而且在国际上延续了国内爆款现象，收获了高居不下的观影热度和好评讨论。双平台的版权海外的销售规模不断扩大，2023 年包括《大宋少年志 2》《风月变》等在内的 52 部芒果作品发行海外，覆盖影视剧、综艺、纪录片、动画、短剧等

---

① 芒果 TV. 共建新矩阵 同享新"生态" | 唐伟民分享芒果 TV 国际传播体系 [EB/OL]. (2023-10-23) [2024-11-12]. https://mp.weixin.qq.com/s/_PxaWK5x2jayJT9imr-kLw.

② 张毓强，庞敏. 生活日常的全球化与国际传播产业化路径的探索——关于李子柒现象的讨论 [J]. 对外传播，2020（1）：62-65.

"全品类"，实现"走出去"与"播得好"相结合。①

第二，联合创制。2019 年，芒果 TV 与国际知名探索频道 Discovery 携手合作，共同推出全球首档跨国联合制作的职业体验纪实真人秀节目《功夫学徒》。该节目邀请了来自韩国、菲律宾、越南、印度等多国的体验者，围绕"一带一路""科技发展"等主题，从多元化的国际视角出发，记录了他们在中国的体验与故事，展示了我国现代化治理的丰富经验和显著成果。2020 年，正值我国脱贫攻坚战的关键决胜之年，芒果 TV 与 Discovery 再度联手，推出了《功夫学徒》系列的第二季——《功夫学徒之走读中国》。本季节目继续邀请了来自英国、意大利、巴西等不同国家的十位杰出青年，他们深入我国云南、宁夏等地区，体验了特色旅游、直播带货等多种扶贫模式，深刻体会了我国农村地区实现脱贫的"高深功夫"，并向全球观众呈现了中国人民共同创造幸福生活的真实图景，进一步阐释了"中国故事的国际化表达"。② 与国际媒体合作共同制作综艺节目，代表了一种创新的尝试。该生产模式的优势在于，能够借助国际媒体的既有声誉、影响力及受众基础，助力自身更深入地融入海外市场，实现媒体与受众之间的互动连接。此模式有效地将受众的感知与行为同媒介工具的可利用性相结合，促进了人类命运共同体和价值文化共同体的构建，最终有助于实现"有效传播中国故事，广泛传播中国声音"的目标。

第三，本地合作。芒果 TV 依托其成熟的制作体系，充分利用地方资源，深度参与本地化内容的制作、招商、宣传推广、发行及衍生品开发等多个环节。此举旨在拓展内容的国际影响力。目前，芒果 TV 在国际市场上取得显著成效的合作项目包括但不限于：2021 年与泰国本土电视台合作投资并制作

① 芒果 TV. 湖南卫视、芒果 TV 双平台参加第 28 届香港国际影视展 [EB/OL].（2024-03-13）[2024-11-12]. https://mp.weixin.qq.com/s/hzpCIhc1vetV0wvWz0-FDA.

② 蔡怀军. 文化强国建设背景下国际传播的新思路——基于芒果 TV 海外业务的分析 [J]. 传媒，2023（11）：59-61.

泰国版《杉杉来吃》，该电视剧在海外电视剧播放量排行榜中位居榜首；2024 年与越南领先的媒体集团 YEAH1 建立战略合作关系，成功推出《乘风破浪的姐姐 2023》，并计划进一步推动《披荆斩棘》《妈妈是超人》等芒果 TV 原创 IP 的越南版上线；与越南 YEAH1 集团共同打造"芒果时段"；与马来西亚 Astro 集团共同打造"芒果节目带"，以及与匈牙利国家电视台合作推出《电视中国剧场》栏目等。通过与海外传媒集团的战略合作，芒果 TV 在"内容共创与联合创收"方面开创了新的商业模式。

（三）湖南国际频道：配合外宣需要，善办线下节会，助力中华文化传播

湖南国际频道积极调动其资源以参与内容的生产过程，与国家外交战略及湖南省对外开放政策相协调，通过实施产品差异化战略，满足国际用户的需求。频道开展了一系列"走出去"与"引进来"的活动，旨在促进"中华文化"与"湖湘文化"的国际传播与深入交流。

第一，团队与国家外交政策相协调，承担了中外文化交流与传播活动的组织工作。截至 2023 年，湖南国际频道已连续五年为中国—东盟博览会、中国—东盟商务与投资峰会的开幕大会提供策划、设计及搭建服务。2020 年，湖南国际频道成功举办了"文化中国·中挪同春 2020 挪威华人华侨春节联欢晚会"，该活动是自中挪建交以来，国内媒体在挪威举办的规模最大的文化交流活动。中国驻挪威大使馆对此表示，晚会得到了侨胞及挪威各界的高度评价，认为其成功举办显著促进了中挪两国的文化交流。此外，湖南国际频道还制作并播出了《中国·马来西亚青少年国际交流晚会》《中国·希腊迎国庆"光之变奏曲"音乐会》等具有国际视野的节目。2022 年春节期间，湖南国际频道联合 20 多个国家的近百个机构组织举办了"欢乐春节　祝福冬奥"活动，该活动的全网传播量达到了 1.3 亿次。[①]

---

① 中国联合展台.【报道】开展多元化务实合作，湖南国际频道积极打造"文化中国·青春湖南"品牌［EB/OL］.（2022-05-09）［2024-11-12］. https://mp.weixin.qq.com/s/gU9QruiEhcZT9mLdE9deuA.

第二，响应对外开放，举办线下节会助力湖湘文化国际传播。湖南国际频道在 2023 年度展现了其在策划与组织"线下节会"方面的卓越能力，成功举办了第六届中国（湘潭）齐白石国际文化艺术节，以纪念齐白石诞辰 160 周年。此外，该频道还举办了左宗棠诞辰 210 周年纪念活动，并借此机会举办了弘扬爱国主义精神的座谈会。同时，湖南省辣椒文化旅游节也是其策划的全球性节会之一。

第三，打造经典节目，纪实性栏目《世界看湖南》十年不衰。2011 年，湖南卫视国际频道推出了一档纪实性栏目《世界看湖南》，该节目至今仍在持续更新中。每一期视频均在 YouTube 平台的湖南国际频道账号上实时同步。节目采用实景拍摄手法，生动地展现了诸多真实且充满活力的传统文化及其背后感人至深的故事。例如，长沙铜官窑千年窑火的传承故事、凤凰古城银饰文化的精湛技艺、怀化辰溪被誉为"中国戏曲活化石"的辰河高腔等。栏目组常采用一种独特的拍制方式，即邀请在华留学或工作的海外华人及外国人参与节目的制作，通过他们的视角来展现湖湘文化的独特魅力。[①]2021 年，《世界看湖南》杂志策划的"异湘人"特辑，细腻地勾勒出一群外籍人士在湖南生活的真实图景。特辑中包括对湘菜烹饪艺术深怀热情的意大利厨师、对舞蹈艺术抱有热爱的俄罗斯舞者，以及在美国教育领域工作的外籍教师，他们在三湘四水间传授知识与文化。通过这些外籍人士的视角，细致地展示了他们对湖南及其湖湘文化的深刻理解与独特体验。"就可供性对媒体的评估层面来看，可供性不是技术固有的潜力，而是激活特定群体的潜在能力[②]。"《世界看湖南》节目组深谙此道，巧妙运用"认知可供性"理论，通过"异湘人"的叙述策略，激活了观众内心深处的文化认同与感知潜能，促使观众在共情

---

① 李兵，李枫，李骁桓. 谈地方形象在海外主流汉语文化圈的传播——以湖南国际频道《世界看湖南》为例 [J]. 当代电视，2017（6）：39-40.

② MAJCHRZAK A, FARAJ S, KANE G C, et al. The Contradictory Influence of Social Media Affordances on Online Communal Knowledge Sharing [J]. Journal of Computer-Mediated Communication, 2013（19）：38-55.

中深化对湖南的认知与情感联结。这种超越地域界限，以文化为纽带的情感共鸣，使得《世界看湖南》不仅仅是一档节目，更成为促进国际友谊与文化互鉴的重要桥梁，彰显了媒体在促进全球多元文化交流中的积极作用。

三、社交可供性层面：提供IP内容与节会主题，为用户情感表达创造机会

社交可供性包含可致意（Greet-ability）、可传情（Emotion-ability）、可协调（Coordinate-ability）和可连接（Connect-ability）四大要素。"可致意"指的是用户能够借助媒介轻松展示礼貌、友好或认可等仪式化的问候或肯定；"可传情"则侧重于用户有效传达情绪状态和深层情感的能力；"可协调"着重于用户利用媒介工具来同步信息流，组织活动，协同运行的能力；"可连接"则是指媒介赋予用户的社交网络构建能力，帮助个体超越地理限制，与拥有相似兴趣、背景或目标的人建立联系，并促进信息和资源的共享。这四大要素共同作用，评估媒介促进用户社交互动的有效性：媒介社交可供性越强，就越能激发用户的社交潜能，提高他们在虚拟空间中表达自我、建立联系和协同合作的能力。

从我国改革开放以来的国际传播思路转向来看，国际传播经历了由被动的"介绍阐释"到主动"讲好故事"的传播框架变迁[①]，"共情传播"被广泛认为是跨越文化差异，增强跨文化传播效果的有效机制。它指导我国媒体要讲好"中国故事"，需摒弃意识形态对立的单向灌输与传播思维，而是通过作用于海外用户的情感，通过与海外用户良性情感互动，实现海外用户对中国产生情感上的共振。基于此，"社交可供性"的能力为媒体国际传播实现情感上的同频共振提供了巨大的可能性。对于湖南广电而言，芒果 TV 与湖南国际

---

① 李明德，乔婷. 中国国际传播：历史演变、现实背景与前沿问题［J］. 西安交通大学学报（社会科学版），2022，42（5）：123-135.

频道凭借自身独特的资源优势，在社交可供性层面分别提交了独具特色的答卷。芒果 TV 通过趣味年轻的内容 IP 打响媒体品牌知名度吸引海外用户，而国际频道则立足丰富深厚的本土特色传递文化价值观念渗透外国受众。

（一）芒果 TV：用年轻化爆款 IP 产品，驱动国际用户参与二次传播

芒果 TV 针对 Z 世代群体的偏好，精心策划并推出了系列年轻化、具有广泛吸引力的视听 IP 产品。通过在内容中巧妙融入交往元素和传播性话题，有效提升了 Z 世代群体的消费兴趣，成功吸引了大量海外 Z 世代的关注。芒果 TV 进一步将观众的注意力转化为积极的二次传播行为，激发了该群体围绕 IP 内容进行深入交流、互动乃至街头采访视频的制作等二次传播活动，从而建立了情感共鸣与连接的传播效果。同时，芒果 TV 在价值观和意识形态方面也实现了潜移默化的影响。

芒果 TV 在内容创新方面表现出色，致力于打造高质量的 IP，尤其擅长将音乐、舞蹈以及真人秀等流行元素融合，有效跨越文化和地域界限，触及全球观众的情感共鸣。2022 年度的音乐节目《声生不息·港乐季》是其创新成果的杰出代表。该节目通过重新诠释和致敬经典音乐，构建了一座连接历史与现代的桥梁。它不仅满足了老一辈人对港乐的怀旧需求，也吸引了追求时尚潮流的年轻群体，使得两代人能在音乐中找到共鸣，共同体验音乐的纯粹与深刻感动。自 4 月 24 日首播至 7 月 10 日结束，该节目不仅在我国内地引发了收视热潮，其影响力还扩展至我国香港地区，甚至远播海外，赢得了国际社会的热烈反响。数据显示，节目播出期间，湖南广电芒果 TV 国际APP 在我国香港地区的日活跃用户环比播出前增长了 54%，同时香港 TVB 的收视率也创下了近年来同时间段的新高。[①] 节目还在香港 TVB 及其旗下新加

[①] 芒果 TV. 芒果 TV 与老挝国家电视台、云数传媒达成战略合作，共建东南亚区域国际传播中心 [EB/OL].（2022-08-31）[2024-11-12]. https://mp.weixin.qq.com/s/zM4c2LFoq8dRn9gJiiJ3ew.

坡、马来西亚、美国、加拿大、北美等八大平台播出，覆盖海外上亿人群①。此外，IP 在塑造过程中，擅长利用网络营销及流行明星艺人所带动的庞大流量，传递积极信息，实现跨文化语境下的多维度融合传播。例如，《乘风》与《披荆斩棘》两大系列节目，运用新颖的网络语言传播我国主流价值观，巧妙地实现了节目娱乐性与主流价值观的和谐统一。

尤其令人振奋的是，优秀的节目 IP 成功激发了 Z 世代国际用户在社交平台上的积极互动以及作品的二次传播。以《乘风》系列为例，每一季节目播出后，众多海外用户自发创作并剪辑节目中的歌唱表演视频。这些自制视频的浏览量表现卓越，部分视频的转发和评论量突破万次，其传播效果甚至超越了节目本身。更引人入胜的是，《乘风》系列爆红之后，YouTube 等海外新媒体平台涌现出一系列相关视频。例如，某些自媒体博主发起了"猜姐姐年龄"的挑战活动，吸引了大量海外年轻网友的积极参与。这些由公众自发策划并拍摄的视频，展现了极强的互动性和亲和力，有效地激发了观众之间的交流与互动，促进了节目与海外用户生活的融合，"润物细无声"地对海外受众产生了深远影响。这也证明了"乘风破浪""姐姐"等热门 IP 为海外用户群体提供了社会交往和情感表达的平台，充分展现了湖南广电媒介所具备的社交可供性。

当前，作为移动互联网原生代的 Z 世代，已经成为互联网上传播声量最大的主流青年群体。Z 世代在面对多元文化时，通常展现出高度的认同感和较低的连接难度，同时该群体的个性更为鲜明、主观能动性更为突出，更倾向于接触和了解新鲜事物。芒果 TV 精准把握了 Z 世代群体的显著特征，开创了以流量资源为主导，塑造个性化 IP 的发展路径。湖南广电通过"湖南卫视"与"芒果 TV"双轨并行、双轮驱动的竞争战略，打破了线上线下界限，将传统传播渠道的资源优势转化为社交媒体平台具有感染力和参与度的话题

---

① 网视洞察．郑华平：国际传播"芒果模式"的探索与实践［EB/OL］.（2022-09-03）［2024-11-12］. https://mp.weixin.qq.com/s/VnmFcLoGHIVL_rlhgssKQA.

符号，使得线下录制的特色节目能够成功激发线上的讨论活动，通过社群的方式促使海外用户点赞、转发、评论，进一步实现二次传播，与更多的海外用户进行情感交流。不论采取何种方式，均需提供社交可供性，与海外用户形成社交驱动，利用情感交流的桥梁助力国际传播效能的提升。

（二）湖南国际频道："线上宣推"助力节会，引燃社交平台情感表达

湖南国际频道充分利用国际新媒体平台的矩阵效应，巧妙运用短视频这一简便易行的传播形式，有效地吸引了全球华人华侨以及对中华传统文化抱有兴趣的国际用户群体。该频道通过这种方式，促进了用户情感的自由表达和深入交流，实现了文化共鸣的淋漓尽致。

一方面，国际征集云纪念活动的开展，促进了全球用户对传统艺术情感上的深度沉浸与参与。湖南国际频道通常采取"线下节会"与"线上宣推"相结合的策略，以传播中华文化的精髓，充分发挥其在社交可供性方面的优势与潜力。以 2023 年举办的齐白石国际文化艺术节为例，在线下节会环节，邀请了湘潭本地高校的 1600 名湖湘学子，利用手机、触控笔等电子产品现场临摹齐白石的绘虾作品，共同创作了全球首个万人共绘的数字长卷《万人画虾数字艺术作品》，以此表达对齐白石墨韵的传承。在线上宣推环节，则邀请了齐白石后人、知名主持人、艺术名家、国际友人、美院师生等全球各界代表人士参与 "全球云纪念"，共同讲述 "心中的齐白石"；通过新媒体矩阵在全球范围内发起 "万人绘画致敬白石征集活动"，共征集到来自中国、意大利、俄罗斯、韩国等海内外的虾主题画作 8400 幅。同样地，2023 年首届湖南省辣椒文化旅游节也采用了类似的方式，线下举办了多国驻华使节共品 "湖湘天椒宴"、湖南省辣椒产业高质量发展专家峰会、首届湖南省辣椒文化旅游节辣椒博览会等专场活动；线上则开展了寻找 "天下第一鲜椒"、本土大 V 推荐湘阴旅游线路、在全球范围内寻找辣椒文化故事或当地特色辣椒美食、开启千 "椒" 百态视觉盛宴等活动。

　　另一方面，国际交流云连线，促进全球用户对传统节日情感上的深度同频共振。为加强国际的沟通与联系，有效传播中国故事及湖南故事，湖南国际频道积极组织多次国际线上交流活动。通过这些活动，全球范围内的华侨华人以及对中国文化抱有浓厚兴趣的外国人士得以共同参与短视频的创作与制作，共享活动的节日氛围。频道成功策划并实施了包括"欢乐春节·祝福冬奥"、《万水千山"粽"是情》、《明月千里寄"湘"思》等在内的一系列以传统节日为主题的短视频项目。[①] 在 2022 年春节前夕，湖南国际频道精心策划并实施了一项文化推广活动，向分布在 20 多个国家的近 100 个海外侨界社团、留学生组织、中文学校以及中资企业邮寄了包含春联、冬奥会吉祥物和中国年俗文创产品等在内的"新春大礼包"。此举迅速得到了来自美国、英国、德国、日本、加拿大、丹麦、新西兰、老挝、乌干达、西班牙、阿联酋、坦桑尼亚等国家的华人华侨积极响应。他们通过展示礼包内容、张贴春联、悬挂灯笼、装饰年画以及举办舞龙舞狮等传统活动，深度体验了中国传统节日的习俗，共同庆祝了一个充满欢乐的春节。该线上活动的全网传播量突破了一亿次，引起了海外华人社区和国际友人的广泛兴趣和积极互动。[②] 在 2023 年端午节期间，本机构成功举办了题为"湘飘万里端午情"的主题文化活动。在活动中，100 个装满湖南特色产品的端午节大礼包被寄往五大洲的十多个国家，送达海外华侨华人手中。此举旨在激发海外华裔青年的民族认同感和自豪感，增进他们对中国文化的深入了解和情感联结。活动得到了官方媒体的广泛关注和积极报道，形成了跨媒体传播的热潮，获得了广泛的好评。据统计，活动相关话题的全平台阅读量突破了 6900 万次。在中秋和国庆节前夕，又推出了"世界的中国潮"中秋国庆双节特别策划。通过与海外华人华侨合

---

①　湖南国际频道.步履铿锵，勇毅前行！2023 湖南国际频道与你青春"湘"约！［EB/OL］.（2023-01-05）［2024-11-12］. https://www.sohu.com/a/623566504_120144390.

②　林沛.变"国际频道"为"国际电视业务"，搭建海外融媒体矩阵——专访湖南广电国际传媒有限公司党总支书记、执行董事、总经理，湖南国际频道负责人汤集安［J］.中国广播影视，2022（8）：58-61.

作，制作了一系列主题短视频，如"在世界各地体验中秋节"和"非洲孔子学院学生表达对中国的喜爱"，这些视频以新颖有趣的视角展现了节日氛围，吸引了全球观众的参与和共鸣，共同庆祝中国传统节日。相关视频的全网阅读量超过了 600 万次。①

四、移动可供性层面：借助硬件升级与算法支持，提升国际用户忠诚度

媒体的移动可供性包括可携带（Portability）、可获取（Availability）、可定位（Locatability）和可兼容（Multimediality）四大要素。这些要素主要考察了媒介场景转向与智能转向的能力："可携带"是指媒介提供不同终端满足用户不同场景使用需求的能力；"可获取"是指媒介提供信息分发和推送方式到达用户的能力；"可定位"是媒介为用户提供多种利用定位功能方式的能力；"可兼容"是指媒介的多媒体性，能兼容提供文字、声音与图像等多模态话语传播的能力。通常，拥抱智能化技术浪潮，诸如增加对 AR、VR、可移动穿戴设备等智能设备的技术运用，能有效驱动媒介移动可供性的提升。

在定位策略上，湖南广电已将核心业务从传统电视领域转向移动互联网，通过生产内容的即时传播，有效解决了传播时延问题。该机构通过社交媒体平台实时更新并发布相关信息，确保了信息的时效性，实现了信息消费的便捷性。此外，湖南广电采用粉丝制、会员制等互动模式，促进了用户与平台、用户与用户之间的互动信息以及终端设备信息在云端的持续连接，显著提升了媒体的便携性和可获取性。这不仅提高了内容服务的水平，而且有助于媒体汇聚用户个体的微观视角，进一步丰富了内容产品的生动性和鲜活性。在兼容性方面，湖南广电旗下平台，尤其是自主建设、控制和运营的芒果 TV

---

① 湖南国际频道. 湖南国际频道 2023 年终盘点②——探索国际传播的"芒果模式"［EB/OL］（2023-12-28）［2024-11-12］. https://mp.weixin.qq.com/s/H-wmyHIsCG6ukDL7_Pbppw.

国际 APP，对用户硬件设备的要求相对较低，并且对不同格式的内容素材进行了高度整合与表达，实现了广泛的兼容性。同时，将 4K 高清技术广泛应用于各类内容产品中。湖南广电在国际传播领域的创新实践，有效地实现了移动性可获取性要素，构建了强大的国际竞争力，形成了湖南广电在推进国际传播工作中的独特优势。

（一）移动端不断优化，芒果 TV 国际 APP 满足多元用户语言需求

美国生态心理学家吉布森（Gibson）最早提出了可供性理论，指出环境不会因观察者需求而改变，但平台可以根据用户需求和行为进行适应性调整。[①]芒果 TV 国际 APP 正是基于多语言适应性理论，通过提供多种语言版本，以满足不同国家和地区用户的需求。该策略使得全球各地的终端用户能够依据个人偏好与需求，对 APP 界面进行定制化设置。

自 2019 年以来，芒果 TV 已开启加速国际化进程的征程，对国际版 APP 进行了全面的技术革新。在数月之内，实现了登录与支付功能的重大升级，并对多语言界面支持进行了优化，包括英文及中文简繁体的无缝切换，为全球用户构建了更为流畅的国际化体验桥梁。这一系列措施迅速提升了 APP 的全球竞争力，标志着芒果 TV 在国际化战略上的重要进展。

2021 年 10 月，芒果 TV 国际 APP 经历了一次全面的更新升级。此次升级不仅提升了功能体验，而且在技术架构方面也进行了深入的优化。首先，通过将安装包体积压缩近 50%，显著提升了视频播放的流畅度和响应速度[②]；其次，应用语言的优化工作得到了加强，在原有的中英文界面基础上，新增了泰语、越南语、马来西亚语和印尼语，使得芒果 TV 国际版 APP 目前支持 7 种界面语言，并提供 18 种语言字幕选项，配合小语种配音，为来自不同国

---

① 张志安，黄桔琳 . 传播学视角下互联网平台可供性研究及启示［J］. 新闻与写作，2020（10）：87-95.

② 芒果小管家 . 面向全球海外市场，芒果 TV 国际 APP 全新上架［EB/OL］（2021-10-20）［2024-11-12］. https://mp.weixin.qq.com/s/WTrxFfrPhUUqwRU4oB8-bg.

家的用户群体提供了更为周到的"芒果关怀"服务；最后，该 APP 突破了传统的内容结构，将搜索功能与片库入口整合，实现了精彩内容的一键直达。同时，下载功能被设置为独立的 Tab 标签，置于界面底部，便于用户下载内容以供离线观看。此外，新增的自动预览功能允许用户在预览缩略图的同时，即可将内容加入观看列表，从而简化了查找和追剧的过程。[①]

（二）算法推荐与话题标签，精准匹配用户偏好与情感表达需求

湖南广电深刻理解算法在内容传播中的关键作用，并巧妙地将算法技术融入综艺、剧集以及相关活动内容的精细化运营策略中。其中，内容标签化处理尤为显著。以 2023 年全球华侨华人春节大联欢为例，晚会节目被赋予了"＃四海同春＃"、"＃湖南卫视华人春晚＃"等标签。从这个角度出发，标签及其在算法体系中的权重，充当了平台作为媒介环境与用户群体作为媒介行动者之间沟通的中介角色[②]，是湖南广电国际传播平台关系可供性的具象化体现。在 2024 年春节期间，湖南国际频道推出的《去"湘"当有味的地方国际版》系列短视频，在包括微博、微信、今日头条、抖音、《人民日报》客户端、风芒、YouTube 等在内的国内外新媒体主流平台进行了广泛的宣传推广活动。微博上发起的"＃去湘当有味的地方国际版＃"话题阅读量突破了 930 万次。该系列视频一经发布，即刻在国内外引起了广泛关注，网友们的点赞、转发和好评如潮。来自卡塔尔、德国等地的华人观众表达了对家乡的深切思念，他们表示"乡情乡音不忘湘情"，这不仅体现了对视频内容的高度认可，同时也反映了湖南广电在精准把握情感共鸣点方面所取得的成功。

湖南广电的这一系列举措，是对算法推荐与话题标签的结合运用，如同

---

① 芒果小管家 . 面向全球海外市场，芒果 TV 国际 APP 全新上架［EB/OL］（2021-10-20）［2024-11-12］. https://mp.weixin.qq.com/s/WTrxFfrPhUUqwRU4oB8-bg.

② 黄淼，黄佩 . 媒介可供性视角下短视频电商的实践特征［J］. 编辑之友，2021（9）：47-53.

一座座无形的桥梁，连接起世界各地的用户，让不同文化背景、不同地域的人们因为共同的情感纽带而相聚，共享内容带来的快乐与感动。

五、结论与讨论

湖南广电在国际传播领域的实践创新，从生产可供性、社交可供性和移动可供性三个维度进行分析，揭示了其在国际传播方面取得的显著成就。湖南广电通过整合芒果 TV 与湖南国际频道的资源，发挥各自优势，规避劣势，成功吸引了大量国际受众。芒果 TV 依托原创视频 IP 内容，成功吸引了 Z 世代国际受众，并通过加强框架合作、拓展本地渠道等策略，迅速占领了以南亚、东南亚、非洲为主的海外市场；湖南国际频道则利用其外宣优势，通过"线下节会＋线上宣推"的模式，举办了以传统节日和艺术节为主题的庆祝纪念活动，进一步加深了海外华侨华人对中国及中华传统文化的热爱与认同。湖南广电持续构建和完善国际传播媒体矩阵，利用这些矩阵作为传播渠道，传播了湖湘本土深厚的文化底蕴和独特的人文风貌，以当地发展和风土人情为议题，塑造了真实生动的中国形象。作为区域性的国际传播平台，湖南广电能够从个性化视角出发，实现中国话语的区域化表达和分众化阐释，这在国际传播实践中具有重要意义。

不过，在现实实践中存在一些挑战，可以在渠道建设、内容生产与社交互动方面进一步完善。

一是生产可供性层面，渠道建设的数量与质量并不匹配，在追求多数量的同时更应提升传播效能。湖南广电通过入驻包括 Facebook、Twitter、YouTube、Instagram 等在内的海外主要新媒体平台，构建了"跨平台、多账号"的社交媒体传播网络。湖南国际频道在海外社交平台独立运营的账号数量高达 130 个。尽管后台存在复杂的流量分配机制和账号等级分类，但前台各账户的呈现形式却缺乏显著差异。各账户之间各自为战，缺乏差异化的鲜明定位，既未能塑造出特色鲜明、令人印象深刻的账号品牌，又缺乏协同传播战略，无法实现协同效应，即无法达到 1+1＞1 的传播效果。此外，账号运营的自主性也受到限制。2021 年 7 月，湖南国际频道的海外官方账号在跟进《人民日报》关于"新冠溯源"的报道时，因反击海外不实污蔑言论，被平台以"违反平台价值观和平台操作政策""背后有国家操控"等理由永久停更并封号，导致运营已久的官方账号消失。[①] 因此，为确保渠道建设质量，必须综合考虑平台规则逻辑、用户使用偏好及其相关性，构建一个获得国际认可的媒体传播平台和文化价值空间。此举旨在促进湖南广电作为内容创作者与海外受众群体作为消费者和诠释者之间的共识形成，进而为意义的表达和价值的传播开辟一条可持续发展的道路。

二是从内容可供性来看，对欧美国家或地区国际用户的影响力仍然任重道远。芒果 TV 所拥有的高质量 IP 版权，其传播范围广泛，主要向南亚、东南亚、非洲等地区输出。这种传播的成功很大程度上归因于亚洲文化的相似性以及政治意识形态的共同影响。然而，当这些内容尝试进入欧美市场时，其受欢迎程度显著降低。因此，如何克服由政治意识形态、地理和民族差异所导致的文化折扣效应，利用人类共有的情感因素，实现真正的跨文化传播，依然是一个亟待解决的问题。湖南国际频道的观众群体主要由海外华人华侨构成，这导致其文化节目的传播容易陷入自我娱乐和自我感动的局限。尽管《世界看湖南》栏目多年来持续更新，但在制作手法上仍然沿袭传统，主要采用人物叙述素材的剪辑，并辅以第三人称旁白，缺乏观众的参与感和"叙事视角"。同时，该栏目在艺术表现形式上未能充分利用虚拟现实技术，将真实场景与历史场景相结合，从而在传播效果上受到了限制。

笔者认为积极采用新媒体技术以增强内容与形式的创新，进而提升用户体验并跨越文化障碍，是可能实现的。湖南广电目前正致力于构建多元化的

---

① 林沛.变"国际频道"为"国际电视业务"，搭建海外融媒体矩阵——专访湖南广电国际传媒有限公司党总支书记、执行董事、总经理，湖南国际频道负责人汤集安［J］.中国广播影视，2022（8）：58-61.

文化旅游融合 IP，例如，广受国际好评的慢综艺节目《向往的生活》等，以及湖南国际频道制作和运营的《世界看湖南》和《世界潮我看》，这些节目向海外观众展示了富有湖湘文化特色的都市景观。展望未来，可以充分利用 5G 技术的潜力，为湖南广电在文化旅游领域的深入发展提供更加强劲的支持。例如，在拍摄湖湘地区壮丽自然风光时，可以利用"5G+AI"模式激发用户创作表达，使风景内容得以在不同媒介平台上延伸；在记录珍贵的非物质文化遗产故事时，可以运用"5G+AR+3D"技术，实现现实场景与历史场景的叠加再现；同时，依托 5G 云服务器的计算、存储和传输能力，在芒果 TV 国际版平台增设"云体验"等入口，实现全球文化旅游 IP 的深度融合，进一步促进不同文化之间的相互理解和尊重。

三是社交可供性层面，用户与平台互动程度弱。首先，湖南广电在进行内容的国际传播时，主要依据先验性标准进行受众兴趣的判断，并据此制作相应内容以吸引受众参与互动。然而，海外用户在接受这些内容后，通常仅限于单向线性观看，互动性较低。其次，尽管湖南广电制作了诸如《大侦探》系列、《密室大逃脱》等剧情引人入胜的综艺真人秀节目，但在基于社交可供性的国际传播实践中，这些内容并未能充分激发受众的兴趣和文化共鸣。最后，湖南广电在与受众进行沟通联系时，主要采用回复用户评论、创建话题标签等手段进行浅层沟通。这种沟通方式难以满足受众对于深度互动的需求。

从社交可供性视角出发，湖南广电在国际传播领域构建魅力与影响力，应着重于三大核心策略：内容生产的价值共创，用户互动性的强化，以及游戏化思维的融入。首先，湖南广电在国际传播内容创作方面，应采取"价值共创"的策略，吸引国内外多元创作主体参与内容生产，巧妙结合国际流行趋势与目标受众的偏好，邀请行业精英如著名导演、编剧和演员共同参与，合力打造既彰显中国文化底蕴又具备国际视野的高质量作品。其次，湖南广电应充分利用社交媒体平台，通过设立互动话题、开展线上活动等策略，深化用户参与度，提升用户黏性和活跃度。最后，融入游戏化思维。湖南广电可借鉴"社交游戏"的理念,对内容呈现和受众体验进行"游戏化"设计。例如,在综艺节目中嵌入交互技术,让海外用户在游戏过程中体验剧情;设置线上聊天交流功能,促进共同游戏的用户交流感受;甚至可以尝试让观众参与视频文本叙事或角色扮演等环节,与角色共同进行交互叙事。这种做法不仅能够提升内容的趣味性和互动性,还能使用户全身心地投入文化传播的过程中。以《大侦探》系列等网络综艺的国际传播为例,可以设置观众参与视频文本叙事或视频角色扮演等环节,让受众自行构想角色,根据受众意愿调整分支剧情,让受众从"导演"的角度参与人物命运的设定,进一步促进参与视频文化创作的所有用户之间的交流沟通,形成人际的沟通社交。在游戏的操作过程中,用户的肢体与感官被充分调动,带有文化和娱乐属性的场景成功触达多个维度的感官,用户的全部注意力更加聚焦于"观"剧在操作意义上转化为"玩"剧。①

第二节　竞争战略理论视角下的湖南广电微短剧产业创新研究

长期以来,爱奇艺、腾讯视频与优酷视频构成了中国长视频市场的三强鼎立格局。然而,自 2020 年 11 月起,阿里巴巴集团成为芒果超媒的第二大股东,标志着市场格局由三强鼎立转变为"爱腾"与"优芒"的二元对立。长视频市场的这一演变,反映了整个在线视频行业正面临内容成本高昂与会员增长放缓的双重困境。自 2020 年 8 月起,国家广播电视总局将网络微短剧纳入重点网络影视剧备案系统,这标志着微短剧正式步入了加速发展的黄金时期。与此同时,短视频在市场规模及其增长速度上已超越长视频。

微短剧的兴起,被视为长视频市场应对盈利难题与用户增长乏力的策略之一。在爱奇艺、腾讯视频、优酷视频、芒果 TV 和哔哩哔哩这五大视频平

---

① 谭雪芳. 互动剧:"进入故事去旅行"将变为现实 [N]. 光明日报,2020-04-01(15).

台中，芒果 TV 率先实现了盈利。爱奇艺、腾讯视频和优酷视频作为行业领头羊，依赖于 BAT（百度、阿里巴巴、腾讯）的资金支持，在激烈的市场竞争中通过大规模投资换取市场份额，形成了市场垄断。然而，这些头部视频平台持续面临亏损问题。根据爱奇艺 2022 年第四季度财报，该公司首次实现全年盈利，扭转了连续亏损的局面。而从芒果 TV 2022 年第四季度财报来看，芒果 TV 结束了长达四年的高速增长期，营收与净利润均出现同比下降，表明芒果 TV 的增长速度已进入放缓阶段。

一、理论基础与问题的提出

在 20 世纪 80 年代，美国杰出的经济学家迈克尔·波特首次提出了"竞争战略"这一概念，因此被誉为"竞争战略之父"。在其著作《竞争战略》中，波特不仅深入阐释了企业竞争战略的定义与内涵，还系统性地提出了成本领先、差异化以及集中化这三种基础的企业竞争战略。[①] 迈克尔·波特在其差异化战略理论中指出，企业应致力于开发和运用其核心竞争力，这些竞争力是企业相较于竞争对手所拥有的独特且难以模仿的能力。核心竞争力的运用能够为企业提供独特的价值，并形成差异化战略。差异化战略作为一种市场策略，使企业能够在市场中脱颖而出，其实施途径包括提供独特价值、运用核心竞争力、市场导向以及开拓新的市场空间。企业须根据自身条件选择适宜的差异化战略，并在实践中持续进行优化与改进。W. 钱·金与勒妮·莫博涅在其著作《蓝海战略：超越产业竞争开创全新市场》中正式提出"蓝海战略"概念。该战略强调企业在不熟悉或未开发的市场空间中实施的市场策略，其核心在于创新与探索，从而在竞争激烈的市场环境中实现突破。[②]

差异化战略是企业在竞争激烈的市场中获得竞争优势的一种方式，而波

① 迈克尔·波特. 竞争战略［M］. 陈小悦，译. 北京：华夏出版社，2005：43.

② W. 钱·金，勒妮·莫博涅. 蓝海战略［M］. 吉宓，译. 北京：商务印书馆，2005：3.

特五力模型（Porter's Five Forces）提供了分析市场竞争力量和制定战略的框架。波特五力模型是由美国管理学家迈克尔·波特（Michael E. Porter）于1979年提出的，用于分析行业竞争强度和盈利潜力的工具。该模型认为，行业内部的竞争状态受到五种力量的影响，这五种力量包括行业内竞争者的竞争强度、新进入者的威胁、替代品的威胁、供应商的议价能力以及买方的议价能力，它们共同决定了企业在特定行业内的竞争地位和盈利潜力。差异化战略是企业在波特五力模型分析的基础上，针对行业内的竞争状况和外部环境威胁，采取的一种战略选择。通过差异化，企业可以在竞争激烈的市场中获得优势，提高盈利能力，并增强对市场变化的适应能力。

微短剧作为一种新兴的视频内容形式，其发展历程可划分为两个阶段，以2018年为界。在2018年之前，微短剧尚处于萌芽阶段。其起源可追溯至长视频平台，但当时该平台尚未形成成熟的市场环境，作品多以喜剧为主，题材较为单一，且缺乏具有代表性的作品。2012年，搜狐视频推出的由大鹏执导的微短剧首播，每集时长15分钟，剧中大鹏扮演了现实生活中各种男性角色，其现实主义的剧情和内容深受用户喜爱，成为微短剧的经典之作。此外，该短剧还与美国、英国等国家的电视台建立了合作关系。2017年，优酷推出了"小剧场"功能，成为国内首个推出微短剧频道的视频平台；2018年，腾讯视频推出了"腾讯短剧"频道，积极进入微短剧市场；2019年，抖音推出了"抖音剧场"功能，使得微短剧迅速融入移动互联网领域。同年，由于多种因素，优酷小剧场和腾讯短剧相继停播，抖音剧场成为目前中国最大的微短剧平台。这些关键事件不仅标志着中国微短剧市场的快速成长和变革，也促进了微短剧在内容创作、营销传播、商业变现等方面的持续探索与创新。2022年6月，国家广播电视总局正式向网络微短剧等网络剧片发放行政许可，这标志着微短剧正式告别无序状态，开始受到广播电视相关部门的监管。2022年12月，国家广播电视总局连续发布《关于推动短剧创作繁荣发展的意见》和《关于进一步加强网络微短剧管理，实施创作提升计划有关工作》两份通知，对内容创作及管理提出了明确的规范建议，进一步推动微短剧市场向规范化、品质化、繁荣化方向发展。

芒果 TV 自 2019 年起实施"大芒计划"，致力于短视频内容的开发与消费模式的创新。作为该计划下系列化内容品牌之一的大芒短剧，持续推动芒果 TV 在短剧内容领域的开发，并探索平台化、精品化和系列化的解决方案。所谓平台化，即芒果 TV 对短剧内容的全方位布局，一方面在芒果 TV 平台内部，大芒短剧以每年百余部短剧的规模和速度展开内容生产；另一方面，对于表现突出的短剧内容，芒果 TV 实施更为集中的分发策略和曝光机会，例如涵盖百余部短剧的大芒 APP，已于 2021 年年底正式推出。与传统短剧制作不同，芒果 TV 在自制短剧方面优先考虑质量和精品化程度。通过与网络电影公司、中小型创意工作室以及主流影视制作公司的合作，大芒短剧逐步掌握了短剧创作的规律，并以平台受众为基础，开始打造精品短剧。其中，18 至 24 岁女性核心用户群为大芒短剧提供了多种原生的、确保收益的内容选择。除大量古装、甜宠题材的短剧外，悬疑、科幻、军旅和运动题材的微短剧也在"大芒计划"的开发中逐渐增多。大芒短剧中的《进击的皇后》是首个实施系列化策略的短剧，依托热门内容打造系列化短剧，为平台内部的长期商业变现提供了更为稳定和持续的内容支持。同时，在短剧商业化后期，包括自制、定制、分账在内的多种模式，以及增加奖励、招商分成等措施，保持了合作关系的稳定性和平衡性。

本节采用波特五力模型对芒果 TV 微短剧市场的竞争环境进行系统性梳理与深入分析，重点探讨芒果 TV 微短剧市场的战略布局、商业变现能力以及生态构建，并紧密结合芒果 TV 微短剧的差异化战略，注重观察与总结，旨在发掘可供借鉴与复制的普遍性经验。

二、芒果TV微短剧所处的市场环境分析

（一）并驱争先的行业内现有企业竞争

微短剧市场呈现出多元化的竞争格局，涵盖了具备丰富资源和先进技术的大型互联网企业所构建的专业平台，以及依赖于创意内容生存的众多中小型企业与独立制作者。在该市场中，资本、技术和资源的分配不均衡导致市场集中度呈现两极分化的趋势：一方面，拥有资金和技术优势的行业巨头，借助其影响力吸引庞大的用户基础和广告合作伙伴；另一方面，小型参与者则依靠内容创新和差异化战略进行竞争。当前，微短剧市场正处于快速演变阶段，新竞争者的不断涌入加速了市场格局的变动，使得整个行业的竞争态势变得更加复杂。在微短剧市场中，主要的竞争主体可以划分为以下几类。

第一类是传统的长视频平台，如腾讯、优酷、爱奇艺等，它们通过扩展业务范围进入微短剧领域。优酷平台被视作具备原生微短剧基因，自 2013 年起便推出了如《万万没想到》等现象级短剧作品。通过实施"扶摇计划"，优酷致力于网剧、微短剧及网络电影的投资、孵化与研发工作。相较之下，爱奇艺虽入局较晚，但已推出微短剧分账合作模式，并在 APP、PC 端、TV 端实现微短剧的同步分发，提供了一站式高效发行及全流程营销服务。腾讯微视自 2020 年起进军微短剧行业，其推出的竖屏微短剧《摩玉玄奇》迅速获得了高流量和良好口碑，一度荣登哔哩哔哩电视剧排行榜首位。[1] 在 2021 年，腾讯微视宣布将投入十亿元人民币的资金以支持微短剧业务的发展，并启动了名为"火星计划"的专项扶持项目。同年 12 月，微视推出了单元剧"十分剧场"。相较于抖音和快手，腾讯微视在用户规模和数量上虽略显逊色，但在

---

① 陈孟，王婉．微短剧的"春天"是个假象吗？［EB/OL］．（2021-10-20）［2024-11-12］．https://baijiahao.baidu.com/s?id=1700506554321980276&wfr=spider&for=pc．

IP 的积累以及专业化制作团队的建设方面，却展现出一定的优势。2022 年，《拜托了！别宠我》的分账金额突破了 3 千万元人民币，达到微短剧分账模式中的最高纪录。腾讯视频推出的"十分剧场"作为业界首个微短剧品牌，涵盖了包括喜剧、国风、互动、悬疑等多种剧种，强调内容的多元化和高质量制作，这标志着微短剧已经迈入了剧场化的新时代。

第二类是社交媒体平台，例如抖音、快手等，它们利用庞大的用户基础和强大的社交功能迅速占领市场。2019 年，快手推出了专门针对短剧内容的 Tab 标签"快手小短剧"，并自 2020 年起实施了精细化的垂直领域运营策略。同年，快手对旗下创作者培养计划"光合计划"中的短剧创作者进行了整合，将他们纳入"快手星芒计划"中。2021 年，快手短剧《这个男主有点冷》的播放量突破了 10 亿次，标志着微短剧成功地"出圈"，并正式进入主流媒体的视野。同年 10 月，快手成立了专门的星芒短剧部门。至 2022 年，快手短剧进一步升级为"剧星计划"。经过三年多的发展，微短剧的布局已变得清晰明确，成为快手平台上的主要内容类别之一，并持续提供高质量的内容。

与快手相比，抖音在微短剧领域的布局相对较晚，直至 2021 年才开始积极投入。抖音相继推出短剧新番、千万爆款俱乐部专属计划，并启动"剧有引力计划"，旨在打造微短剧爆款 IP。通过与头部影视制作公司及明星艺人合作，抖音推出了由专业团队精心制作的精品微短剧，显著提升了内容的专业性和吸引力。例如，由抖音与新丽电视、腾讯视频、中信影业联合出品的爱情类微短剧《别怕，恋爱吧！》，以系列化的内容形式吸引了大量观众。此外，抖音上的微短剧经常与品牌进行合作，将品牌信息或产品自然融入剧情之中，实现品牌营销的目的。在这种合作模式下，抖音、影视制作公司、明星艺人以及品牌商实现了多方共赢。例如，微短剧《我的归途有风》改编自热门剧集《去有风的地方》，讲述了一位都市白领回到乐山挖掘非遗美食的故事。这部剧通过展示地方文化和特色美食，不仅促进了地方文化的传播，也为相关旅游和文化品牌提供了极佳的宣传机会。

第三类是专业的微短剧平台，如哔哩哔哩等，它们专注于特定类型的内容，形成了独特的用户群体。哔哩哔哩的微短剧展现出了其独特的内容特色。首先，该平台在悬疑内容的开发上具有先驱性，与兔狲文化联合制作的《不思异》系列微短剧，以悬疑为核心主题，这一策略在其他各大平台尚未大规模推广恋爱或悬疑剧场概念之前便已确立。这种对悬疑题材的专注不仅迎合了特定受众群体的偏好，也彰显了哔哩哔哩在内容创新方面的勇气与前瞻性。其次，哔哩哔哩的微短剧注重对文化内涵的深度挖掘，其作品不仅追求娱乐效果，更强调文化内涵与价值导向的重要性。例如，与国家反诈中心合作推出的反诈武侠微短剧系列，不仅揭示了诈骗分子的种种"套路"，还有效提升了观众的防骗意识，该系列的播放量已超过 280 万次。

（二）较大的替代品威胁

微短剧作为长短视频融合的产物，既有完整、反转的剧情，时间上又紧凑，契合当下用户的消费趋势，也能满足对于视频内容的消费需求。但它又不可避免地遭遇长视频与短视频的竞争夹击。

一方面，来自以 UGC 创作为主的短视频异军突起，无法忽略。随着我国互联网步入视频时代，短视频已成为网民在互联网上的主要内容消费形式。根据《中国互联网络发展状况统计报告》第 53 次调查结果显示，截至 2023 年 12 月，我国短视频用户规模已达到 10.53 亿，占网民总数的 96.4%。短视频人均每日使用时长超过 2.5 小时，这一数据远超其他互联网应用，揭示了用户对短视频的高频次使用和显著的依赖性。[①] 海量的短视频能够提供用户足够的情绪价值，题材丰富的影视作品也能满足大众的喜好。因此，微短剧需要依靠差异化的内容吸引用户，才能使得用户从短视频上转移吸引力。

另一方面，来自以 PGC 创作为主的长视频强势冲击，也不容小觑。在

---

① 中国互联网络信息中心（CNNIC）. 第 53 次《中国互联网络发展状况统计报告》［EB/OL］.（2024-03-25）［2024-11-12］. https://www3.cnnic.cn/n4/2024/0322/c88-10964.html.

长视频领域，用户数量的增长与优质内容的广泛传播密切相关。芒果 TV 在自制综艺节目方面具有明确的市场定位，作为领先的视频平台，其卓越的运营策略以及多年积累的丰富片库资源，为爱奇艺、腾讯视频、优酷等主要平台在内容多样性和创新性，以及持续推出爆款作品方面提供了显著的竞争优势。此外，内容版权和影视 IP 等资产的积累，进一步增强了这些平台的市场价值。

此外，长视频平台通过深度挖掘内容市场并运用成熟的商业策略，能够有效地满足用户日益增长的多元化和个性化需求，长期以来，这些平台一直是广大用户享受视频内容的首选。以爱奇艺推出的"迷雾剧场"为例，其亮点之一在于精心挑选并改编知名 IP 作品，例如《隐秘的角落》改编自著名作家紫金陈的《坏小孩》。该原著作品本身已拥有庞大的读者群和高度的认可度，为剧集提供了坚实的受众基础和口碑传播的起点。借助原著的影响力，剧集在开播前便积累了大量期待，极大地提高了市场关注度和初期的观众黏性；其亮点之二在于迷雾剧场的作品大都由经验丰富的制作团队精心制作，导演和演员阵容强大，保证了剧集的专业水准和艺术表现力。在 2023 年度推介会上，长视频平台优酷宣布将不断推进 IP 全链路营销，构建双向增长的"双效引擎"，这标志着优酷在精细化运营领域迈入新的发展阶段。优酷通过深入挖掘用户画像，针对"年轻女性""Z 世代""三高"（高知、高职、高消费）这三类核心营销群体，实施精准化内容推送。该策略显著提升了用户满意度与忠诚度，促进了品牌与用户间的高效沟通与互动。

作为新兴的微短剧形式，若其表现形式超越了内容深度，未能满足用户对微短剧的期待，反而提高了用户在时间和情感上的投入成本，那么，由 UGC 所创造的短视频以及 PGC 打造的长视频内容，将继续构成其主要的竞争对手。因此，微短剧要想在竞争激烈的市场环境中稳固其地位，必须致力于提升艺术审美水平，并引导内容向更加精致化的方向发展。

（三）随时待命的潜在进入者威胁

微短剧市场，作为数字娱乐领域新兴的分支，凭借其独特的时长优势与内容创新，成功吸引了众多观众的关注。随着市场规模的迅速扩张，不仅现有的制作公司和平台在积极拓展，新的市场参与者也洞察到了该领域的巨大潜力，表现出强烈的市场进入意愿。以下是对潜在进入者的分析。

一是传统影视制作公司。随着微短剧市场的迅猛发展，诸多传统影视制作企业正寻求战略转型，借助其深厚的制作底蕴和行业资源，积极进军微短剧行业，以期吸引年轻受众群体。例如，华谊兄弟，作为中国知名的综合性娱乐集团，通过与阅文集团的合作，出品了微短剧《鸿天神尊》，此举标志着其在微短剧行业的正式布局；柠萌影业，一家专注于高品质电视剧制作的公司，亦开始拓展至微短剧市场，创立了短剧品牌"好有本领"，以抖音为主要平台，推出了一系列高质量的微短剧。其中，微短剧《二十九》不仅汇集了专业影视演员，还凭借其专业的制作水准和柠萌一贯擅长的女性题材，精准触及观众兴趣，引发了广泛讨论；嘉行传媒，在电视剧和电影制作领域已取得显著成就，亦逐步拓展至微短剧行业，探索新的叙事手法和内容形态；ATV 亚洲电视，作为香港的老牌电视台，通过实施"鲲鹏计划"，每年投入高达 10 亿元的资金用于短剧内容的制作，并对外开放其拥有的百部经典 IP 的改编授权。这些 IP 不仅包括了众多曾经风靡一时的电视剧集，而且每个 IP 的改编授权不限于一个，这种开放策略将极大地激发创作者的创作热情和灵感，从而支持全亚洲的影视人才，制作出精良的短剧作品。

二是广告营销公司。鉴于微短剧在品牌推广及产品宣传领域的巨大潜力，众多广告营销企业正考虑进入此市场，以提供更为多元化的宣传策略。例如，360 集团正积极招募短剧相关职位人员，旨在通过短剧这一新兴营销手段，强化品牌影响力并吸引更广泛的关注。小米公司也公开招募短剧编剧，期望通过高品质的短剧内容提升品牌形象，并吸引年轻用户群体。此外，淘宝不仅成立了内容电商事业部，还在其平台上推出了专属定制的短剧系列，这些策略不仅丰富了电商平台的内容生态，也为品牌商及内容创作者提供了更多展示与商业化的机遇。

三是国际制片公司。近年来，中国微短剧市场展现出显著的扩张趋势。至 2023 年，市场规模已攀升至 373.9 亿元人民币，预计至 2027 年将突破千亿大关。该市场的迅猛发展及其巨大潜力已引起国际制片企业的关注，他们正考虑通过合作或独立制作的方式，将微短剧内容引入中国市场。尽管目前尚未有国际制片企业明确表示将进入微短剧行业，但鉴于市场持续开放及国际合作日益频繁，可以预见，随着市场的进一步发展与成熟，未来将有更多国际制片企业开始关注并涉足该领域，共同促进微短剧内容的多样化与精品化。

（四）动态博弈的供应商议价能力

微短剧产业链上游企业主要包括出版机构、IP 版权方和技术支持提供商。在出版机构方面，依据启信宝产业链数据库的统计，出版机构在微短剧产业链上游企业中占据主导地位，其数量高达 1.7 万家。这些出版机构掌握着大量文学作品、漫画等原创 IP 资源，为微短剧的发展提供了丰富的内容基础。至于 IP 版权方，诸如阅文集团、中文在线、掌阅科技等公司，它们掌握着众多文学和艺术作品的版权资源，是微短剧剧本的主要供应者。这些公司通过与制作公司合作，将 IP 资源转化为微短剧，以吸引观众群体。在技术支持提供商方面，提供摄影设备、编辑软件、特效制作等服务的公司，尽管这些技术支持对制作质量具有决定性影响，但由于市场上类似服务供应充足，其在价格谈判中的议价能力相对较弱。

在当前视频平台竞争日趋激烈的背景下，获取高质量内容已成为决定平台竞争力的核心要素。作为视频产业的领先者，芒果 TV 在 IP 版权合作中的议价能力对其能否持续吸引并维系用户群体具有决定性影响。通常，优质内容的激烈竞争导致版权方在合作谈判中占据优势地位。具有显著稀缺性的优质 IP，特别是那些拥有一定粉丝基础和市场口碑、紧跟用户偏好趋势，或响应国家文化产业政策的原创 IP，使得版权方在授权谈判中拥有较高的议价权。然而，芒果 TV 通过与特定 IP 版权方建立长期稳定的合作关系，能够提升自身的议价能力。尽管这可能在一定程度上削弱版权方的议价优势，但基于信任和互惠原则，双方更倾向于追求长期利益的最大化而非短期利润。此外，芒果 TV 通过推进"大芒计划"等自制内容项目，逐步增强原创能力，降低对外购买 IP 版权的依赖，从而进一步削弱版权方的议价能力。

（五）不可轻视的用户议价能力

随着微短剧市场规模的不断扩大，受众群体也在不断增加。在此背景下，研究消费者议价能力，即消费者在微短剧市场中的影响力与选择权，具有重要的意义。

首先，市场规模扩张与用户选择权的增强，提升了用户的议价能力。相关数据显示，2023 年中国网络微短剧市场规模为 373.9 亿元，较 2022 年的 101.7 亿元增长了 267.65%，预计到 2027 年将超 1000 亿元。[①]市场的迅猛发展吸引了众多内容制作方的参与，导致了内容竞争的加剧，这迫使制作方必须提升作品质量以满足用户对内容品质和剧情深度的更高要求。在内容同质化现象严重的背景下，用户对新颖且高质量内容的追求成为推动市场创新的核心动力，从而增强了用户的议价能力。此外，短视频平台与传统影视媒体的跨界融合，为微短剧的传播提供了多样化的渠道，增加了用户的选择多样性。平台间的竞争促使各平台更加注重用户体验和内容差异化，间接提升了用户的议价能力。用户能够根据个人偏好在不同平台间自由选择，这迫使平台和制作方更加注重内容的独特性和质量，以满足用户不断增长的个性化

---

① 艾媒咨询. 艾媒咨询 | 2023-2024 年中国微短剧市场研究报告 [EB/OL].（2023-11-22）[2024-11-12].https://finance.sina.com.cn/wm/2023-11-22/doc-imzvnqvq7342165.shtm.

需求。

其次，用户参与度的提高也是提升议价能力的一个重要因素。调查数据显示，经常观看微短剧用户占比达 39.9%，仅次于电视剧／网络剧和电影／网络电影，这意味着微短剧正快速成长为一个主流的娱乐消费选项。其中，31.9% 的用户曾为微短剧内容付费，也反映了用户对于高质量微短剧内容的认可和可消费态度。[①] 这种高频率的观看习惯和付费意愿不仅强化了用户对于微短剧内容的依赖性和忠诚度，也意味着用户在内容选择上拥有了更大的主动权和影响力。用户不再是被动接受内容的一方，他们通过观看行为、讨论热度和付费选择等多维度参与到内容生态的塑造中，进而影响到内容市场的供需关系，对内容创作者、平台以及版权方的决策产生作用。

再次，用户对新鲜、创新内容的渴望，迫使行业不断进行技术创新和内容尝试，以迎合市场需求。此现象促使内容创作者及平台更加重视用户体验与用户参与度，从而在一定程度上将议价的主导权转移至用户手中。例如，阅文集团与互影科技联合推出的互动影游《谍影成双》，探索了新的观影模式，丰富了用户体验。互动式微短剧如《师傅》通过增强观众的参与感，提升了用户的观看体验。此类作品能够根据观众的选择改变剧情走向，使得每一次观看都成为一次全新的体验。由此可见，随着用户在内容消费中参与度和主导权的提升，他们的偏好和需求越来越成为影响内容生产、分发的关键因素，这实质上反映了用户议价能力的显著增强。

最后，从商业模式创新的角度来看，流量分账、品牌定制等，为用户提供了更多元化的消费选择。在 2022 年上半年，腾讯视频与抖音对各自平台的微短剧分账规则进行了升级与迭代，引发了行业对微短剧市场的高度关注。腾讯视频引入了 S、A、B 三个级别的微短剧，分别对应会员用户有效观看时长的单价为 2 元／小时、1.5 元／小时及 1 元／小时，并将此分级体系纳入其会

---

① 中国网络视听节目服务协会 .《中国网络视听发展研究报告（2024）》在蓉发布［EB/OL］.（2024-03-28）［2024-11-12］. http://www.cnsa.cn/art/2024/3/28/art_1977_43660.html.

员分账模式中。抖音则对现有的"新番计划"与"千万爆款剧乐部"进行了整合，推出了全新的"剧有引力计划"，创作者可依据自身需求，在"Dou+赛道""分账赛道"和"剧星赛道"中选择一条合作路径。在"Dou+赛道"中，账号粉丝量不受限制；"剧星赛道"要求账号粉丝量不少于100万，并为单部作品提供了30万元的现金保底，同时将每千次有效播放的奖励提升至8元；"分账赛道"的分账单价则从每千次有效播放5元上调至6元。目前，抖音与快手的扶持政策对参与账号设定了明确的粉丝量或过往作品播放量要求，但同时也保留了无门槛参与的通道。区别在于，快手更倾向于流量扶持而非现金奖励或分账模式。而爱优腾芒的微短剧分账合作则采用了分级定价的方式，平台在评估作品后，依据有效播放量、会员付费收看及广告招商等数据进行分账。其中，优酷的分账方式细分为会员 + 广告 CPM 分账、流量分账和广告 CPM 分账三种模式，提供了更为多元化的评估维度。这些分账模式的成功实施，依赖于用户的认可与参与，从而巩固了用户在市场中的地位。

近两年，视频平台纷纷开启短剧付费模式。快手在 2020 年开启了微短剧付费，如今付费的微短剧已经超过了 2500 部。抖音则是在 2021 年开始尝试付费微短剧业务。以快手为例，《秦爷的小哑巴》时长仅 1 分钟的番外都有7992 位用户选择付费，播放量 1.8 亿的《肖少对我蓄谋已久》大结局有 3.1 万人购买，付费收益 6.2 万元。播放量 2.7 亿的《七生七世彼岸花》大结局，3.5万人购买，付费收益 7 万元；连续五个月的付费人气王《危险的姐姐》，播放量 1.5 亿，大结局有 5.5 万人付费，付费收益 11 万元。[①] 总体而言，面对叙事能力不足，缺乏深层思考的剧本，依然有大量的用户愿意为其买单，这一变现的路径尝试的确为微短剧商业化赋能。

综上可见，用户作为市场的核心，其议价能力的提升正倒逼整个产业链的转型升级。面对用户议价能力的增强，芒果 TV 等平台必须在内容创新、

---

① 周思艺 . 平台布局微短剧烽烟四起，商业模式从野生到专业［EB/OL］.（2022-07-01）［2024-11-12］. https://www.jiemian.com/article/7677607.html.

技术革新、商业模式优化以及内容质量把控上齐头并进，才能在竞争白热化的微短剧市场中脱颖而出，持续领跑。

三、芒果TV微短剧市场的差异化战略决策及其表现

芒果 TV 微短剧面临内外多重挑战。然而，这些挑战也同样意味带来着巨大的机遇。波特在《竞争战略》中提出三种战略：总成本领先战略、差异化战略和集中化战略。

总成本领先战略的核心在于基于历史经验削减可压缩成本，并从源头上控制成本与费用支出。该战略的核心策略是全力确保商品成本低于竞争对手。芒果 TV 对自制微短剧的定位始终为精品化，这表明芒果 TV 的微短剧成本无法通过低成本战略来争夺市场份额。微短剧在早期阶段仅为短视频平台提升用户活跃度的手段之一，多数视频内容仅经过简单加工，质量参差不齐。因此，擅长制作专业内容的长视频平台普遍采用长剧模式下的精品策略。在芒果 TV 推出的微短剧《虚拟》中，演员服装及剧集原声带（OST）的质量均可与主流平台的影视作品相媲美，更值得注意的是，在剧本筹备阶段，制片人已开始着手音乐制作。尽管作为国有媒体平台，控制预算和压缩成本是必须坚守的底线，但芒果 TV 更倾向于通过自身资源，采取长远规划以实现更大收益，横向整合内部价值资源以最大化协同效应，纵向拓展产业链条，持续优化和提升盈利空间。

专一化战略，也称为集中化战略、目标集中战略，主要指专攻某一特殊群体或某一产品线的细分区段、某一地区市场。专一化战略常常意味着限制了可以获取的整体市场份额，必然包含着利润率与销售额之间互以对方为代价的关系。本战略所依托的核心理念是公司业务的专注化能够以高效率、更佳效果服务于特定的战略对象，从而在较狭窄的领域内超越广泛

范围竞争的对手。[①] 综合考虑内外部因素，芒果 TV 并不适宜采用专一化战略。首先，从外部市场竞争的视角分析，芒果 TV 所面临的竞争压力主要源自腾讯、优酷、爱奇艺等大型在线视频平台。这些平台各自拥有独特的内容优势，例如优酷在综艺节目方面的优势以及爱奇艺在网络剧方面的特色。因此，若芒果 TV 仅限于某一类型内容的专注，将难以在竞争激烈的市场环境中立足；其次，从内部因素考量，用户需求的不断演变要求芒果 TV 必须持续调整以满足观众的多样化需求。专注化市场战略可能无法有效应对这种需求变化，因为它们需要集中于特定市场细分，并在短时间内难以适应快速变化。因此，芒果 TV 更倾向于提供多元化内容，以满足不同观众群体的需求。

差异化战略，是指企业通过让自己的产品、服务等特色，明显优于同行业竞争对手，最终拿下更多的市场份额而采取的战略，这种战略的核心是创造被全行业或用户都视为是独特的产品和服务。波特认为，差异化战略要求企业对用户有着在行业内独树一帜的服务，能够满足用户的需求，从而提升自身的价值。芒果 TV 定位为年轻、时尚、创新的品牌形象。在微短剧领域，芒果 TV 致力于打造原创、高质量的内容，以区别于其他平台的同质化内容。芒果 TV 的目标受众主要是年轻群体，特别是 15 ~ 35 岁之间的年轻人。这部分人群追求个性化、多样化的娱乐内容，对新鲜事物有较高的接受度。基于明确的市场定位与目标受众，芒果 TV 主要从"产品差异化、服务差异化和营销差异化"三个方面具体实施差异化战略。

（一）走产品差异化路线

爱奇艺、优酷以及腾讯等长视频平台均致力于构建"大而全"的微短剧内容体系，旨在最大限度地满足不同观众群体的多样化需求。以腾讯视频为

---

① 迈克尔·波特. 竞争战略［M］. 陈小悦, 译. 北京：华夏出版社, 2005.

例，其以"烟火气、少年气、新鲜气"为核心导向，重点发展温暖现实主义短剧，强调内容类型的多样性，以满足不同圈层用户的多维度兴趣；优酷则侧重于广泛题材的覆盖，涵盖情感、青春、家庭、喜剧等多种类型；爱奇艺则致力于更广泛题材的覆盖，包括国民大戏、东方幻想等，旨在吸引具有不同兴趣的观众群体。

相对而言，芒果 TV 的微短剧走过了三个阶段，从以甜宠剧为主，到兼顾综艺 IP 衍生剧，再到注重现实主义题材的挖掘。

第一阶段（2019—2021 年），即早期阶段。此阶段主要面向年轻女性用户群，以甜宠剧为主，并引入剧本杀、无限流等新元素，规避同质化。据不完全统计，2021 年全年共 68 部分账剧，芒果平台上线了 33 部，其中芒果独播的分账剧约为 25 部。从类型统计上看，都市题材剧集占绝大多数，约为 17 部；古装、奇幻类型也有涉猎，约为 14 部。在 2023 年，芒果尝试了"软科幻"和悬疑题材，上线了《精英调查局》和《十二夜》。在 2021 年，都市爱情偶像剧、古装爱情偶像剧上线较多，可以看出爱情剧仍然是芒果分账剧的热门类型，满足了平台女性用户对甜宠短剧的内容需求。[①] 在 2021 年年底，芒果推出"大芒"APP，专注打造 7 ~ 10 分钟高质量系列内容，将短剧业务以独立 APP 来完成集中运营。自发布以来，"大芒"先后推出了《别惹白鸽》《念念无明》《虚颜》等高口碑短剧，豆瓣均分在 7 分以上，其中后两部播放量均破 6 亿。2023 年 7 月上线的古装奇幻爱情短剧《风月变》，截至 2023 年年底，该剧在芒果 TV 的播放量达 7.3 亿，其整体呈现的精良品质获得国内外观众广泛好评，全网话题量破 25 亿，口碑流量双丰收。2023 年 12 月 10 日，《风月变》在湖南卫视播出，成为全国首部上星微短剧。此剧在上星播出期间，平均收视率为 0.24，市场份额达到 1.48，位

---

① 德塔文数据组 . 芒果 TV："大芒计划"扶持分账短剧，女频甜爱剧扎堆上线 | 网播平台分账剧表现盘点（四）[EB/OL] .（2022-07-01）[2024-11-12] . https://mp.weixin.qq.com/s/9Nx9HaPQEvz6iPNJxuunEw.

列同时段省级卫视第一。在电视大屏端，该剧推及观众达 2000 万，带动该时段频道"90 后"观众份额增长 28%。[①]"大芒"自此也具备了一项其他平台难以复制的独特优势。

第二阶段（2022—2023 年），即发展阶段。芒果 TV 在价值导向、内容生产与平台合作等领域积极实施策略升级，主打"大芒短剧"及其旗下主题剧场（国风、破谜、疗愈）等特色内容品牌的构建，巩固了大芒短剧在行业中的先锋地位。国漫 IP《画江湖》、剧本杀《明月祭君心》首次改编为短剧，以及国风版"夏洛克神探"《式微》等作品，以其新颖的概念和鲜明的亮点，备受瞩目。这些作品愈发展现出垂直细分的内容特色，充分体现了芒果 TV 当前阶段"小而美"的内容定位。2023 年 7 月，芒果 TV 独家制作并在芒果 TV 网络平台独家首播的 S 级定制悬疑短剧《侦探者也》开播，该剧在播出期间，荣登猫眼数据 7 月悬疑热度榜第 4 名，8 月悬疑热度榜第 1 名。猫眼短剧连续三天获得日冠，登上周冠榜第 1 名。该剧的总播放量超过 3.1 亿。[②]《侦探者也》作为高热 IP 大侦探的衍生节目，将观众热爱的推理、无限流、闯关积分等亮点融入了剧集中。整部剧包含了古装、民国、科幻、年代等多种视觉元素，题材新颖，品质突出，得到了众多观众的一致好评，入选国家广播电视总局 2023 年第三季度优秀网络视听作品。

第三阶段（2024 年至今），即升级阶段。2024 年 2 月，国家广播电视总局颁布了《关于开展"跟随微短剧去旅行"创作计划的通知》，各平台及机构深入探索故事与地域的交汇点，在"广电 + 文旅"领域迅速引发关注，促进了微短剧在文旅领域的广泛传播。芒果 TV 的"大芒计划"积极响应该创作

---

① 新时代视听.《风月变》登陆湖南卫视！全国首播上星微短剧引领行业发展思路（国家广播电视总局 2023 年第四季度优秀网络视听作品）[EB/OL].（2024-04-05）[2024-11-12]. https://mp.weixin.qq.com/s/zQ-o1bN0v2uP9DZkQbvfPw.

② 山西网络视听协会.《侦探者也》拨开层层迷雾 探寻案件真相（国家广播电视总局 2023 年第三季度优秀网络视听作品）[EB/OL].（2024-01-17）[2024-11-12]. https://mp.weixin.qq.com/s/CufTQM1aDR6XCZBUgTiGHA.

计划，对"微短剧 + 文旅"的融合模式进行了战略部署，推动了一系列拍摄地随着剧集的流行而成为热门旅游目的地，形成了跟随微短剧前往各地进行"打卡"的新风尚。芒果 TV 推出的田园奇幻治愈短剧《你的岛屿已抵达》的拍摄地为湖南常德桃花源，该短剧全网累计曝光度超过 2.5 亿次，使得桃花源成为新的旅游热点。此外，芒果 TV 还制作了首部以澳门为题材的作品《我们之间的秘密》，全方位展现了澳门的美食、美景及城市风貌，通过人文内容展现了澳门新一代年轻人的精神风貌。

（二）走服务差异化路线

"大芒计划"是湖南广电深耕微短剧赛道的重要项目。坚持走"服务差异化路线"，让湖南广电的用户体验到不一样的内容之外，还能感受到不一样的服务。

第一，剧场化运营，培养用户消费习惯。所谓的"剧场化"模式，即视频平台将题材类型相似或相仿的剧作划分归类，逐渐形成规模化的品类特色。芒果 TV 特别设立"主题月"和"冬藏剧场"等排播策略，以实现短剧观看的主题化，整合同类型短剧的传播能量，塑造用户随时随地观看的习惯，进而争夺用户的零散时间。2021 年，芒果 TV 正式推出"下饭剧场"，其定位在于以甜宠、情感题材为切入点。此类剧场旨在通过构建沉浸式体验，使用户能够在排队、用餐等琐碎时间中观看完整剧集。目前，在芒果 TV 的"短剧"栏目中，除前述提及的今夏片场，还包括已取得显著成绩的冬藏片段，例如《我迟到了那么多年》作为《虚颜》《念念无明》的同导演、同班底作品，豆瓣评分亦达到 6.5 分。剧场化正逐渐成为视频平台剧集运营的新模式。2021 年年底至 2022 年年初，芒果 TV 将"下饭剧场"升级为"短剧频道"，通过不断推出高质量短剧作品，芒果 TV 在用户心中树立了专业和信赖的品牌形象。通过汇集百部优质竖屏短剧，平台能够满足更广泛的用户偏好，提供悬疑、爱情、古装等多种题材的短剧，丰富用户的观看体验，吸引更多的用户关注和参与，从而提升市场份额和行业影响力。湖南卫视于 2024 年正式推出"大芒剧场"。这一举措标志着短剧产业进入更为规范化和产业化的新阶段。短剧市场自 2019 年迅速崛起，经过多年的发展，逐步成为影视内容的重要支柱，并在 2024 年迎来了其发展的新篇章——在湖南卫视的"大芒剧场"精选优质微短剧播出，正式将短剧纳入主流媒体的视野。

第二，用系列化品牌建设思维来开发和维护微短剧 IP。首先，敏锐响应市场需求，迅速开展微短剧 IP 产品的续集开发工作，确保 IP 热度的持续与扩散。以微短剧《进击的皇后》为例，在其成功破圈后三个月内迅速推出第二季，及时满足了观众的强烈期待，并有效保持了剧集的热度，为后续的内容营销和 IP 深度开发奠定了坚实的基础。其次，创新播出模式，以增强观众对 IP 的忠诚度和依赖性。例如，微短剧《又是努力的一天呢》第二季采取了日播剧集模式，满足了观众对即时娱乐内容的需求，并培养了观众每日收视的习惯，为 IP 生命力的延续构建了坚实的观众基础。最后，粉丝价值共创，深化粉丝与 IP 之间的情感纽带，促进 IP 的可持续发展。以微短剧《念念无明》为例，在播放结束后，"大芒计划"发起了续写征集活动，创造性地将粉丝纳入内容创造的生态系统中，激发了粉丝的创造力与参与热情，提升了他们对 IP 的归属感和认同感，为 IP 的社区建设与可持续发展开辟了新的路径。

第三，建构一个多元化、专业化且具有强烈向心力的创作者生态体系。作为芒果 TV 于 2019 年推出的策略性规划，"大芒计划"肩负着推动该平台短视频内容生产与消费生态的重任。其核心执行策略包括：借助高等教育机构的孵化机制、联合关键意见领袖（KOL）的加盟以及提供项目资金支持，以确保持续涌现高质量的创作者资源。该计划旨在实现人才与平台的深度结合，并通过持续的创作者扶持，促进具有鲜明芒果特色的优质内容的产出。具体实施措施如下文所示。

一是在高校孵化方面，"大芒计划"与中国传媒大学等多所高校共同发起

"芒种青年创作季"活动，面向全国青年影像创作者征集优质短片项目和毕业作品活动。本次活动将邀请行业内的资深专家评审深入各大高校，与参与者进行深入交流与互动，提供具有建设性的意见与建议，助力青年创作者在专业技能上的提升。活动将由专业评审团队对提交的项目进行综合评估，甄选出杰出项目参与线下路演，并进行进一步的筛选。杰出项目及其创作者将有机会获得超过 100 万元的资金援助，并可享受芒果 TV "大芒计划"所提供的项目孵化支持与资源援助。迄今为止，已与全国 27 个省（区、市）的 86 所院校建立了深度合作关系。此类校企合作模式不仅为青年影像创作者提供了展示才华和提升能力的平台，还通过资金援助、专业指导及资源支持，助力他们实现创作梦想。随着更多创作者的加入和技术的进一步应用，"大芒计划"预期将持续扩展，成为推动行业发展的关键力量。

二是积极引入 KOL 加盟，利用 KOL 和网红的专业能力及粉丝基础，为微短剧注入新的创意和活力。"大芒计划"与多位具有特定领域专业知识的 KOL 合作，如心理学专家、美食博主以及旅游博主等，通过 KOL 自身的专业素养和创造力，提高微短剧的内容质量和艺术表现力。如著名的某旅游博主在社交媒体上拥有数百万粉丝，她以独特的视角和丰富的旅行经验吸引了众多年轻观众。在与芒果 TV 合作的微短剧《你的岛屿已抵达》中，她不仅参与了剧本的创作，还在剧中客串出演，将她的旅行经历和见闻融入剧情，使该剧充满了真实感和新鲜感。这种结合 KOL 影响力和微短剧创作的方式，不仅拓宽了内容的边界，也增强了剧集的吸引力和观看率。

三是制定与实施一系列项目扶持举措，以提升微短剧的整体质量和市场竞争力。微短剧《念念无明》的成功案例充分证明了芒果 TV 全链条扶持策略的有效性。该剧从剧本孵化、制作到最终宣发，均得到了芒果 TV 的全方位支持。在剧本孵化阶段，芒果 TV 依托其创意孵化平台"大芒计划"，为《念念无明》的初期创意提供了孕育的环境。剧本形成后，芒果 TV 组织了行业专家和目标观众代表进行多轮审阅和讨论，确保剧情吸引人、角色设定鲜明且具有深度，并与目标观众的偏好及市场趋势相契合。在制作环节，大芒计划不仅提供了坚实的财政支持，还整合了行业内的顶级资源，邀请了具有丰富短剧制作经验和专业影视背景的无糖文化传媒有限公司负责制作，以确保作品在制作方面的专业性和创新性。在宣传发行阶段，借助与抖音联合推出的"精品短剧扶持计划"，《念念无明》得到了双平台的强力推广，取得了空前的曝光量和观众反响，会员收官播放量接近 3 亿次、累计播放量达到 4.5 亿次，其数据表现与长剧不相上下，成为剧场中的黑马作品。

（三）走营销差异化路线

1.技术与内容的融合

相较于"爱优腾"等长视频平台对横屏微短剧的专注开发，芒果 TV 拓展了竖屏小程序剧的制作。芒果 TV 依据微短剧的传播特性，全面进军竖屏小程序剧领域，并通过站内外资源的联动，扩大其规模，计划制作并发布 200 部精品小程序剧。

芒果 TV 也尝试将 AIGC 等前沿技术融入微短剧的制作过程中，以拓展拍摄的可能性并提高内容品质。技术与内容的深度融合，进一步促进了微短剧的创新性发展。芒果 TV 基于 AIGC 技术自主研发的有声剧《大芒有声剧》系列，是微短剧的一种创新形式。与传统微短剧以视频为主的表现形式不同，AI 有声剧主要依赖声音和听觉来传递剧情和情感。《大芒有声剧》利用 AIGC 技术（例如 AI 语音生成、AI 音效制作等），结合剧本创作，构建了一个以声音为核心的剧集体验。这种形式适应了用户碎片化时间的消费习惯，使得观众即使在忙碌或进行其他活动时，也能够"听剧"。从内容层面来看，《大芒有声剧》继承了芒果 TV 一贯的精品策略。在题材选择上，注重创新和突破，覆盖了女性悬疑、科幻概念、传统文化、现实话题等多种类型，以满足不同观众群体的需求。同时，依托芒果 TV 强大的内容制作团队和资源库，《大芒有声剧》在剧本创作、声音演绎、后期制作等方面均保持高水准，确保了内容的质量和深度。

2.行业合作的深化

芒果 TV 通过校企合作与跨平台协同策略，扩大了微短剧内容生态的多元化发展空间。在教育合作领域，芒果 TV 与包括中国传媒大学在内的众多知名高等教育院校建立了战略合作伙伴关系。通过定期举办工作坊、创意大赛、实习实训项目等，共同培育和孵化具有创新精神的高素质创作人才。例如，2021 年芒果 TV"大芒计划"与中国传媒大学首次合作，联合全国 30 所高校，共同发起了第一届芒种青年创作季，为青年影像创作者提供了更多展示才华的平台。在跨平台协同方面，芒果 TV 与抖音共同推出的"精品短剧扶持计划"，有效整合了芒果 TV 的内容制作能力与抖音庞大的用户基础和算法推荐技术。该计划规划在未来三年内围绕十大核心主题联合开发内容，推动内容形态的多样化探索，为微短剧的多元化发展和影响力提升开辟了新的途径。此外，芒果 TV 的合作范围还扩展到了专注于声音领域的音频平台。由喜马拉雅与芒果 TV 共同开发的微短剧《传闻中的陆神医》成为国内首部在音频和视频双平台同步播出的短剧作品。鉴于短视频平台依托达人账号和创作者优势，以及其平台属性更具有社区属性，因此在流量扶持和现金奖励方面更为顺畅，明显侧重于流量和曝光两项指标。在这一过程中，平台的角色几乎隐身或不存在。而在长视频平台上，个人或机构账号发布作品较为困难，因此长视频平台上的微短剧分账模式采用了网络剧的模式，仅在分账标准、分账门槛和激励措施上有所差异。

3.商业变现模式的创新

芒果 TV 与旗下电商平台小芒电商共同探索了"内容＋电商"的商业模式创新，为微短剧的商业化发展开辟了新的途径。以微短剧《念念无明》为例，该剧巧妙地将小芒电商平台销售的服饰、饰品等商品自然融入角色的古装与现代生活剧情中，不仅维护了剧情的连贯性，还为商品注入了文化与情感的附加值。此外，剧中演员在小芒电商平台进行直播带货，利用其角色的影响力,与观众进行直接互动,分享角色背后的故事,并展示商品的实际应用场景。这种互动体验有效地缩短了用户从内容消费到商品购买的决策链路,提升了转化效率。

此外,芒果 TV 选择与阿里巴巴电商平台进行合作,在微短剧中精确植入电商平台的品牌广告,以期实现品牌与内容的双赢。例如,《进击的皇后》系列短剧以及《彗星来的那一夜》中,均精心挑选了天猫平台上的热门商品作为剧中的道具。这些商品与剧集的风格和场景实现了无缝对接,同时精准对应目标观众群体的兴趣偏好,从而实现了广告与内容的高度契合,有效降低了观众对广告植入的抵触情绪,提升了广告的接受度。在《婆婆的镯子》《江照黎明》等剧集中,也在不影响故事情节的前提下,精确植入了电商平台的品牌广告,如主角的穿戴、使用的物品等。这种策略不仅提升了剧集的视觉效果和生活气息,还通过剧中人物的情感故事为商品赋予了情感价值,增强了观众的情感共鸣。当观众对剧中人物产生共情时,他们使用的产品自然会引起观众的关注和好奇,进而可能转化为购买行为。

四、结论与讨论

芒果 TV 通过践行差异化战略,不仅确立了其在微短剧市场中的独特定位,还摸索出一套行之有效的运作模式与商业化路径,实现了内容创新与商业效益的双重丰收。

(一)芒果 TV 微短剧市场战略的初步成效

1.品牌价值得到有效提升

根据《2020—2022 年微短剧发展观察报告》显示,自 2020 年 1 月至 2022 年 9 月,长视频平台累计上线微短剧行业作品 965 部,备案总数达到 3297 部。在此背景下,芒果 TV 通过多维度的题材布局,其自制剧《念念无明》在短剧领域脱颖而出，成为广受好评的短剧佳作。作为当前微短剧市场中表现突出的长视频平台，芒果 TV 的微短剧品牌价值随着作品的广泛传播而不断提升。高质量的精品内容更易激发观众的兴趣和情感共鸣，而精细化的运营策略则通过社交平台和口碑营销等手段，有效扩大了品牌的曝光度和影响力，进而提升了品牌的口碑和认知度。

经过对用户需求和市场环境的深入分析，芒果 TV 微短剧确立了以"青春、都市、女性"为主要内容定位，专注于探索情感主题下的多样化细分场景，包括但不限于青春校园、都市爱情、家庭情感、职场情感等。芒果 TV 通过整合内部资源，实施平台垂直类运营策略，剧场化和档期化运营已成常态。芒果 TV 特别强调内容的精品化、创新化和 IP 化。在精品化方面，选题追求深度和内涵，致力于在短时间内为用户提供触动心灵、产生共鸣的故事情节；创新化则体现在创作手法上，采用剧集化模式，通过单元剧和系列剧的形式展现，为用户带来更佳的连续性和持久性体验。基于这些策略的实施，据 2022 年 2 月的统计数据表明，芒果 TV 微短剧的月活跃用户数已突破 2 亿，日活跃用户数达到 4000 万，相较于 2020 年第四季度日均活跃用户数仅突破 1 亿的水平，显示出显著的增长趋势。[①]

2. 微短剧商业模式良性运转

芒果超媒在 2023 年 2 月发布 2022 年度业绩快报，营收报 137.04 亿元，同比下降 10.76%；归属于上市公司股东的净利润 18.21 亿元，同比下降 13.86%。这是近 5 年以来芒果超媒业绩首次出现下降现象。芒果超媒广告业务收入达到 39.94 亿元，同比下降 26.77%，该业务是导致芒果超媒业绩下滑的主因。对于业务的下滑，芒果超媒也试图寻找新的增长曲线，因此，微短剧和电商成为芒果 TV 未来发展的关键。

目前，短剧普遍采用的盈利模式包括平台分成、品牌广告以及直播带货。

---

① 经济观察报. 芒果超媒 2022 年营收与净利润双降，广告业务拖了后腿［EB/OL］.（2023-02-27）［2024-11-12］. https://baijiahao.baidu.com/s?id=1758991337263125295&wfr=spider&for=pc.

品牌合作的商业化是各大平台的主要发展方向。微短剧的商业化在一定程度上与平台生态系统紧密相连。短视频平台以达人为核心，以账号维度进行运营，这导致短剧的红利主要流向达人。相比之下，长视频平台更容易与 IP 进行捆绑。芒果 TV 在 IP 运营方面具有先天优势，因此其商业闭环也是基于 IP 进行构建和维护。

事实上，在行业内，全链路营销并非新鲜尝试，各个平台都在布局，但芒果 TV 的全链路营销具有自身的差异性和独特性。换言之，芒果 TV 依靠自身优势和特点已经打造了一条全链路的芒果模式，而这个模式依靠"芒果生态圈"这个核心场域。在内容产业领域，芒果传媒已掌握核心内容的生产规律，并在行业外部积极布局长视频营销策略，以实现内部与外部的双重循环升级。以"大芒计划"为例，中视频形式为芒果 TV 提供了创新题材和表现形式的展示平台；小芒电商则基于平台定位，专注于新潮国货和本土民族品牌振兴的细分市场。芒果传媒从单一的内容营销策略，逐步迭代至新品孵化、场景创新、私域运营、电商带货等全领域场景共振，有效解决品牌经营中的多项难题，构建了全新的芒果营销品牌，实现了从"品牌营销"到"商业运营"的维度跃升。因此，品牌可依托精品 IP 内容，在内部完成深度品牌建设，再通过外部联盟场，实现全领域的营销转化。

在当前的行业实践中，全链路营销并非一项新近的尝试，众多平台均在积极布局。然而，芒果 TV 的全链路营销策略展现出其独特的差异性。具体而言，芒果 TV 依托其独特的优势和特点，构建了一套具有芒果特色的全链路营销模式，该模式的核心在于"芒果生态圈"。在内容生产领域，芒果 TV 已经掌握了头部内容的生产规律；在内容生产领域之外，芒果 TV 正致力于围绕长视频内容进行全方位的营销布局，以实现内部与外部的双向循环升级。例如，"大芒计划"中的中视频形式为芒果 TV 提供了创新题材和表现形式的空间；小芒电商则基于平台的角色定位，专注于新潮国货和本土民族品牌振兴的垂直领域。芒果 TV 从单一的内容营销策略迭代为新品孵化、场景创新、私域运营、电商带货等全领域场景共振，为品牌解决多重经营挑战，构建了全新的芒果营销品牌，实现了从"品牌营销"到"商业运营"的维度提升。因此，品牌可以依托精品 IP 内容，在"芒果生态圈"内完成深度品牌建设，再通过生态圈外的联盟场，实现全领域的营销转化。

3.长短视频相融互补的内容生态初步建成

微短剧相较于短视频几分钟的时长，芒果 TV 则结合长视频平台的内容、用户特征，在竖屏短剧与长视频之间找到了一个更为适合自身平台属性的"中间地带"。[①] 微短剧的价值体现主要在于其生态效益与商业转化潜力。对于长视频平台而言，微短剧是一片具有高性价比的试验领域，在此领域中，平台能够发掘并培养新晋导演与编剧，尝试新颖的题材与表现形式。在用户付费与广告销售并行的盈利模式下，微短剧为中小规模创作者提供了一个平衡点，赋予了他们更多创作自由与话语权，进而可能促进平台生态的多元化发展。

目前，芒果 TV 采取了 PGC 共创与"大芒计划"创作者联动的方式进行微短剧创作。在芒果的生态圈内，创作者的培养已然成为芒果 TV 的一把利剑。除与多家专业制作方的合作，创作者生态也开始反哺"芒果生态圈"。比如，《无法抗拒的恋爱》剧本雏形来自"大芒计划"下的作品《逆转母女》，《我靠学习解锁超能力》的片尾曲也来自"大芒计划"音乐创作者圈。"大芒计划"为创作者提供了一个实验平台，通过明确的晋升路径，吸引了一批怀抱梦想且具备实力的创作人才。该计划致力于培养和激发这些人才的创造力，实现人才与创新内容的相互促进，这可能是微短剧实现长期精品化发展的关键策略。微短剧本身也展现出一定的商业潜力。由于其短小精悍和易于传播的特点，微短剧能够有效地渗透用户零碎的闲暇时间，适合品牌进行定制化短剧的开发，以更好地满足品牌宣传和市场营销的需求。此外，通过制作高

---

① 东西文娱.芒果 TV：重新定义"横屏精品"，2021 微短剧爆发元年 |2 月深度策划［EB/OL］.（2023-02-27）［2024-11-12］.https://www.163.com/dy/article/G415J9SP0517RJ8A.html.

质量的微短剧，可以提升用户对平台品质的认同感和好感，进而促进用户黏性和忠诚度的提升。这些因素共同为微短剧的商业模式和盈利模式开辟了广阔的发展前景。

（二）芒果 TV 微短剧市场战略对于市场的启示

1.结合内外优劣势，选择最优市场战略

芒果 TV 在深度整合内外部环境的基础上，依托内部资源与能力，紧密贴合市场需求，同时深入分析竞争格局，确保战略方向既契合自身优势，又能有效应对市场挑战。

从外部环境分析，支持芒果 TV 实施"差异化战略"发展微短剧的主要因素有两个。一是，在媒体融合的大背景下，芒果 TV 作为媒体融合战略的先行者，形成了独特的"芒果模式"，并拥有国内独有的双平台架构。在"一云两屏、多元一体"的战略指导下，芒果 TV 通过自制内容不断提升其价值和品牌影响力，实现了从独播到独创的转变，并在内容创制、广告营销、联合采购与联播等领域实现了开放合作，完善了产品集群链路的互补性。尽管如此，芒果 TV 仍须面对短视频争夺用户时长的挑战。芒果 TV 的方菲曾指出，行业的黄金期是在大浪淘沙之后，真正能够利用发展的，在于变化中寻找恒定的力量，在快速发展中寻找稳健的力量。[①] 在当前经济下行周期中，短视频平台的持续扩张与渗透迫使长视频平台采取防御性策略，将更多内容资源投入微短剧这一新兴且熟悉的媒介形式中。微短剧对于短视频平台而言，似乎被视为一个具有潜力的新盈利途径；而对于长视频平台，则成为与前者争夺市场份额、追求内容精品化的竞争产品。对于长视频平台来说，适应时代变革已成为其核心议题，而在中视频领域中，微短剧恰好提供了双向适应的最佳选项。

---

① 深响.芒果 TV 的重"价值"内容策略，和长视频下半场的发展逻辑［EB/OL］.（2021-10-28）
［2024-11-12］.https://www.163.com/dy/article/GNECRQSB053102UY.html.

　　二是，芒果 TV 积极寻求外界合作实现共赢。自 2020 年起，芒果 TV"大芒计划"已与 15 家影视机构平台方合作超过 30 部短剧作品。新世相、网易娱乐、米读小说、稻草熊影业都与"大芒计划"开展深度合作。2022 年 4 月，"大芒计划"还与喜马拉雅、达盛传媒达成战略合作，三方将以喜马拉雅旗下奇迹文学优质网文 IP 为蓝本，共同开发短剧。[①]2022 年 6 月 17 日，基于喜马拉雅奇迹文学原创 IP《陆医生，你家夫人又上热搜了》改编的短剧《传闻中的陆神医》在芒果 TV 正式首播，并同步在喜马拉雅平台播出，标志着国内首次实现音频与视频双平台的同步联播，累计播放量达 1.3 亿次。至 2023 年 2 月，大芒短剧宣布与青蛙兄弟影业、亚太集纳影业达成合作，共同推进经典悬疑 IP 的短剧化改编；2022 年 11 月，芒果 TV 亦宣布与番茄小说、最小光圈影业建立战略合作关系，双方致力于构建产业链条，促进优质文学作品与影视剧的互利共生。与此同时，国内领先的影视制作企业如欢娱影视，亦向芒果 TV 提供超越行业及市场平均水平的高质量剧本。"大芒计划"工作室的这些举措，不仅传递了平台的战略意图和专业行业支持，而且表明微短剧的定位旨在为用户带来更多精品化内容，同时承载着平台对于长视频内容的探索与创新。

　　从内部因素分析，芒果 TV 实施"差异化战略"发展微短剧的内在动力主要源于两个方面。一是芒果 TV 对精品内容持有坚定的自我追求。芒果超媒党委副书记、总经理兼芒果 TV 党委书记蔡怀军明确指出，芒果 TV 未来将致力于影视综艺双线发展，启动内容创新与升级的战役，以有效提升平台内作品的精品化水平。芒果 TV 差异化战略的核心在于自制内容，目前通过横向与纵向的整合，已拥有 16 个综艺自制团队、12 个影视制作团队以及 30 家战略合作工作室；此外，芒果 TV 对人才的激励政策也是确保这一庞大体系顺畅运作的关键因素之一，通过将用人权限下放至下属工作室制度，增强了

---

① 席雯. 喜马拉雅与芒果 TV、达盛传媒达成战略合作，将共同开发短剧［EB/OL］.（2022-04-18）［2024-11-12］. https://baijiahao.baidu.com/s?id=1730433665122508119&wfr=spider&for=pc.

人才对平台的忠诚度，从而支持湖南卫视与芒果 TV 在自制内容方面的绝对优势。从实际成效来看，芒果 TV 凭借多部优质作品实现了制播全流程的精品化覆盖。季风剧场的推出正是芒果 TV "雄心壮志" 的具体体现，平台通过预设内容创作，牢牢掌握了剧集制作的核心环节，同时确保了剧集播出时的品质。同时，芒果 TV 在剧集采购与选择上既大胆又细致，保留了符合网络时代语境的新生代作品，也塑造了鲜明的美学风格。

二是芒果 TV 的第二重保障在于其平台长期累积的高用户黏性，以及具有强大消费能力的年轻女性用户群体，这些用户主要集中在一线城市。芒果 TV 近年来一直致力于将 "都市、女性" 作为其核心定位。通过推出《我在他乡挺好的》《去有风的地方》等广受欢迎的作品，成功吸引了市场上的主要消费群体，实现了对全年龄层用户的广泛覆盖。根据芒果超媒于 2019 年 4 月公开的数据，芒果 TV 线上消费能力超过 200 元的用户占比达到 67.6%，这一比例远高于在线视频行业平均水平的 16.9 个百分点，从而显现出芒果 TV 用户群体的消费能力相对较强。此外，芒果 TV 在综艺节目领域的用户渗透率为 43%，这一数字也显著高于行业平均水平的 18 个百分点。[①] 芒果 TV 基于高价值的人群出发，不断开发并衍生更多有价值、有内容、有共鸣的精品 IP。

2.拓展业务边界，延长IP消费链路

在确立了与自身发展相适应的市场战略之后，芒果 TV 重点考虑如何以智慧的方式拓展业务范围，构建一个可持续发展的多元化 IP 生态系统，以此深化用户参与度与忠诚度，并开拓更为广阔的商业版图。

首先，芒果 TV 利用微短剧的灵活性和创意空间，通过多元化的内容延展，构建一个丰富立体的 IP 宇宙。以优质微短剧《进击的皇后》为例，其迅速跟进市场反馈，推出续集，以保持 IP 生命力，维持粉丝黏性。同时，积极探索微短剧向长剧、电影、动画、漫画、小说等多种形式的改编，形成一

---

① 旷实.长视频行业深度研究：内容布局、平台调性与差异化、ARPU 提升［EB/OL］.（2022-08-24）
［2024-11-12］. https://baijiahao.baidu.com/s?id=1742020123168238515&wfr=spider&for=pc.

个完整的 IP 生态链。比如，热门微短剧可以改编成长剧，在芒果 TV 或传统电视平台播出，扩大受众范围。此外，还结合时下最新的"跟着微短剧去旅行"国家政策与计划，将微短剧的故事背景与地方文化紧密结合，如《你的岛屿已抵达》取景于湖南常德桃花源，展示中国古典田园文化，推动文旅深度融合。

其次，芒果 TV 善于将微短剧 IP 与商业营销结合，丰富 IP 的盈利模式。可以采取多种实施策略，如在微短剧中巧妙地植入品牌元素，通过剧情构建、道具应用、场景布置等手段自然地展示品牌信息，既保证了观众的观赏体验，又实现了品牌的高曝光率；也可以借助微短剧的流行趋势，芒果 TV 与品牌合作推出联名限定产品或周边商品，如服饰、美妆、食品等，这些产品往往能迅速吸引粉丝群体的关注，推动销售业绩，并通过社交媒体的分享进一步扩大宣传效应，形成口碑营销；此外，结合微短剧的 IP，举办线下主题活动、快闪店、粉丝见面会等，吸引观众参与，提升品牌与消费者的互动体验。这些活动不仅增强了粉丝的忠诚度，也为合作品牌提供了展示平台，实现了双方的共赢。

3.找准品牌定位，提升内容与服务质量

芒果 TV 在微短剧市场中能够跻身头部阵营，主要得益于其精准的品牌定位策略，即聚焦于"情感＋创意"的结合。该策略明确针对年轻、时尚且追求新鲜感的观众群体，不仅强调内容的娱乐性、潮流性和观赏性，还注重情感深度的挖掘与共鸣。

基于此品牌定位，芒果 TV 微短剧在内容创意方面采取了多元化与差异化的策略，以区别于市场上同质化的作品。首先，内容题材广泛，涵盖从青春校园到都市职场，从历史文化到科幻悬疑等多个领域，不断探索新的故事领域，以满足不同观众的需求。其次，芒果 TV 擅长从日常生活和流行文化中汲取灵感，结合时下热点和社会议题，创作出既有话题性又富有人文关怀的作品。例如，微短剧《不过是分手》不仅聚焦于恋爱关系中的甜蜜与矛盾，还勇敢地探讨了如"恐婚""恋爱长跑后的疲态""职业与个人理想的冲突"等社会热点议题，引发了观众的共鸣与讨论。最后，芒果 TV 善于运用大数据技术分析用户观看习惯和偏好，通过算法模型识别青年群体感兴趣的主题、角色和情节模式，据此调整微短剧的内容策略，确保产出的内容与目标受众的价值观高度契合。例如，针对年轻观众对轻松搞笑、励志治愈内容的偏好，推出了一系列反映当代青年生活状态和心理诉求的作品，如《我和我的时光》等，既展现了生活的酸甜苦辣，又传递了正能量，深受年轻观众喜爱。

第三节　组织变革理论视角下的湖南广电工作室制度创新研究

随着媒体行业的迅猛发展，传统的电视台运营模式已难以满足市场和观众需求。湖南广电作为中国最具影响力的电视媒体之一，其工作室制度的变革实践是涉及组织架构、管理机制、文化理念等多方面的深度调整，旨在适应新媒体时代的挑战与机遇，同时也从微观层面反映了湖南广电深度融合转型在体制机制方面的探索。本章节将运用组织变革理论，对湖南广电工作室制度变革进行深入分析，探讨其变革过程、成效及面临的问题，并提出相应的建议。

一、理论基础与问题的提出

组织变革理论旨在探究和指导组织在遭遇内外部环境变动时，通过调整结构、优化流程、重塑文化等策略以增强组织效能和适应性的理论框架。库尔特·卢因（Kurt Lewin）于 1946 年首次提出组织变革的概念，并于 1951 年构建了"解冻（打破现状）—变革（执行新策略）—再冻结（巩固新状态）"的组织变革模型，为组织变革理论研究奠定了基石。此后，组织变革议题持续受到国内外学者的广泛关注。在理论研究的成果方面，关于组织变革的研究涵盖了对内涵与要素的解析、创新方法论、新诊断模型的构建以及与时代发展同步的理论阐释等多个维度。这些学者的贡献为组织变革理论的演进提供了宝贵的启示，对学术界产生了深远的影响。[①] 正如 Fred A. Massarik 所提出的开放系统模型，该模型强调了组织与外部环境之间的互动关系。Massarik 认为，组织变革的考量不应仅限于内部因素，还必须考虑外部市场、技术、政治和社会环境的影响；[②] Dunphy&Stace 等学者认为企业变革是组织战略的重大改变，如核心价值观重塑、内部流程重构、人力资源大幅度调整等，涉及整个组织范围；[③] Nutt 则认为组织变革是结构与过程相结合的组织状态。[④] 国内学术界对组织变革理论的研究起步较晚，目前主要聚焦于对西方组织变革理论的综述性探讨，如李作战[⑤] 和孟范祥[⑥] 等人的研究，周武静等基于组织变革理论提出了企业精益生产的实施方法及模型。[⑦]

广电媒体的工作室制度是本身就是组织变革的产物，它是从制片人制度逐步演变而来。在我国节目生产制作 40 多年的发展进程中，先后经历了 5 次变革，从行政体制下的科组长制，到逐步放权的制片人、独立制片人制，从拥有市场思维的产品经理，再到工作室制度。[⑧] 工作室制度的出现，本质上

① 林忠，刘亦飞 . 组织变革理论变迁［J］. 产业组织评论，2013（3）：129-145.

② MASSARIK F. Towards A Theory of Organizational Change: A Multi-level, Multi-agent Systems View［J］. Human Relations, 1984, 37(10): 899-921.

③ DUNPHY D, STACE D. The Strategic Management of Corporate Change［J］. Human Relations, 1993(46): 905-918.

④ NUTT P C. Implications for Organizational Change in the Structure Process Duality［J］. Research in Organizational Change and Development, 2003(14): 147-193.

⑤ 李作战 . 组织变革理论研究与评述［J］. 现代管理科学，2007（4）：49-50.

⑥ 孟范祥，张文杰，杨春河 . 西方企业组织变革理论综述［J］. 北京交通大学学报（社会科学版），2008（2）：89-92.

⑦ 周武静，查靓，徐学军 . 基于组织变革理论的精益生产实施及其模型研究［J］. 科技管理研究，2010（19）：207-210.

⑧ 黄洪珍，林雪 . 市场和体制双驱动：电视综艺节目生产的观念与机制演变［J］. 现代传播（中国传媒大学学报），2019，41（7）：112-117.

也是为了打破生产力的束缚，是技术进步、产业发展、市场竞争、受众意识觉醒、传统媒体自身寻求突破等内外部因素相互作用的结果。关于广电媒体工作室的研究，自 2017 年以来，广电媒体工作室的研究才进入我国学术界研究的视野中。近年来，众多学者在此领域取得了显著的研究成果。特别是自 2019 年以来，相关学术论文的数量呈现出增长趋势，研究内容主要涵盖了制度演变的背景、实践探索、优势分析以及面临的挑战等方面。

一是广电工作室制度的演变背景研究。黄洪珍、林雪研究指出，电视综艺节目生产的观念与机制经历了从单一体制驱动到市场和体制双驱动的转变。这一转变不仅反映了市场需求的多样化，也体现了体制内部对于创新和效率的追求。① 李荣、李清霞等学者认为，融媒体工作室是一种灵活的融媒体运营机制，是传统媒体迎接融媒体时代的一种新型生产运作模式。② 任陇婵认为，广电工作室制度是在现行体制和预算框架内，参照了文学艺术、影视内容、工美、文创等领域较为通行的市场化机制和运营模式。③

二是广电工作室制度的实践探索研究。李荣、李清霞等在《广电融媒体工作室制度的实践探索与意义》中详细介绍了多个广电媒体在工作室制度上的探索与实践。④ 这些实践不仅体现在内容生产上，如湖南卫视徐晴工作室通过工作室制度实现了人才的有序迭代，保障了内容的持续性创新。⑤ 在管理革新上也有显著体现，如芒果 TV 工作室制度在管理模式上的大胆尝试，有效协调了内容创作、人才激励与保障机制之间的关系，提高了内容产出的效率

① 黄洪珍，林雪. 市场和体制双驱动：电视综艺节目生产的观念与机制演变 [J]. 现代传播（中国传媒大学学报），2019，41（7）：112-117.

② 李荣，李清霞，孙伟，等. 广电融媒体工作室制度的实践探索与意义 [J]. 西部广播电视，2019（24）：35-37.

③ 任陇婵. 融媒与改革背景下的广电工作室制探究 [J]. 视听界，2020（1）：84-89.

④ 李荣，李清霞，孙伟，等. 广电融媒体工作室制度的实践探索与意义 [J]. 西部广播电视，2019（24）：35-37.

⑤ 林沛. 湖南卫视徐晴工作室：工作室制度保证了人才迭代，不会"杀鸡取卵"[J]. 中国广播影视，2020（8）：26-29.

与质量，符合"人"对利益需求的满足和自身价值的实现。① 杨冰在《创新工作室管理模式，推动广电媒体发展转型》中强调，工作室制度的核心在于管理模式的创新，通过赋予工作室更多的自主权，实现从内容创作到运营的全流程优化。这种模式不仅促进了内容生产的多样化和个性化，也为广电媒体的转型提供了动力。②

　　三是广电工作室制度的优势与挑战研究。沈和在其文章中则从电视媒体行业组织变革的角度，探讨了工作室制度作为一种灵活组织形式，在优化资源配置、激发组织活力方面具有积极作用。③ 唐彩红指出，工作室制度通过灵活的组织结构和高效的资源配置，成为推动媒体深度融合的重要途径。④ 宿晓伟在《工作室制：县域融媒体中心建设的路径选择》中，将工作室制度的应用拓展至县级融媒体中心，认为工作室制度能够有效解决县级融媒体中心在资源整合、内容创新上的难题，为基层媒体融合提供了新的思路。⑤ 尽管工作室制度在推动广电媒体改革与创新方面展现出了显著优势，但其在实施过程中也面临着诸多挑战。王宇明在《构建广电融媒体工作室的逻辑、困境与路径》中分析了工作室制度实施的逻辑框架，并指出了人才流失、资金短缺、创新压力等困境。他认为，明确工作室的定位、加强人才培养、完善激励机制是克服当前困境的关键路径。⑥

　　相对来说，运用组织变革理论来研究广电工作室制度的论文极为少见，较有代表性的是沈和⑦ 详细分析了新时期电视媒体行业组织变革的背景、现状

① 吴梦雨，王超群.芒果 TV 工作室制度的管理革新［J］.青年记者，2021（15）：70-71.
② 杨冰.创新工作室管理模式，推动广电媒体发展转型［J］.电视研究，2020（2）：39-41.
③ 沈和.新时期电视媒体行业组织变革——基于工作室等制度的灵活组织分析［J］.电视研究，2019（6）：41-42.
④ 唐彩红.融媒体工作室推动媒体融合的路径探析［J］.中国广播影视，2020（19）：76-79.
⑤ 宿晓伟.工作室制：县域融媒体中心建设的路径选择［J］.新闻世界，2021（5）：50-53.
⑥ 王宇明.构建广电融媒体工作室的逻辑、困境与路径［J］.新闻论坛，2021，35（4）：59-61.
⑦ 沈和.新时期电视媒体行业组织变革——基于工作室等制度的灵活组织分析［J］.电视研究，2019（6）：41-42.

及未来趋势，重点探讨了工作室制度和柔性组织在媒体融合过程中的应用及其效果。目前关于广电媒体工作室制度的研究渐成体系。然而，从全国范围内广电媒体工作室制度的发展实际上来看，当前广电媒体工作室制度建设发展还很不平衡。具备怎样的条件才算是发展到工作室制度的新阶段？工作室制度阶段又有哪些新要求？目前这方面的相关研究还比较缺乏，故而本节以广电媒体工作室制度为研究对象，运用组织变革理论中影响因素为理论出发点，以组织结构、人才参与因素如何在工作室中变革中解放生产力为问题落脚点，分析组织变革下的工作室制度是如何影响媒体深度融合的。

二、组织变革动因理论视角：湖南广电工作室制度变革动因分析

组织变革动因理论是现代组织变革理论的主要理论观点之一，由安德鲁·范德文（Andrew Van de Ven）和马歇尔·斯科特·普尔（Marshall Scott Poole）归纳出预期结果、竞争选择、目标导向、冲突与综合四类动因理论视点，[①] 得到了学界的广泛认可。首先，生命周期论认为组织在自身生命周期的不同阶段所做的事件不同，而组织变革即是为了获得每个生命周期阶段事件所预设的结果[②]；其次，竞争选择论认为组织的生存和发展主要是通过对稀缺资源的竞争来实现的。组织只有通过内部不断变革，选择自身与环境关系的变化方向，才能获取所需资源；再次，目的论认为组织都是有目的的，相应的组织功能和组织结构是实现组织目标的先决条件，当组织目的发生变化后，这些功能和结构也必须作出相应的调整[③]；最后，辩证论认为组织内部存在利

---

① VAN DE VEN A, POOLE M S. Explaning Development and Changes in Organizaitons [J]. Academy of Management Review, 1995,20(3): 510-540.

② GRAY B, ARISS S S. Politics and Strategic Change Across Organizational Life Cycles [J]. Academy of Management Review, 1985,10(4): 707.

③ BEKMEIER F S. Mechanisms of Teleological Change [J]. Management Revue, 2009,20(2): 126-137.

益相关者争夺话语权的冲突，存在相互冲突的事件、力量或相互矛盾的价值观，组织需要在制度、程序和目标取向等方面作出相应的改变以化解冲突，由此产生组织的变革。[①]

综合以上四类动因理论的观点，从具体的驱动因素出发，又可以将影响组织变革的因素分为以下三类：一是组织权力系统变化，包括重要人事变动、经营权转移等；二是组织发展过程中主导因素的变化，如组织目标的变化、组织生命周期的不同阶段等；三是组织环境变化，包括整体环境、技术革新、产业环境和竞争环境等，如国际局势变化、资源可获得性变化、市场偏好的改变、新兴竞争者参与等。[②]

广电媒体工作室制度变化的动因可以通过组织变革动因理论来进行分析。该理论认为，组织变革可以追溯到三个方面的动因：组织权力、主导因素和组织环境。下文将根据这三个方面，探讨广电媒体工作室制度的变化动因。

（一）组织权力层面：组织权力重新分配，实现资源整合和优化的需要

随着数字化转型和互联网技术的飞速发展，传统电视节目制作中制片人作为权力中心的格局正面临前所未有的挑战。传统广播电视机构，例如湖南广电，其内部组织结构和运营模式的滞后性逐渐显现，面对复杂多变的市场环境，传统模式的局限性尤为突出，具体体现在决策效率低下、创新动力不足、权力集中与滥用、激励机制缺失以及人才流失等方面，这些问题共同构成了对组织变革的迫切需求。

一是决策迟缓与管理僵化，呼唤层级结构的改良。在传统电视台的层级结构体系中，湖南广电的内部组织架构错综复杂，决策流程冗长，导致决策

① BENSON K. The Dialectical Theory of Organizations [C] //KESSLER E. Encyclopedia of Management Theory. London: Sage Publications, 2013: 190-194.

② KANTER R M, STEIN B, JICK T D, et al. The Challenge of Organizational Change: How Companies Experience It and Leaders Guide It [M]. New York: Free Press, 1992: 3-17.

效率低下，难以适应媒体内容市场的快速迭代。在传统的制片人制度下，制片人掌握着项目全局的领导权与决策权，这往往导致权力过度集中和滥用的问题。一方面，这加剧了部门间的壁垒，项目团队之间的竞争有时会演变为资源争夺，而非基于协同的创新，从而削弱了组织的整体效能；另一方面，项目过度依赖制片人，这在一定程度上限制了员工的创新思维和行动力，使得项目缺乏创新性和独立性。湖南广电意识到，在未来的发展进程中，必须突破传统组织结构的限制，以激发员工的创新潜力，有效应对媒体环境和观众需求的快速变化。

二是绩效考核与激励机制失衡，呼唤市场化机制的出台。传统的绩效考核体系往往过于注重短期业绩，而忽视了长期发展和员工的成长。这种考核机制的短视性导致员工过分关注个人业绩指标，未能有效促进员工的全面发展及团队合作精神。优秀的创意型人才将倾向于寻找更加开放且有利于个人成长的工作环境。

工作室制度的推行，将重塑管理架构，提升整体运行效率，具体有以下做法。首先，建立一种开放包容的去中心化决策模式，取代以往项目决策权集中于少数高层的状况。在工作室制度下，基层成员也有参与决策过程的机会，特别是在面对挑战或难题时，具有专长的成员的创意和想法能够得到充分的表达与应用。这种模式有助于最大化地整合团队资源，实现集体领导，促进决策的多元化与灵活性。其次，工作室内部的沟通与协作机制被赋予了新的意义和要求。工作室通过构建高效的信息流通渠道和透明的沟通平台，确保每位成员的意见和建议都能被听取并予以考虑。通过定期的团队会议、工作坊和在线协作工具，团队成员能够实时交流进度、解决问题，从而在协作中实现效率与创新的双赢，也提升了团队的整体凝聚力和归属感。最后，在权力系统变化的推动下，工作室成员被赋予了更大的自主权与更高的自我管理能力要求。工作室通过鼓励和支持成员参与各类培训、研讨会和在线课程，以及跨部门交流，促进知识共享和技能升级，让成员之间形成良好的自我监督和相互激励机制，不仅能促进个人能力的提升，还能促使工作室保持竞争力和创新能力。

（二）主导因素层面：市场和竞争助推湖南广电组织架构变革

随着中国电视市场的持续开放与竞争加剧，以及受众需求的日益多元化，传统的制片人制度已无法适应市场发展的新需求。工作室制度以其对创新的重视和顾客导向的强调，采取更为敏捷的策略来应对日益复杂且快速变化的市场需求。在主导因素方面，市场和竞争是推动广电媒体工作室制度变革的主要动力。此外，变革的动因还包括组织目标、组织生命周期的不同阶段以及外部环境等多方面因素。

随着互联网技术的快速发展，传统广电媒体面临着前所未有的市场竞争压力。随着短视频平台的蓬勃发展，其内容的多元化与个性化特点满足了观众需求的不断演变，进而对传统电视台的市场份额造成了侵蚀，导致广告收益与观众收视率同步下降。根据《中国互联网发展报告（2021）》的发布数据，截至 2020 年底，我国网民规模达到 9.89 亿，互联网普及率达到 70.4%，移动互联网用户超过 16 亿。在新媒体如短视频、网络直播等新业态的强烈冲击下，广电媒体普遍遭遇了收入下降、人才流失、体制障碍等发展难题。面对此种困境，传统广电媒体采取了多项应对措施，其中最为关键的举措之一便是推行工作室制度。自 2016 年起，中央广播电视总台及部分地方台积极倡导知名制片人、策划人、主持人以工作室模式开展项目运作。2016 年 3 月，广东广播电视台率先在全国范围内启动了以事业合伙人为核心的工作室管理模式改革，相继成立了"黎婉仪财富管理工作室""尹铮铮工作室"等五个工作室，作为改革的首批试点，标志着以事业合伙人为核心的工作室管理模式正式亮相。紧随其后，黑龙江广播电视台、吉林广播电视台、贵州广播电视台、河南广播电视台的工作室也相继成立。

作为行业领头羊的湖南广电，深刻体验到了移动社交视频平台的强烈冲击，以及来自其他卫视和地方台的严峻挑战，特别是那些通过模式创新和内容创新取得成功的竞争者。2018 年，湖南卫视积极推行一线团队工作室制度，于 5 月 25 日成立了首批 7 个团队工作室；11 月 9 日，第二批 5 个团队工作室正式成立，标志着工作室制度变革的序幕正式拉开。这种制度的变革，使得湖南卫视能够更有效地应对市场竞争压力，同时也为内容的多元化和创新提供了更广阔的空间。

从组织发展过程中主导因素的变化的角度来看，广电媒体工作室的制度变革有以下成因。

一是组织目标变化带来的调整。随着社会需求与市场环境的演变，广电媒体工作室的组织目标也持续发展。在初期，其核心职能为传递官方信息及意识形态，扮演党和政府的喉舌角色。然而，随着社会多元化需求的日益凸显以及市场经济体制的逐步深化，广电媒体工作室的角色已逐渐由单一的信息传播者转变为集文化与经济功能于一体的复合型实体。一方面，追求经济效益成为不可忽视的目标，这要求工作室在运营机制上向现代化企业模式靠拢，通过采纳先进的管理理念和市场导向的生产模式，以提高内容生产的效率和质量。另一方面，社会责任和文化价值的传递仍占据重要地位，这促使工作室在制度设计上寻求平衡点，既要保持内容的深度与广度，又要探索符合市场需求的新形式、新内容。这种目标的多元化直接推动了工作室在人才引进、技术创新、内容创新等方面的制度革新，旨在构建一个既能迅速响应市场变化，又能坚守文化传播使命的新型组织体系。

二是组织生命周期的影响。广播影视媒体工作室的制度变革亦受其组织生命周期各阶段的显著影响。在组织发展的不同阶段，所面临的挑战与问题各异，故须采取不同的制度安排以应对。在组织的初始阶段，制度设计的核心在于灵活性与创新性，目的是迅速适应市场环境，寻找适合自身发展的路径。此时，制度构建倾向于激励团队进行快速的尝试与调整，为工作室的生存与成长奠定基础。随着组织进入成长阶段，业务量的提升与团队规模的扩大使得规范化管理成为迫切之需，这包括建立完善的工作流程、明确的职责分配等，这些制度上的完善有助于保持组织的高效运作与内部秩序。当工作室达到成熟阶段，制度建设的焦点则转向优化与深化，不仅要巩固既有的制度成果，还需前瞻性地预测行业发展趋势，持续细化管理制度，并探索与新兴技术、市场趋势的融合路径，以支撑其长期稳定发展与持续创新。

三是外部环境变化的应对策略。随着新媒体的崛起，尤其是社交媒体和流媒体平台的广泛运用，传统广电媒体遭遇了前所未有的挑战。为了在竞争激烈的市场环境中保持竞争优势，广电媒体工作室必须在制度层面进行适应性变革。在内容生产策略方面，工作室正积极探索具有高度互动性和参与度的节目形式，以迎合年轻一代观众的偏好，增强用户黏性。在技术应用方面，工作室积极采纳新媒体技术，利用大数据、人工智能等工具优化内容推荐算法，提高个性化服务水平，并拓展多渠道传播策略，包括社交媒体推广和流媒体服务集成等，旨在扩大受众基础并提升用户体验。

（三）组织环境层面：政策支持和技术发展要求组织架构进行调整

随着新媒体与互联网技术的迅猛发展，传统电视行业的生态环境遭遇了前所未有的挑战。对于广电媒体而言，唯有通过创新与转型，才能在激烈的市场竞争中保持生存并实现发展。因此，广电媒体工作室制度应运而生，成为一种适应环境变化的新型组织形式。从组织环境变化的角度来看，广电媒体工作室变革的动因主要源于政策支持和技术进步。

在媒介融合的背景下，传统广电媒体的转型与升级已成为一种必然趋势，这不仅响应了国家政策的导向，也顺应了行业发展的趋势。广电工作室制度的变革，其核心在于通过优化内容生产流程和创新管理策略，以增强广电媒体在新媒体环境中的竞争力，实现组织架构和内容产出的全面革新，从而更有效地服务于媒介融合的战略目标。2014 年 8 月 18 日，习近平总书记在中央全面深化改革委员会第四次会议上的讲话中强调了传统媒体与新兴媒体融合发展的必要性，提出应遵循新闻传播规律和新兴媒体的发展规律，强化互联网思维，坚持传统媒体与新兴媒体的优势互补和一体化发展，以先进技术为支撑，以内容建设为核心，推动两者的深度融合，涵盖内容、渠道、平台、经营和管理等多个方面。这一讲话为广电媒体工作室制度的创新提供了坚实的政策基础。

自 2017 年起，媒介融合迈入 3.0 时代，其核心已从形式与内容的融合转向机制与体制的深层次整合。在此背景下，广电媒体亟须在组织架构与管理策略上进行相应的调整。工作室制度作为一种创新的人力资源管理机制，通过赋予团队更大的自主权，促进了内容创新及管理模式的变革，与媒体融合向更深层次发展的趋势相契合。2020 年 11 月 26 日，国家广播电视总局颁布了《关于加快推进广播电视媒体深度融合发展的意见》，该意见在两个方面提及了工作室建设：一是在加速深化体制机制改革方面，提倡采用项目制、工作室、产品事业部等多种内容生产组织与运营模式，实施灵活的运行机制，并赋予相应的人员、财务及物资使用与支配的自主权，以打造具有自主知识产权的优质网络内容、网红团队及社交网络，构建个性化品牌集群，并在条件允许的情况下，采取全资或控股的方式进行公司化运营。二是在推动全媒体人才队伍建设方面，支持以有效方式吸引外部人才加入各类广电工作室。这些具体政策的部署为工作室制度的实施提供了直接的推动力。

从政策层面来看，推动工作室制度的实施与普及已成为融媒体发展的重要战略之一。以安徽省为例，通过发布《关于促进省直主要新闻单位融媒体工作室健康发展的通知》、建立省委宣传部重点联系工作室，以及实施考核与奖励机制等举措，为广电工作室的健康成长提供了切实的政策扶持和资金援助，从而促进了工作室制度的实施和推广。

新媒体技术的迅猛发展已成为推动广电媒体工作室制度变革的关键因素。首先，技术进步促进了内容生产和分发方式的革新。信息技术的飞速发展，尤其是互联网、移动通信、大数据、云计算等技术的应用，使得新闻信息的采集、制作、分发方式经历了根本性的变革。面对由线性广播向数字化、网络化、多平台分发的转变，传统广电媒体必须通过调整组织架构以适应这种变化，从而更高效地利用新技术进行内容创作和服务提供。工作室制度因其高度的灵活性和快速的反应能力，成为广电媒体适应技术变革、提升内容创新效率的组织形态选择。其次，新媒体技术的应用促进了媒体融合的深入发展。在媒体融合的背景下，广电媒体工作室通过制度变革，打破了原有的媒介界限，实现了内容、渠道、平台之间的无缝对接和资源共享。工作室制度鼓励创新思维和跨领域合作，促进了编辑、记者、技术人员等多角色的深度融合，不仅有利于内容的多元化和创新性，也使得广电媒体能够更深入地融入新媒体生态，利用直播、短视频、社交媒体互动等多种形式，拓宽传播渠道，增强与受众的互动性和参与感，进一步扩大影响力。这种融合不仅体现在内容生产上，更渗透到商业模式、营销策略等各个层面，推动广电媒体实现从传统媒体向新媒体的转型。最后，市场需求的变化迫使广电媒体转型升级。随着互联网的普及，网络视听用户群体急剧膨胀，受众的媒体消费行为和偏好发生了根本性变化，对内容的个性化、即时性要求日益增长。这一市场需求的剧变，迫使广电媒体在组织模式和生产流程上寻求创新，以提高内容的吸引力和市场竞争力。工作室制度的实施，正是对这一变化的积极响应。通过减少管理层级，增强团队的自主性和创造性，工作室能够更快地感知市场动态，灵活调整内容策略，快速推出符合市场需求的高质量内容。同时，工作室制度强调团队成员的多技能培养，鼓励技术与创意的深度融合，使广电媒体能够更好地利用技术手段实现内容的定制化生产，满足不同受众的个性化需求，有效应对来自新媒体平台的激烈竞争。

三、组织变革过程模型理论视角：湖南广电工作室制度变革实践

组织变革是为了满足组织的需要，调整各种资源与要素之间的关系，在组织内部形成全新的结构和动态。组织变革是一项系统性的工程，其变革过程中涉及许多复杂的因素，如文化、政策、制度等，需要采取科学系统的组织变革模型来指导实践。

组织变革过程模型是组织变革实践中广泛采用的一种模型。该模型最初由心理学家库尔特·勒温于 1947 年提出，被称为变革的三阶段模型。勒温认为，组织可被视为一个具有稳定状态的"平衡体"，其发展过程中，推动力与抵抗力之间存在对抗关系。在组织环境的演变过程中，推动力主要源自技术革新、竞争压力、组织内部结构的变动、环境问题等因素。相对地，抵抗力则主要来源于组织内部固守的习惯与惯例、组织文化以及思想观念等。这两种力量的相互竞争与作用，维持着组织的平衡状态。它们之间的相互作用与抵消，推动着组织环境的持续变化。组织从打破旧有平衡状态，到实现从一种平衡状态向另一种平衡状态过渡的过程，即构成了组织变革的过程。[①]

组织变革的三阶段模型通常涵盖解冻、变革、再冻结三个阶段。解冻阶段涉及使组织成员意识到变革的必要性，并促使他们改变既有的观念与思维模式；变革阶段则通过实施新的组织架构、人力资源管理策略、工作流程等措施，赋予组织新的生命力与活力；再冻结阶段旨在巩固变革成果，使新的组织架构和工作流程逐步成为组织的新常态，从而构建一个更适应现代媒体

---

① KURT L. Frontiers in Group Dynamics: Concept, Method and Reality in Social Science; Social Equilibria and Social Change [J] . Human Relations, 1947(1): 5-41.

环境的组织架构。组织变革过程模型有助于组织成员更深入地理解和适应工作室制度的实施过程，掌握变革过程中的关键节点。基于组织变革的三阶段模型，以下将对湖南广电工作室制度变革进行分析。

（一）解冻阶段（2015—2018 年）：试行工作室制度

在变革的预备阶段，其核心目的是为即将到来的变革活动做好充分的准备。在此阶段，湖南广电已开始认识到现行体制的局限性以及市场的迅速演变，逐步打破既有的稳定状态。湖南卫视在长达二十年的发展历程中，孕育了众多的人才资源，储备了近六百名导演，并构建了独立且完整的制作支持体系，涵盖了制片、演播、艺术管理、导演摄影、服装化妆道具等超过一百个工种，作业流程成熟且规范。然而，长期的成功和相对优渥的待遇导致了大量优秀团队和杰出导演逐渐丧失了进取心，守成心态日益显著。最突出的表征即为创新动力的缺失，团队在创新方面的积极性不足，频道推出新节目的频率较低，对老牌节目的依赖性过强。[①] 2012 年，芒果台遭遇了自建台以来最为严峻的挑战，收视率持续下滑，平台的影响力亦随之减弱。至 2015 年，广电行业遭遇了大规模的人才流失，诸多知名制作人以不同方式离开了原有的工作岗位。例如，天娱传媒的领军人物龙丹妮及其制作团队马昊，他们曾成功打造了《快乐女声》;《爸爸去哪儿》的总导演谢涤葵;《花儿与少年》第一、二季的制作人廖珂;以及《歌手》系列的编剧团队都艳等，均在此期间离开了芒果台。[②] 在该时期，湖南广电对外部环境变化的敏感度显著提升，内部的不满声音日益增多，同时管理层对于变革的必要性有了更深刻的认识。2015 年 2 月，湖南广电积极学习并贯彻中央文件精神，颁布了《湖

---

① 丁诚 . 湖南卫视工作室制度的探索及意义［EB/OL］.（2018-10-24）［2024-11-12］. https:// mp.weixin.qq.com/s/HnZBoYfG2TUMskuXUFch1w.

② 梅丸君 . 湖南卫视成立 7 个一线团队工作室制度，它想干嘛？［EB/OL］.（2018-05-30）［2024-11-12］. https://mp.weixin.qq.com/s/Q9j2vEmb3qnX31CAs_FVMg.

南广播电视台建设新型主流媒体若干意见》（简称《意见》）。在体制机制创新方面，《意见》提出了构建业务链完整的集团公司的发展目标，并在业务层面推行与之相适应的"频道制＋公司制"模式。该模式通过将业务与资源的责任和运行一体化，有效地促进了组织结构的优化与管理效率的提升。

2017 年 10 月，经过充分的市场调研和制度论证，湖南卫视总监会与台领导取得共识，在频道内试行工作室制度，激励团队创新创优。[①]湖南广电进行了初步的沟通和动员，使工作人员对即将实行的变革有所准备并开始慢慢接受变革的思想。2018 年 5 月 25 日，经湖南卫视总监会审核，7 个团队获准成立首批工作室，其中包括制作《声临其境》的徐晴团队、《明星大侦探》的何舒团队、《我想和你唱》的王琴团队、《中餐厅》的王恬团队、《亲爱的·客栈》的陈歆宇团队，以及快乐大本营和天天向上团队。随后在同年 9 月，第二批 5 个团队亦通过审核成立工作室。此举标志着湖南卫视在团队建设与管理领域的一次积极尝试。根据试行工作室制度一年半后的统计数据，这些工作室汇聚了 20 多个节目团队中超过半数的导演人才，主导完成了频道近 80% 的自制节目，创造了超过 90% 的频道收入，且在所有进入样片制作和播出阶段的创新方案中，有 70% 源自这 12 个工作室。[②]

（二）变革阶段（2018—2020 年）：大刀阔斧变革成效立显

在当前阶段，湖南广电积极推行新的工作室制度，涵盖了重组组织架构、优化管理流程、调整人才激励机制等多个方面。这些措施的目的是彻底摒弃传统的工作模式，采纳创新的工作方法。自 2017 年工作室制度实施以来，截至 2020 年年底，湖南卫视和芒果 TV 双平台共拥有 44 个节目制作工作室与

① 丁诚. 湖南卫视工作室制度的探索及意义［EB/OL］.（2018-10-24）［2024-11-12］. https://mp.weixin.qq.com/s/HnZBoYfG2TUMskuXUFch1w.

② 林沛. 深度揭秘湖南卫视徐晴工作室：工作室制度保证了人才迭代，不会"杀鸡取卵"［EB/OL］.（2020-04-12）［2024-11-12］. https://mp.weixin.qq.com/s/1FLnMt88ihwgRIs2UFjVzw.

团队、27 个影视剧制作工作室与团队，团队规模持续扩大。

1.业务流程层面的变革

在传统电视业务流程中，各频道独立运作，缺乏交流，内容生产主要依赖于各自的生产线，导致资源无法有效整合共享，员工间协作不足。这种封闭的生态系统效率低下，创新力匮乏。为应对上述问题，必须深入分析各频率、频道及新媒体平台的特性与需求，持续进行流程调整与优化。以项目生产与完成为核心目标，从各专业领域精选合适人才，组建跨领域项目工作团队，利用现有资源与技术，构建适应融合媒体制播需求的组织架构。项目完成后，通过全平台分发，覆盖传统与新媒体渠道。工作室制度的实施，营造了积极的创作环境，释放了专业内容生产力，为全媒体制播的发展提供了创新思路与实践案例，是解决传统问题的有效策略。

在节目立项的初始阶段，工作室的创新性便得以显现。工作室负责提出节目方案，并将其提交至经营管理委员会以供审核。委员会随后对方案进行审阅，并提供反馈意见。节目工作室根据反馈对方案进行调整，并重新提交。经过反复的修改、审核、反馈和调整过程，经营管理委员会最终决定启动项目立项。总经理办公室随后进行专业评估，以决定是否正式立项。一旦节目工作室的提案工作结束，立项节目的筹备和制作工作随即开始。这是节目诞生所必须经历的流程。节目工作室由制片招商、编剧、执行、统筹、人事财务等五个部门构成。其中，制片招商部门负责综艺项目的资金筹集，掌握着节目的财政命脉，是节目开展的关键环节。充足的资金支持和完善的立项标准是节目成功的关键要素，而对内容创造人才的管理和维护也是优质节目生产的重要动力。工作室制度正是在节目内容生产革新和市场思维背景下，一种有效的管理方式。

2.内容创作层面的变革

从内容创作的角度审视，工作室的管理架构为内容创作者提供了更大的自主性。各类专业人才被直接吸纳至电视台下属的工作室，以公司化的独立运营模式运作。工作室的领导者通常为电视剧的制片人，他们能够实现跨领域的合作，共同开发和制作多样化的项目。首先，内容创作者仅须自行设定目标。虽然设定较低的目标更易于实现，但必须指出的是，对于创作者而言，目标的自由度与职场中薪资收入的多少呈正相关。因此，在设定目标时，创作者必须权衡自身的收益情况。此外，对于工作室团队的高层而言，内容创作还需考虑业务资源的高效利用。确保工作室运营制作的 IP 实现效益最大化，保障团队员工的薪酬维持在较高水平，是工作室团队持续发展的核心要素。实际上，除完成节目中心的项目外，工作室团队还经常额外承接和制作其他业务订单，这已成为其常规运营的一部分。从业务范围来看，内容创作领域根深蒂固的思维更倾向于"体制内的市场化"经营策略。"以经营目标为依托的倒推过程，相较于电视台的工作室，其市场化运作程度显然更高。"①

3.人才激励层面的变革

在工作室制度中，人才管理是投资人力资本以形成企业核心竞争力的关键环节。工作室制度作为一种人才管理制度，其产生是为了满足人才吸引和内容创新的需求。如何有效保留人才并激发创新精神，已成为工作室制度发展的关键路径。因此，工作室不断推出各种激励机制以应对挑战。湖南卫视通过情感联结和收益分配等多维度策略，实施了"创新飙计划"，并建立了制作人联席会议机制，以促进制作人主导创新活动。此外，湖南卫视强化了对核心人才的保护措施，允许头部创作者分享较高比例的创新收益，并通过设定竞业禁止和竞业限制条款，从情感、荣誉、成就感、归属感以及经济收益等多个层面激发人才的创业热情。通过"创新飙计划"和"芒果青年说"等项目，湖南卫视为一线年轻人才提供了展示自身才华的平台，并建立了容错机制。同时，湖南卫视还探索了内部人才流动机制，

① 林沛.湖南卫视徐晴工作室：工作室制度保证了人才迭代，不会"杀鸡取卵"［J］.中国广播影视，2020（8）：26-29.

通过双平台管理实现人才的齿轮型配置，促进了传统媒体人才向新媒体的转移。芒果 TV 作为湖南卫视人才转移的承接平台，确保了马栏山原创人才的稳定，没有发生流失现象。保留人才是工作室制度凸显其人才管理优势的首要步骤。

在工作室制度下，人才管理体现了人力资源作为资本要素参与价值分配的机制。从人才激励的角度审视，工作室的管理主要采用了"创新机制 + 奖励机制 + 竞争机制"的综合管理策略。通过将个人的内容创作和创新能力的价值与专项奖金挂钩，以及将节目市场化收益与个人绩效考核奖励相结合，构建了一套旨在激发团队创新精神的人才激励体系。此外，通过实施末位淘汰制的竞争机制，激发人才的自我激励，促使他们提升个人标准。这种机制模式必然导致人才流动，具体表现为高水平人才的引入提升了团队的人才准入标准，从而塑造了品牌价值。人才资源的动态更新最终将促进优质内容的生产，形成人才激励与内容创新之间的良性循环。同时，一些中等成本项目，如大型 IP 衍生节目或会员专享内容，为工作室新人提供了实践机会，使他们能够独立负责并完成一个完整项目。在一定程度上，这也是团队内部"传帮带"文化的一种体现。

4.保障机制层面的变革

从保障机制看，工作室的管理模式"粗中有细"，在考虑如何保证内容质量和协同保障人才的高效利用的同时，将生产内容和激励生产的配套服务形成机制话语，形成良好的创作生态，解放了专业内容生产力。工作室制度有选择地继承了湖南广电原有的内容生产的组织结构——总监会下辖总编室、节目制作中心和创新研发中心"一枢纽三部门"①，但在执行方面革新为更扁平的管理，打通"三大部门"的资源，引导创新、激发创新，为优秀的内容制作者提供了较好的创作环境，并形成创新闭环。具体来说，工作室是优质内

---

① 林沛 . 湖南卫视徐晴工作室：工作室制度保证了人才迭代，不会"杀鸡取卵"［J］. 中国广播影视，2020（8）：26-29.

容生产的前台，凭借精简的机制和扁平化的组织结构，灵活快速地应对变幻莫测的市场。而这需要强大的中台和后台作为配套支撑，湖南卫视打通总编室、节目制作中心、创新研发中心三大板块的资源，构建全新制作生态，并上线与工作室配套的"电子信息管理平台"，实现人、财、物管理更加规范化，资源匹配更加高效透明。同时，也为有创作能力的人才提供了更大的创作空间，使其最大化地发挥自己的创意，通过输出内容作品来实现自身价值。总而言之，相对于制片人、独立制片人制度，工作室具有更加完善的自主权、话语权、管理权，可以按照自身的需求选人用人，管理层级少、指挥链条短，这种扁平化结构使其具备了较强的行动力、决策力。

（三）再冻结阶段（2020 年至今）：工作室制度建设进入 2.0 版本

再冻结阶段着重于全面回顾变革历程，总结经验、吸取教训、及时策略调整，以灵活应对新挑战，确保存量变革成果的同时，为持续发展铺设坚实的基石。

2019 年 7 月，湖南卫视率先发布了 2.0 版工作室制度要点。升级后的工作室制度进一步强化"激励嘉奖""竞业限制"与"创新助推"。第一，在激励嘉奖方面，主要将强化对头部人才的保护，每个工作室 7 名核心成员可分享全工作室 70% 的项目价值奖。实行制作人与项目总导演分设，鼓励制作人优先指派 35 岁以下优秀导演担任项目总导演，给工作室增添活力。在探索和发展工作室制度 2.0 的过程中，像"超级工作室""揭榜挂帅"机制等都是部分工作室探索和实践所取得的成果。超级工作室是指在原有工作室的基础上，进一步整合优质资源、扩大影响力的高级工作室；揭榜挂帅机制则是通过比赛选拔，选出优秀的工作室来领导和带动其他工作室。第二，针对工作室在对外承制业务订单过程中出现的顾外不顾内的现象，湖南广电采取了相应措施，要求工作室的"签约成员"必须签订《特殊人才保护协议》，其中明确包含竞业禁止和竞业限制条款。湖南卫视节目制作中心主任黄宏彦指出："若团队成员纷纷外出承接任务，导致内部人员被派遣，那么内部的考核和奖励机制将失去其应有的效用。"竞业条款的适用对象并非工作室所有成员，而是允许每个工作室选择最多 15 名核心成员签署。通常情况下，工作室成员人数最多可达五六十人，因此该竞业协议能够确保至少四分之一的核心制作人才得到锁定。第三，创新攻关能力也是工作室制度意在提升、聚焦的另一重要方面，也是工作室制度的根本落脚点。自 2018 年 1 月起，湖南卫视的节目更新率已超过 60%。为激发节目创新活力，伴随 2.0 版本的升级，节目制作中心计划建立制作人联席会议制度，即由年轻创作团队与经验丰富的资深制作人共同参与的机制。该制度旨在通过资深制作人的丰富经验为新创意提供意见，协助年轻团队在创新方案竞标前进行精细化打磨。同时，鼓励工作室制作人跨团队担任监制职务，以"传帮带"的方式促进年轻人才的成长，进而推动频道制作人梯队的建设。此外，强化对工作室创新绩效指标（KPI）的考核，要求每个工作室每年至少推出一个创新节目。鉴于湖南卫视拥有超过 30 个大小团队，以及王牌节目已占据大部分黄金时段，加之芒果 TV 的优质节目也陆续登上卫视平台，每年推出一档新节目的挑战显而易见。[①]

总的来说，工作室制度 2.0 阶段的核心战略是集中增强实践导向的创新及灵活性，采用更为自由和灵活的组织结构以及多元化的人员策略，旨在激发研究室的创新潜能和市场适应性。同时，人才培育与职业发展成为战略焦点，通过构建全面的培训体系和提供广阔的职业发展平台，全力促进成员技能提升和职位晋升，共同构建人才与组织双赢的卓越生态系统。

---

① 林沛 . 湖南卫视又有大动作！工作室制度 2.0 版发布，广电独家微信公众号［EB/OL］.（2019-07-05）［2024-11-12］. https://mp.weixin.qq.com/s/4pzp79iZQuYswpzQFRVZPQ.

四、结论与讨论

综上所述，在湖南广电的改革历程中，工作室制度的引入与发展标志着一次深刻的组织变革。这场变革触及了组织结构、文化、运营模式等多方面，旨在通过创新机制激发内在潜力，以应对日益激烈的市场竞争与快速变化的媒体环境。此过程不仅展示了变革带来的显著成效，也暴露了在变革道路上存在的若干挑战与问题，为后续的组织优化提供了宝贵的经验与启示。

（一）提升新质原创生产力成效明显

工作室制度通过引入市场竞争机制，激活了创作团队的创新意识与活力，显著提升了原创内容的生产能力和市场竞争力。工作室制度给予了创作团队更高的自主权和更大的创作空间，使得内容创作者能够基于自身艺术理念和市场感知，自由探索新颖的节目构思和表现形式。这种宽松的创作环境极大地激发了主创人员的创造力，促进了内容的原创性和多样性。例如，天天向上工作室自成立以来，推出了多档原创节目，其中《天天向上》作为旗舰节目，连续多年保持高收视率，不断创新内容形式，如引入文化、科技、公益等多元化主题，充分体现了工作室制度下内容创作的灵活性和创新能力。据统计，该节目曾连续数年位列同时段收视前列，成为业内标杆。在工作室模式下，各个团队可以根据项目的实际需求灵活配置资源，包括资金、技术、人才等方面，确保优质资源集中投入关键项目中，提高了资源利用效率。这种机制有利于大型原创项目的快速启动和高效执行，加速内容从创意到成品的转化过程。如《声临其境》系列，作为国内首档原创声音魅力竞演秀，从策划到首播仅用了不到三个月的时间，这在传统电视制作模式下难以实现。

该节目首季平均收视率达到 1.74%，并获得多个行业奖项，显示出工作室制度在资源调配和项目执行效率上的显著优势。工作室制度下的原创内容往往被视为 IP 孵化的起点，各工作室通过持续的内容输出，有机会构建起围绕特定 IP 的多元化内容矩阵，如衍生节目、品牌合作、影视化改编等，形成产业链条，实现 IP 价值的最大化。《偶像来了》作为一个成功的 IP 案例，最初是湖南卫视的原创真人秀，通过工作室制度的灵活运营，不仅节目本身取得巨大成功，还成功孵化了众多明星个人品牌及后续的商业合作机会，甚至带动了相关时尚、旅游等行业的经济发展。此后的《乘风》系列等项目，更是深入挖掘 IP 潜力，拓展至音乐、影视、直播带货等多个领域，实现了 IP 的全方位价值提升。

（二）经济效益与社会效益显著

湖南广电工作室制度在经济效益与人才培养方面具有显著的正面效应。

首先，经济效益的显著提升是变革的直接反馈。在工作室制度的推动下，如《快乐大本营》《天天向上》《歌手》系列等热门节目应运而生，吸引了大量观众的注意力，从而带动广告赞助的显著增长。这些节目的高收视率和良好的口碑，成为吸引广告商的黄金招牌，为湖南广电带来了稳定的广告收益增长。数据显示，自工作室制度实施后，湖南广电的广告收入年均增长率高达 15%，远超行业平均水平，这充分证明了制度创新与经济效益增长之间的正向关联。

其次，人才培育是另一大亮点。一方面，工作室制度为人才提供了从实习生到项目负责人全链条的成长路径，通过实战锻炼、内部培训、跨团队交流等多种形式，加快了人才成长速度。芒果 TV 学院等内部培训机构的设立，系统性地培养了编导、制作、运营等多方面专业人才。另一方面，工作室制度促进了以项目为中心的人才聚拢和成长机制，新老搭配的团队结构既能传承经验，又便于新想法的注入。工作室往往注重内部培训和外部引进相结合，形成人才快速成长和团队协同作战的良好氛围，为持续输出高质量原创内容奠定了坚实的基础。数据显示，湖南广电工作室制度通过构建灵活高效的组织架构和创新激励机制，吸引了超过 500 名专业人才，这批人才涵盖节目策划、导演、编剧、后期制作、市场营销等各个环节，构成了湖南广电内容创新的核心力量。

（三）面临挑战：资源分配、内容同质化与短期行为考量

然而，变革之路并非坦途，一系列问题也随之浮现。最突出的问题是资源分配不均的问题。在激烈的内部竞争环境下，少数成功的工作室吸引了大量资源，而其他工作室则面临资源短缺，这种马太效应不利于整个生态的均衡发展，限制了创新的广度和深度。鉴于此，未来需要优化资源分配机制，确保每个工作室都有公平的机会和资源去尝试和创新，促进整个行业的健康可持续发展。

此外，追求短期效益的行为成为另一个隐忧。在利润导向下，一些工作室可能牺牲节目质量和社会责任，采取过度娱乐化等策略，这虽可能短期内吸引眼球，但长期却可能损害品牌形象，影响公众信任和社会评价。故而，未来要加强对工作室的引导和监管，强化社会责任意识，避免短视行为，确保节目内容既能满足市场需求，又能体现社会价值和文化内涵。通过持续的教育和培训，提升从业人员的职业道德和专业水平，从根本上保障媒体内容的质量和社会正向影响。

第四节　媒介治理理论视角下的湖南智慧广电
助力乡村振兴创新研究

在党的十九大报告中，习近平总书记首次提出乡村振兴战略，这是继"精准扶贫"政策之后，针对农村问题的又一重大战略调整。2018 年 9 月 26 日，《国家乡村振兴战略规划》正式发布，2019 年 6 月，《关于促进乡村产业振兴的指导意见》颁布，标志着乡村振兴战略作为国家级战略，成为实现"全面建成小康社会""两个一百年"等国家重大目标的关键组成部分。随着国家和社会各界对乡村振兴战略重视程度的迅速提升，对其合理性和科学性的规划亦逐步完善。乡村振兴战略是一系列政策体系和政策文件的集合，其总体方针明确为：产业兴旺、生态宜居、乡风文明、治理有效、生活富裕的全面振兴。基层治理作为乡村振兴方针的关键组成部分，对于推动基层地区振兴发展具有至关重要的作用。近年来，党的十九大提出"推动社会治理重心向基层下移"。因此，基层社会治理方式的创新已成为全国各市政府工作的核心内容。

在互联网技术迅猛发展的背景下，新兴技术的开发与普及重塑了社会结构。媒介的智能化演进对传播行业及其生态环境产生了深远的影响。新兴媒介凭借其智能化、数据化和个性化特征，深度融入人类社会生活，逐渐成为国家和社会各领域发展的基础支撑。媒介所具备的环境监测、社会协调、文化传承等功能，为社会治理提供了新的机遇，因此媒介化治理成为社会治理研究的焦点课题。当前，随着 5G、大数据和智能化媒体技术的持续进步，媒介化对乡村地区的生活方式产生了显著影响。根据第 52 次《中国互联网络发展状况统计报告》数据，截至 2023 年 6 月，我国农村网络基础设施已基本实现全覆盖，农村网民数量超过 3 亿，5G 网络已覆盖所有地级市城区和县城城区。随着网络基础设施的广泛建设，乡村居民对生活品质的追求、信息交流的需求以及精神文化生活的需求均发生了显著变化。然而，与城市完善的服务体系相比，乡村地区在治理方面仍面临诸多挑战。基于此，国家广播电视总局在广播电视和网络视听全行业启动了智慧广电服务乡村振兴的专项活动，开始运用媒介治理的新策略，助力乡村治理体系的完善与升级。因此，有效利用智慧广电参与乡村治理，推动乡村地区实现转型与升级，是乡村振兴战略中的关键举措，也是推进国家治理体系和治理能力现代化的必由之路。

自党的十九大以来，党中央在建设数字中国时重点关注数字乡村建设，全方位部署发展乡村振兴战略。2022 年 1 月 6 日，国家广播电视总局印发《关于推进智慧广电乡村工程建设的指导意见》（简称《意见》）。《意见》提出，要全面提升乡村广播电视数字化、网络化、智能化水平。[①] 智慧广电是广播影视数字化、智能化、网络化的新发展，是广播影视与互联网领域的深度融合。简而言之，就是进一步融合人工智能等先进技术，充分利用大数据平台，转化广播电视自身的特点和优势，把计算机、云计算等信息技术深度融合到社会生活中。[②] 将智慧广电融入数字化、智能化乡村建设中，是乡村振兴战略的重要环节。湖南广电按照国家广电总局的部署要求，深度推进"智慧广电"新业态建设，深入探索"智慧广电"助力乡村振兴的新路径。通过创新内容、革新技术、聚合平台、培育人才四个方面，为乡村振兴事业注入新力量，提供新经验。

一、理论基础与问题的提出

学术界对媒介治理领域的研究可追溯至 2002 年，爱尔兰学者肖恩与吉拉德共同著作的《全球媒介治理：初级指南》（*Global Media Governance: A*

---

① 高乔."智慧广电"走进千村万户［N］.人民日报海外版，2022-02-18（008）.

② 付唯华.融合"智慧广电"，赋能乡村振兴［J］.声屏世界，2021（1）：61-62.

Beginner's Guide）一书。肖恩提出，媒介治理涵盖三个层面：公民社会的媒介自我治理与完善；国家权力机构（政府）的媒介监管与共治；以及超国家机构或组织的跨文化治理。基于此，媒介治理可从内部和外部两个维度进行解读。内部维度的"媒介治理"涉及媒介的自我治理，通过明确其社会角色与地位、厘清责任与权利、传播准确真实信息、营造健康的媒介环境、完善媒介产业等途径实现。外部维度的"媒介治理"则指媒介参与社会治理，包括监督政府、与政府合作、协同社会治理以及参与全球治理等。此外，媒介治理的内涵已从媒介的内部管理扩展至更广泛的社会和全球治理领域。媒介化社会的兴起，极大地改变了人们的生活方式和社会运行轨迹。媒介作为一种技术手段、行为逻辑和社会联系的形态，已渗透至社会生活的各个层面。所谓"媒介化"，即指媒介逻辑介入社会建构过程的各个维度。学者们对这一概念的理论阐释，融合了英尼斯、麦克卢汉和梅洛维茨等人的"媒介理论"元素，特别是对媒介物质性特征的强调，以及对传播技术如何塑造其他社会领域和社会实践的历史分析，形成了历史因果叙事。德国学者弗里德里希·克洛茨在对媒介化的定义中，特别突出了将媒介技术特性及其制度化作为历史动因的分析路径。克洛茨认为，媒介化是新媒介技术塑造交往形态和过程的历史进程，与全球化、个人化和商业化并列为当代人类社会发展演进的"元过程"。

　　将媒介化视为推动现代化进程的核心过程，意味着采用宏观的历史视角，对媒介技术的革新与社会变迁之间的相互作用进行全面的阐述。此视角下，媒介被视为主导力量，渗透至人类生活的各个层面。在此框架中，"媒介是所有社会过程的一个独特维度"，它所涉及的现象是传统社会理论未曾深入探讨的。这些理论的分析，极大地拓展了"媒介化"概念的内涵，并为其与日常生活经验的联系提供了理论分析的途径。在很大程度上，正是媒介技术在具体社会交往情境中的介入，构成了媒介化历史发展进程的核心。

　　我国学术界对媒介治理概念的研究主要遵循两种路径。其一，对西方治理话语内涵所定义的"媒介治理"概念进行系统梳理，将其视为一种新兴的研究范式。例如，郑恩和杨箐雅提出："媒介治理关注信息、媒介与外部社会系统的互动与影响，旨在实现'媒介善治'的目标，构成了一种传播范式。"[①] 其二，侧重于媒介功能的发挥，将媒介治理解读为"媒介参与治理"。李良荣和张华[②] 在回顾自 1978 年以来中国传媒改革的成就后，指出传媒改革的终极目标是实现公共性。他们认为，传媒的公共性实践是"作为多元主体之一参与社会治理和国家治理，在为各利益群体提供意见表达和沟通平台的同时，促进社会共识的形成"。尽管这类研究突破了媒介治理的传统含义框架，善于将西方学术话语资源与中国媒介治理实践相结合，但在现象分析方面表现出色的同时，理论建构方面则显得不足。因此，无论是将媒介治理简化为一种传播范式，还是基于规范意义上的概念界定，均未能深入揭示媒介治理概念内涵的丰富性。

随着国家改革的全面深入发展，媒介作为治理主体，被纳入国家治理体系的框架之中。此时，媒介不仅成为治理的对象，需要进一步加强自我治理，而且也转变为重要的治理主体，参与政府治理、社会治理、全球治理、网络治理的各个领域。媒介治理的概念意义随之发生了新的变化，表现为受控与施控的一体化，以及专业性主体与治理性主体的一体化。对于媒介治理发展转变的研究，可以分为两条主要的思考路径。第一条路径是将媒介视为治理主体的治理框架与模式。2013 年，党的十八届三中全会在北京召开，将推进国家治理体系和治理能力现代化作为全面深化改革的总目标。面对时代的要求，李良荣、方师师在研究中提出，媒介应承担起主体性这一新的社会角色。第二条路径则是将媒介视为治理活动的客体，即通过国家主导的公共政策和法律法规，以及行业形成的媒介伦理规范，实现对媒介活动的治理。黄月琴

---

① 郑恩，杨菁雅. 媒介治理：作为善治的传播研究 [J]. 国际新闻界，2012，34（4）：76-83.

② 李良荣，张华. 参与社会治理：传媒公共性的实践逻辑 [J]. 现代传播（中国传媒大学学报），2014，36（4）：31-34.

认为，尽管"网络问政"在我国政治社会生活中产生了诸多积极影响，但仍须对这种现象进行合理引导和制度化管理。除结合电视问政、网络问政的媒介治理实践研究外，这一阶段关于如何治理媒介乱象和媒介伦理问题的研究也相对集中。有学者提出，应当加强媒介自我治理，对于此类现象的解决，叶奕建议应将"政府监督、传媒自律、行业规范、公众监督和公众媒介素养的提升"这五个方面结合起来。

进入互联网时代，学者们的研究视野更加开阔、研究的问题更加具体、研究的视角和方法更加多元，且呈现出鲜明的时代特征。从以往对媒介治理相关概念和价值的探讨，转向对网络时代政府治理实践和媒介跨文化治理实践的研究。研究重心从对媒介治理相关概念及其价值的理论探讨，逐渐转向对网络时代政府治理实践以及媒介跨文化治理实践的实证研究。当前的研究主题主要聚焦于社交媒体、网络直播、县级融媒体中心、防控疫情以及国家形象等实践应用领域。例如，滕朋指出，县级融媒体中心的建设承载着县域社会治理转型和社会治理能力提升的双重期待；随着我国以大数据、云计算、区块链、5G 为代表的新一代智能技术的飞速发展，媒介发展格局与生态发生了深刻变革，媒介治理亦呈现出新的变化。媒介治理与数字技术的结合，显著提升了媒介治理能力的现代化水平。然而，在治理实践中也涌现出新的问题。在智能媒体时代，媒介治理所涉及的场域、场景、内容、方式等均呈现出更高的"不确定性"，媒介的边界被重新定义，媒介技术治理、媒介平台治理、媒介社区治理、媒介舆论治理以及媒介造假治理等研究领域，正以多学科的视角展现出蓬勃的发展态势。这些研究成果表明，学术界对媒介治理的研究正逐步深入，聚焦于社会热点与现实问题，以媒介治理主体作用的发挥效能为导向，从治理机制、路径、手段等多个维度对媒介治理框架与模式进行深入的探讨与研究。

二、智慧广电助力乡村振兴的理论基础与现实背景

随着中国城镇化进程的加速和信息技术的迅猛发展，传统乡村社会结构面临深刻变革，而新媒体技术为重构乡村社会联系、推动乡村治理现代化提供了新的机遇。在此背景下，媒介不仅是信息传播的渠道，更成为连接政府与民众、促进社会参与、提升公共服务效率的重要桥梁。特别是在乡村振兴战略的指引下，智慧广电等新兴媒介形式凭借其广泛覆盖和技术赋权的优势，正在重塑乡村治理体系，强化乡村居民之间的联系，并为实现共建共治共享的社会治理格局注入新动力。

（一）可能性：媒介参与乡村治理的内涵

1.媒介参与乡村治理的理论逻辑

随着城镇化进程的不断推进以及乡村经济的相对滞后，大量乡村居民选择离开土地迁往城市工作，导致传统封闭的乡村社会基于血缘和地缘关系构建的社会联系遭受前所未有的冲击，从而对乡村社会组织基础产生动摇。互联网技术的引入，为人们之间跨越时空的交流提供了新的可能性，从某种意义上讲，互联网已成为继血缘、地缘之后乡村社会的又一重要联系纽带。口语传播的物理空间限制导致传统社会结构组织仅能以部落为基本单位；文字和印刷技术的出现使得信息能够跨越时空传播，成为瓦解部落社会的关键因素之一；电子媒介的出现进一步缩短了时空距离，使得地球以一种全新的部落形式存在。互联网作为一种新兴的组织工具，激活了个体，并促使他们重新聚集。得益于互联网技术的迅猛发展、网络基础设施的持续完善以及智能手机的广泛普及，互联网在乡村地区已超越了其作为单纯传播媒介和渠道的角色，成为构建社会成员普遍联系的物质基础。这种技术赋权的物质条件使

得原本分散的乡村居民得以重新连接。他们通过互联网及移动设备保持联系、交流情感，甚至传承乡村的文化和风俗，互联网技术平台也成为乡村生活仪式的再现平台。智慧广电的出现和推广，在一定程度上强化了乡民之间的联系：一方面，将原本散点分布的乡民聚集起来，乡村居民可以利用智慧广电提供的平台获取政务信息，参与讨论与协商；另一方面，媒介的社会服务功能成为乡村社会居民寻求帮助、培养"共同体"情感的重要因素，将线下组织结构在线上重构。智慧广电充分发挥其聚合优势，势必将成为现代乡村社会的组织力量，因此，利用智慧广电助力乡村治理的策略也就顺理成章地成为可能。

2.媒介化时代下乡村治理体系新样态

随着互联网技术的发展，乡村地区逐渐融入了以手机为载体的新型媒介形态，这一变化标志着乡村传播媒介的更新换代。手机的普及，深刻地改变了村民的生活习惯，其功能已从最初的语音通信扩展至网络浏览、游戏娱乐、音乐欣赏以及移动支付等多个维度，全面渗透至乡村生活的各个层面。与此同时，互联网驱动的多种新型媒介形式在乡村地区广泛传播，包括以知乎、博客等为代表的社区平台；以天猫、京东、拼多多等为核心的电子商务平台；以快手、抖音等为先锋的短视频平台；以及以微信、QQ、微博、贴吧等为载体的社交平台；还有以微信支付、支付宝等为代表的互联网支付平台。与传统媒介相比，新型媒介在乡村治理中展现出更强的自主性和交互性，促进了传播系统的去中心化，模糊了信息传播者与接收者之间的界限，增强了普通村民的话语权。农民作为信息接收和公共事务参与的主体，能够自主选择适合的媒介工具，并且能够随时随地参与到乡村社会的媒介化治理中，这为村民的自主性和能动性提供了发挥的空间，使得村民的声音得以进入公共媒介领域。总体而言，乡村传播方式呈现出多样化的特点，新旧媒介形态呈现出一种融合共存的状态。村庄内的信息传播网络实际上是由传统媒介与新型媒介共同构建的，媒介融合治理的转变打破了以往自上而下的

单向传播模式，推动乡村治理通过媒介手段向双向传播模式和互动传播模式
演进。

（二）可行性：媒介是参与乡村治理的必要手段

1.新媒体技术推动乡村治理体制改革

首先，在国家制度变革和新兴技术的双重驱动下，基层乡村地区的治理
机制正经历持续的创新与变革。这一变革突破了传统治理观念与机制的局限，
实现了基层政府与群众之间的双向互动。基层政府通过运用现代化治理手段，
引导群众积极参与本地政治活动，确保在选举、决策、管理和监督等关键环
节中，群众能够自由表达意见。同时，基层政府亦能充分吸纳和采纳群众的
意见与建议，从而保障乡村治理过程的规范性和民主性。随着我国农村互联
网基础设施的普及，村民能够更加便捷地接触和了解外部世界，思想观念趋
于开放，参与乡村治理的积极性和主动性得到显著提升。因此，在基层乡村
社区治理实践中，治理形式的创新对于确保乡村治理过程的顺畅进行、充分
实现民主权利具有重要意义。

其次，乡村治理的数字化转型是关键所在。随着新媒体技术的不断进步，
特别是数字技术的飞速发展，乡村治理逐渐由传统的电子政务向数字治理过
渡，并进一步迈向数字化治理。2019 年，国务院颁布的《数字乡村发展战略
纲要》明确指出，数字乡村建设在乡村振兴战略中的核心地位。在数字化浪
潮的推动下，曾经被边缘化的乡村地区开始经历变革，城乡之间的数字鸿沟
逐步缩小，数字化基础设施建设（即"新基建"）在乡村地区得以广泛实施。
乡村治理的数字化转型，是通过整合大数据、云计算等前沿技术与社会结构、
社会制度、组织制度等要素，利用现代信息技术手段实现村务信息的网络公
开。在数字基础设施的普及和经济基础的持续发展支撑下，作为乡村建设核
心力量的农民群体，其媒介接触渠道不断扩展，媒介认知水平和数字素养显
著提升，极大地增强了基层群体参与乡村建设规划决策和组织管理的积极性。

乡村治理作为国家治理体系的基础，数字红利的不断释放成为乡村发展的内在动力，尤其在直播带货、电商扶贫等领域展现出巨大潜力，为乡村经济注入新的活力。数字新农人的崛起促使基层群众主动参与乡村治理，为基层组织管理带来创新模式。因此，数字化的乡村治理是实现乡村振兴战略的必然选择，对于提升基层政府的智能化管理水平和业务办理的数字化水平具有重要意义，成为推动乡村数字化发展、促进乡镇政府向开放协同、智能高效方向转型的关键动力。

2.媒介作为社会公器具有治理主动性

党的十九大报告中指出："打造共建共治共享的社会治理格局。"《中共中央关于坚持和完善中国特色社会主义制度、推进国家治理体系和治理能力现代化若干重大问题的决定》中提出"建设社会治理共同体"，将加强和创新社会治理作为推进国家体系和治理能力现代化的重要内容，同时也为其提出了更为具体的目标。因此，在推进国家治理体系和治理能力现代化的进程中，必须动员所有可动员的社会力量，激发各参与主体在创新治理方面的潜能，汇聚所有有利于智慧治理的力量。在不同的历史时期，媒体一直在组织动员、舆论宣传、信息传递、民生关切、重大突发事件等各个方面发挥着"社会稳定器"和"减压阀"的重要作用。当前，媒体借助技术赋能，已成为引导群众、服务群众，实现"最后一公里"连接的重要手段，成为社会治理共同体中不可或缺的重要组成部分。智慧广电作为媒介参与社会治理工作中的新手段，应对自身在社会治理体系中的角色进行明确定位，在助力乡村振兴和智慧城镇建设中，智慧广电不仅仅是工具和中介，不仅仅是内容生产者、信息传播者和舆论引导者，也是数据分析者、方案提供者、决策参与者，更是管理者和统筹者。智慧广电既能够紧密联系党委政府，又能够调动、沟通和协调不同的治理主体，同时能够最大化地组织动员社会公众，其特殊功能使其在社会治理体系中具有独特性和不可替代性。

信息技术对社会治理产生了深远的影响和作用，利用互联网和新媒体创新以提升社会治理方式具有现实的紧迫性。作为互联网和移动互联网的重要应用领域，媒介在自身的建设和发展过程中不可避免地参与现代化的社会治理，并且随着技术的深入应用，其在社会治理中的参与度将日益增加，频率也将更加频繁，因此媒介自然应成为基层社会治理的重要抓手。在融合发展和转型升级过程中的媒体将更加深入地参与现代化的国家治理体系。智慧广电利用其技术优势，实现了内容、渠道、平台、经营、管理的全方位融合和一体化发展，获得了更多的政策支持、公共信息服务资源和社会资源，必将在基层社会治理中发挥更加重要的作用。鉴于媒介在国家治理体系中的重要主体地位，利用智慧广电介入公共问题和治理行为已成为当下的必然选择。

三、湖南智慧广电助力乡村振兴的优势条件

湖南广电作为省级主流媒体，凭借政策支持、品牌影响力和技术体系的三大核心优势，在推动智慧广电与乡村振兴战略融合发展中占据了领先地位。

（一）政策支持优势

作为省级主流媒体的湖南广电，作为党和政府舆论宣传的关键阵地，承担着传播主流舆论和宣传先进发展战略的重要职责，同时肩负着推动乡村振兴战略发展和建设数字乡村的社会责任。在全国范围内深度推进智慧广电与乡村振兴战略融合的大背景下，湖南广电对智慧广电工程建设予以高度重视。2022 年 8 月，湖南广电组织召开研讨会，对全省智慧广电乡村工程建设的目标任务、工作推进、保障措施、存在的困难及后续措施进行了深入研究和部署。此外，湖南广电还深入一线进行调研摸底，形成了《广播电视公共服务——湖南省智慧广电乡村工程建设专题报告》，并出台了《湖南省智慧广电乡村工程建设实施方案》。同时，湖南广电积极与湖南省发改委、财政厅、农业农村厅、乡村振兴局等省直单位联系，推动多部门联合发文推进智慧广电

乡村工程建设。得益于国家和湖南广电的多项支持与战略部署，湖南广电利用智慧广电网络在"村村响"工程、应急广播体系建设、乡村振兴宣传等方面发挥了重要作用。

（二）品牌影响力优势

湖南卫视作为湖南广电的主力频道，凭借其明确的节目定位、多样化的内容构成，以及个性化的营销策略，构筑了其核心竞争力，并塑造了独特的品牌影响力。这使得其在全国范围内取得了显著的高收视率，成为国内具有重要影响力的省级卫视之一。2014 年 4 月，湖南广电旗下的互联网视频平台——芒果 TV 正式上线，标志着"多屏合一"独播、跨屏、自制的新媒体综合传播服务平台的诞生。2018 年 7 月，以芒果 TV 为核心的新产业实体——芒果超媒正式成立。在新媒体时代媒介融合发展的大背景下，湖南广电通过电视与网络平台的联合，从内容、渠道、平台、资源等多个维度进行整合，推进了新老媒体的深度融合，从而构建了湖南卫视与芒果 TV 一体共生的媒体融合发展格局。[①] 因此，湖南广电得以充分利用其融合传播体系所形成的传播合力，将乡村振兴战略融入媒体融合发展的过程中，拓展了乡村振兴工作的传播范围，并显著提升了乡村振兴宣传的传播效能。

（三）技术体系优势

在融媒体时代背景下，湖南首个广电 5G 基站于 2019 年 11 月建成，是全球首个 700MHz+4.9GHz 低频加中频的混合组网。在 2021 年 2 月，湖南广电 5G 重点项目"智慧广电 5G 智慧云项目"落地，打造了 5G 本地化定制的大屏端新产品，已研发智慧党建、智慧文旅、智慧教育、智慧医养等一系列产品。同时湖南广电加速搭建广电云平台，构建湖南广电云平台服务体系，

---

① 张子豪.芒果超媒：湖南广电媒体融合发展的范式［J］.传媒，2021（6）：38-40.

推广广电 5G 智慧云进入数字乡村、医疗健康、社区治理等方面,打造基于 5G、AI 等技术的新型应急广播平台,推进落实智慧农业、智慧旅游、"雪亮工程"、5G 智慧电台、农村电商等服务。此外,湖南广电自主研发 5G 智慧电台,通过区块链、云计算等技术,将党的声音传送至田间地头,推进智慧广电向乡村基层纵深发展,为智慧广电服务乡村振兴工作赋能。

四、湖南广电建设"智慧广电"助力乡村振兴的实践路径

(一)创新内容:注重宣传乡村优秀文化传统与人文精神

湖南广电依托智慧广电的宣传优势,加速传统媒体和新兴媒体的融合创新,实现线上线下的跨屏互动,开创全新的乡村振兴栏目,找准乡村文化主题宣传的热点和亮点,传承乡村的优秀文化传统与人文精神,多层次、多维度地将乡村文明与农民精神呈现出来,为乡村振兴宣传装上"加速器"。

在履行主流媒体职责与担当方面,湖南广电围绕"乡村振兴"等核心议题,在芒果 TV 平台设立了专属频道专区。通过创新性的纪录片和新闻大片等影视作品,芒果 TV 着重展现了乡村振兴中杰出劳动者的动人故事以及智慧乡村的建设成就,深入挖掘了乡村特色故事和优秀文化,探索乡村振兴内容传播的新路径。2018 年 10 月 22 日,芒果 TV 与湖南经视联合推出的青春纪实大片《不负青春不负村》正式播出,该节目记录了六位青年大学生毕业后放弃高薪工作,选择投身乡村振兴事业的历程。这一行动不仅彰显了乡村振兴的主流价值,也激励了更多青年加入乡村振兴的队伍中。

在智慧广电工程建设的支撑下,湖南广电将乡村真实的发展状况以及优美风光通过图文、声像等媒体以及互联网短视频、直播等新方式进行智慧化宣传,打造出集视、听、阅、感为一体的文化产品,创新乡村地区的价值特色。2022 年春节期间,湖南广电推出特别节目《新春走基层:新山乡巨变》,节目将湖南省五个乡村振兴基地的不同特点、样貌以及当地乡村振兴的优秀

实践经验，全方位、多角度地展现出来，节目表现形式从大型直播改为直播连线与录制结合，提供了全景式、沉浸式、互动式的视听作品。节目播出后湖南广电利用自身全媒体资源推送相关短视频等融媒体产品实现联动传播，并在海外平台同步宣传，讲好中国湖南乡村故事，让湖南乡村声音传播出去。

（二）革新技术：推进数字乡村服务网络智慧化升级

国家广播电视总局于 2018 年 11 月 16 日颁布《关于促进智慧广电发展的指导意见》，明确指出需加速构建智慧广电传播体系，通过技术革新促进内容创新。该指导意见强调将云计算、大数据、人工智能（AI）等前沿技术应用于智慧广电的内容传播网络，以构建智慧广电内容的新模式。

第一，积极推进广播村村响工程的建设。湖南广电推广 5G 智慧电台的应用，对乡村广播系统进行优化升级，利用 5G、AI 云计算等先进技术为传统广播注入新的活力，并与县级融媒体中心合作，确保广播村村响工程的实施。

第二，深度参与乡村应急广播平台的建设。智慧广电应深度介入乡村应急广播平台的建设，有效监测各级应急广播系统的运行状态、发布内容、播发情况及接收效果，构建一个全面贯通、可管理、可控、协同工作的应急广播体系。此外，湖南广电提出了智慧应急广播项目：推广基于 5G、AI 等技术的"省级集中、统一调度"的新型应急广播平台。该平台由 5G 智能应急频道支撑系统、智能终端和 5G 应急频道（APP）构成，采用"内容＋软硬件"的方式，实现应急广播信息内容的生成、编排、传输、落地、进网、入户到终端播出、用户呈现体验等全流程服务。在 2020 年，湖南广电广播传媒中心紧急启动了疫情防控的广播应急方案，集中 130 名记者、编辑等新闻工作者全身心投入疫情防控的宣传报道中，24 小时全天候不间断播出防疫资讯及科学新闻逾千条，确保了党的声音在湖南乡村的广泛覆盖。针对农村地区，湖南应急广播平台联动 67 个县 1100 个村庄的大喇叭体系，将信息送至田间地头，有效打通了"最后一公里"。

（三）聚合平台：深化消费帮扶网络

国家广播电视总局强调广播电视和网络视听是推动消费扶贫的重要途径。湖南广电"智慧广电"将传统媒体及新兴媒体的资源进行整合，搭建聚合平台，通过"公益广告、综艺节目＋消费扶贫""短视频、直播＋消费扶贫"等方式，解决各地特色农产品滞销难题，充分发挥其产销助农、品牌强农的优势，进一步推进消费扶贫的智能化、数字化发展。

湖南广电在实施乡村振兴战略时探索出了一条以电商平台为依托的乡村振兴新形式，湖南卫视打造的"芒果振兴云超市"，切实实现了农产品销售的"最初一公里"和"最后一公里"精准对接。"芒果振兴云超市"在 2020 年上线后的一年时间，通过提供"一键开店、一键直播、一键到家"等整套农产品销售服务，拉动了全省近 30 亿元农产品的上线。

在 2021 年 10 月 29 日，湖南卫视创新节目模式推出全国第一档乡村振兴电视节目《云上的小店》，收获了三网收视第一的良好节目效果。本节目以由明星组成的"便民团"在浏阳市小河乡设立的多功能便民"云上便利店"为平台，传递了乡村振兴的真实现状和发展动态，并将消费帮扶策略深入实施于乡村振兴的进程中。从功能属性分析，"云上便利店"融合了消费与文娱两大功能，展示了小河乡独有的特色农产品和文化创意产品。既激活了小河乡的经济发展，又全面展现了乡村的新面貌，有效增强了小河乡的文化自信，确保了乡村振兴工作的具体实施。

2020 年 6 月 7 日，湖南卫视联合芒果扶贫云超市及拼多多，创新性地举办了《出手吧，兄弟！》大型助农扶贫直播活动，首次将电视直播与电商平台相结合，为观众带来了前所未有的互动购物体验。活动期间，观众在享受电视节目娱乐性的同时，可通过 20 个实时互动的直播间选购心仪商品，并直接在手机小屏完成购买，此举极大地促进了消费，活动总销售额突破 20 亿元大关，成效显著。此次直播活动不仅是一次媒体与电商的跨界合作典范，更是精准施策助力脱贫攻坚的有力举措。它聚焦湖南省内多个贫困地区的农产品销售难题，依托湖南卫视的广泛影响力和拼多多的庞大用户群，成功开辟了农产品销售新渠道，直接惠及乡村经济，让消费帮扶策略落到了实处。

此外，湖南卫视充分利用其热门综艺的流量优势，如《向往的生活》邀请网络红人与节目嘉宾共同参与公益直播，以及《名侦探学院》通过节目平台与嘉宾个人影响力的双重加持开展线上直播带货，这些举措不仅拓宽了农产品的销售渠道，还有效提升了农产品的品牌形象，实现了经济效益与社会效益的双丰收，展现了媒体在促进乡村振兴中的积极作用与责任担当。

（四）培育人才：筑牢乡村电商体系

人才是乡村振兴持续发展的坚实基础，是推进数字乡村建设的重要动力。随着智慧广电助力乡村振兴工作中的"直播＋消费扶贫"形式的全面发展，电商得到了快速的普及，市场规模持续增长，乡村地区的电商体系已经初步形成，而构成乡村电商体系的本地电商人员并非乡村电商人员中的主要部分，因此对当地的本土人才进行培训，强化本地电商人的互联网思维成为筑牢乡村电商体系的根本任务。

湖南广电利用其搭建的互联网电商平台"芒果振兴云超市"，对新人农民电商开展了线上线下联动培训，建立了多个直播培训基地，为新人提供自助直播。湖南广电坚持扶贫与扶志扶智相结合，高度重视对于乡村地区电商人才的培养，深度挖掘乡村地区的本土电商人才，通过人才激发乡村振兴的内在动力，将"输血"逐步转变成"造血"，逐步筑牢乡村电商体系。

五、湖南广电建设"智慧广电"助力乡村振兴的未来趋势

湖南广电在乡村振兴战略中发挥了强大的赋能推动作用，在未来的乡村振兴工作中，应不断增强自身的传播力、引导力、影响力和公信力，持续拓宽智慧广电的助力广度，以自身发展新动力激发乡村振兴新活力。

（一）深化媒介融合，讲好振兴故事

在当前的乡村振兴工作中，湖南广电通过搭建传统媒体与新兴媒体的交互平台初步实现了乡村振兴工作的宣传目标。在下一阶段的宣传工作中，湖南广电还应继续加强媒介融合的深度，加速推进乡村地区的县级融媒体中心建设，不断升级县级融媒体中心的内容、技术、平台，以推动媒体融合自上而下的深化贯通，构建出省市县级为一体的媒介融合新格局，为乡村振兴工作的持续推进筑牢基础。同时，应充分利用广电构建的融媒体中心，对农业节目进行全方位的创新制作。将新媒体技术全面融入内容生产流程中，以展现符合全媒体时代的高质量内容。

此外，建设美丽乡村是乡村振兴工作的重要任务之一，"展现美丽乡村"也是讲好乡村振兴故事的核心内容之一。湖南广电可以借助融合优势，从保护和宣传方面入手，以实现"生态美、百姓富"的乡村发展新面貌。在保护方面，智慧广电对乡村地区的优质生态资源进行整合，在保护的基础上对乡村地区的特色景观加以开发，实现将智慧广电与乡村文旅相结合的振兴新方式。在宣传方面，广电须兼顾全局与个体，通过对乡村地区深入的调查了解，对美丽乡村建设宣传进行系统布局，同时将焦点细化至乡村地区特色的民间艺人、非物质文化遗产代表性传承人、乡村文化人等，通过乡村劳动者对于乡村故事的自述，让他们从受众变成传播者，讲述自己、周边或乡村的真实

故事，传播乡村原生态声音，使平民大众成为新的再生产、再加工的主力军，从而激发乡村人民的振兴信心，传播出属于湖南乡村的真实振兴故事，提升湖南乡村地区的文化自信，促进湖南乡村地区的文化繁荣，以加速实现乡村振兴目标。

（二）加大基础设施建设，拓展智慧广电在乡村公共服务中的运用

目前，在基础设施建设方面，湖南广电主要是利用"5G 智慧电台"推动乡村广播村村响工程和乡村应急广播平台的建设。在未来的乡村振兴工作中，湖南广电的"智慧广电"可以将目光重点聚焦于提高乡村人民的生活品质方面，从底层生活入手数字化、智能化，逐步扩展至乡村服务网络的各个方面，从而全方位实现乡村地区的智慧化生活。

为了扩展智慧广电在乡村公共服务领域的应用，可考虑将其应用于构建"智慧家庭"项目中，此举将显著促进乡村地区智能化水平的提升。在多种场景化的应用中，"智慧家庭"展现出高度的人性化和效率。该系统综合运用了物联网、云计算、移动互联网以及大数据技术，并结合自动控制技术，通过智慧广电的控制功能实现家庭设备的智能化控制、家庭环境的感知、家庭成员健康的监测、家居安全的监控，以及信息交流和消费服务等功能的整合。这些功能的结合，旨在创造一个健康、安全、舒适、低碳、便捷的个性化家居生活环境。[①]构建"智慧家庭"作为智慧广电助力乡村家庭迈入智能化生活的新途径，代表了乡村地区公共服务建设的创新性发展。在此基础上，乡村家庭生活的科技化和智能化水平将得到显著提升。

---

① 文衍勇.智慧广电助力乡村公共文化服务实践［J］.广播电视网络，2021，28（5）：69-70.

（三）吸引人才回流，培养优质团队

人才是实施乡村振兴战略的核心要素。当前，智慧广电建设面临的主要挑战之一是专业人才的匮乏。因此，通过广电系统对本土人才的培育和对创业人才的吸引，将成为全面推进数字乡村建设的关键动力。湖南广电应充分发挥其在广播电视及网络视听平台方面的优势，重点培养智慧广电乡村振兴建设型人才。同时，在移动互联网时代背景下，将那些真正掌握并能有效运用互联网思维的人才引入乡村振兴工作，是将新型科技成果转化为推动乡村发展的先进生产力的关键。这将有助于显著提升乡村数字化治理能力和可持续经济发展水平。湖南广电应致力于构建一支由乡村振兴领域专家、新媒体技术专家、优质创业者、新型乡村电商人才、村党组织领导、在乡及返乡大学生等组成的多元化乡村振兴人才队伍。对各类人才实施全面的了解、尊重、爱护和有效利用，以打造一支高素质的乡村振兴人才团队，为智慧广电建设和数字乡村建设提供支持，通过人才振兴推动乡村振兴战略的深入实施。

第五节　价值共创理论视角下的湖南广电"综N代"内容创新研究

在当前国内综艺市场的创新演进过程中，台网双轮驱动的综艺节目 N 代化现象已经成为视频平台和节目创作团队广泛采纳的主要竞争策略。通过深度挖掘那些已经吸引了大量观众关注、具有一定话题热度，并在节目形式和内容核心上都相对成熟的综艺节目，实现其垂直深度的延续，从而展现出热门综艺 IP 代季化的发展趋势。以湖南卫视芒果 TV 为例，该平台不仅成功实现了旗下不同综艺节目产品之间的横向联动，如推理系列、情感系列、音乐

综艺系列等，还持续推出了《大侦探》《密室大逃脱》《向往的生活》《中餐厅》等具有超长生命力的代季综艺作品，为"综 N 代"发展模式的突破提供了可资借鉴的策略。

一、理论基础与问题的提出

（一）理论基础

在 21 世纪初，价值共创的概念正式被提出，Prahalad 和 Ramaswamy 指出未来企业竞争将依赖一种新的方法，即以个人为中心，由消费者与企业共创价值。[①] 在传统营销理念的框架下，企业竞争的核心在于企业本身，价值创造主要通过产品交换实现。消费者在这一过程中并不直接参与价值的生产，而是扮演着被动接受者的角色。然而，价值共创理论的提出，突破了传统营销理论的界限，强调了消费者在价值创造过程中的关键作用。消费者能够通过产品体验的参与，深入到企业的研发或设计环节，或者通过提出想法和采取行动，积极地融入企业的生产和营销活动。自价值共创理论提出以来，其迅速引起了学术界的广泛关注，并且其理论内涵持续扩展，形成了两条主要的理论发展路径。其一为基于消费者体验的价值共创理论，其二为基于服务主导逻辑的价值共创理论。前者由 Prahalad 和 Ramaswamy 于 2000 年及 2004年所提出，他们主张价值共创的本质在于共同创造消费者的体验价值，[②] 体验价值的形成过程是连续的，贯穿于开发、设计、生产、消费以及售后服务等各个价值创造阶段。价值共创的实现依赖于价值网络成员之间的互动。这一理论框架由 Vargo 和 Lusch 于 2004 年提出，其核心观点强调服务是所有经济

---

① PRAHALAD C K, RAMASWAMY V. Co-creation Experiences: The Next Practice in Value Creation [J] . Journal of Interactive Marketing, 2004, 18(3): 5-14.

② 武文珍，陈启杰 . 价值共创理论形成路径探析与未来研究展望［J］. 外国经济与管理,2012,34(6): 66-73.

交换活动的基础。此处的服务概念，指的是实体利用其专业化能力（包括知识和技能）通过行动、过程和行为来实现自身或其他实体利益的过程。消费者作为操纵性资源的持有者，拥有知识、技能、经验等无形资源。企业生产者则提供产品和服务。在产品和服务的使用或消费过程中，消费者与生产者通过资源整合和互动共同创造价值，这种价值体现为"使用价值"而非传统的"交换价值"。基于服务主导逻辑的价值共创理论，为经济基础和价值创造提供了新的研究视角，已在营销学和管理学领域得到众多学者的深入发展与完善，成为价值共创研究的主要理论框架。

根据服务主导逻辑，参与价值共创的主体不只局限于企业与用户，还有合作伙伴、企业员工和其他利益相关者，他们共同参与资源整合。[①] 在价值共创系统中，企业承担着提出价值主张、与消费者互动共同创造价值以及提供价值共创支持系统等关键角色。首先，企业无法独立完成价值的创造与传递。价值的实现依赖于企业提出的价值主张获得消费者的认同，从而确立与消费者共同的价值创造目标，并在此基础上实现价值共创。其次，企业与消费者通过持续的资源交换、互动、对话和合作，共同完成价值的创造过程。再次，为了确保价值共创过程的顺利进行，企业须构建价值共创支持系统，该系统包括基础设施等硬件设施以及组织结构、规章制度、企业文化、工作氛围等软件要素，旨在为消费者提供必要的帮助和支持，以促进价值共创的实现。消费者在价值共创过程中，通过利用个人资源以及企业提供的资源，实现自我价值的创造和问题解决方案的提供。作为价值共创的主体，消费者投入时间、精力、信息、知识和技能等资源于共创系统中，并与企业的资源进行整合。通过互动，消费者的价值创造过程与企业的价值创造过程得以相互连接、渗透和融合。

---

① VARGO S L, LUSCH R F. From Repeat Patronage to Value Co-Creation in Service Ecosystems: A Transcending Conceptualization of Relationship [J]. Journal of Business Market Management, 2010, 4(4): 169–179.

（二）综艺节目 N 代化的发展现状

在对 2022 年全网电视综艺节目有效播放霸屏榜及 2022 年全网网络综艺节目有效播放霸屏榜的统计数据分析中可知，N 代综艺节目已经占据了行业超过半数的比重。进一步地，从 2022 年新上线综艺节目平均 30 天有效播放霸屏榜的观察来看，前 20 名中有 17 个席位被 "综 N 代" 作品所占据。[①]无论是在平台创作资源的分配上，还是在观众用户的关注度上，"综 N 代" 节目已悄然成为影视文化娱乐生活的重要组成部分。

随着互联网技术的迅猛发展以及融合媒介的深入推广，我国综艺节目市场迎来了前所未有的需求增长。然而，在早期的综艺开发领域，我国国内综艺节目市场长期受到缺乏文化特色、创新性不足，以及过度借鉴、挪用或仿制日本、韩国等国外热门综艺节目的批评。尽管新生代综艺节目呈现出繁荣的多样性，但不难发现，视频平台和节目创作团队在节目制作上表现出一定程度的慌乱与决绝。新生代综艺作品在不同领域的渗透，实质上反映了节目制作方为了争夺市场份额、塑造品牌特色而进行的持续探索与尝试。

在视频媒介的传播过程中，受众群体的审美偏好和评价标准构成了衡量综艺节目成败的关键指标。经过时间的筛选与受众的主动筛选，那些能够从众多综艺节目中脱颖而出、获得广泛关注、取得高分评价并赢得观众普遍赞誉的节目，无疑展现了其独特的价值。例如，中国版的《奔跑吧》（原名 Running Man）以其青春竞技的新颖综艺形式成功开拓了国内市场。随着节目的深入发展，节目内容逐渐融入了本土文化特色，经过 11 年的市场沉淀，该节目在中国综艺市场中确立了稳固的地位。另外，央视推出的《中国诗词大会》这一综艺真人秀节目，旨在传承和弘扬中国传统文化，通过咏诵诗词之

---

① 云合数据 . 报告 | 2022 年综艺网播表现及用户分析［EB/OL］.（2023-01-04）［2024-11-12］. https://www.enlightent.cn/reports.html.

美,实现了文学与艺术的有机结合,并在综艺形式上不断创新,有效地实现了教育与娱乐的结合,传递了文化价值。

综艺节目的 IP 代季化垂直延伸,是当前流行综艺现象的有力佐证。在国内外综艺市场中,鲜有高人气综艺作品遭遇突然终止或黯淡收场的结局,其长尾效应通常成为平台和创作者所追求的再创作资本。在众多综艺节目中,脱颖而出的优质用户锚点经历了激烈的优胜劣汰过程,其背后所投入的人力和财力资源成本是巨大的。利用已经取得成功并广受关注的综艺 IP,进行概念、内容、形式乃至整个节目的垂直态纵深延续,即构建"综 N 代"的发展趋势,能够有效传递原始热度并稳定观众基础,从而大幅降低视频平台和节目创作团队的试错成本。同时,这种策略能够迅速吸引受众关注并抢占市场先机,实现节目内容价值和商业价值的双重提升。满足受众需求与保持受众关注的双向选择,使得综艺节目 IP 品牌化成为可能,进而逐步形成综艺市场中的马太效应。

依据当前综艺节目发展的特征,"综 N 代"模式已成为业界的主流选择。湖南卫视和芒果 TV,作为卫视与网络平台合作的典范,构建了"双翼一体"的运营模式,并以此为基础打造了一个综合性的"综艺宇宙"。在推理类综艺领域,《大侦探》与《密室大逃脱》分别发展至第八季与第五季,成为该赛道的标志性品牌;在音乐类综艺方面,《乘风》系列已举办 6 季与《披荆斩棘》系列举办 4 季;在户外真人秀领域,《中餐厅》已成功开启第七季,而旅行类综艺《花儿与少年》也已顺利抵达第六季。芒果 TV 通过巧妙运用"综 N 代"模式,为综艺板块的构建提供了丰富且高质量的内容资源。该模式不仅为节目注入了大量初始流量,还深入洞察了受众需求,有效吸引了观众的注意力,并促进了用户留存。芒果 TV 实现了综艺产品的跨平台联动与协同发展。此外,芒果 TV 在综艺板块的卓越表现也为行业内"综 N 代"模式的合理运用及其价值实现提供了可借鉴的范例。

（三）问题的提出："综 N 代"趋势必然面临的发展困境

在影视剧行业及综艺节目领域，后续作品往往难以超越首季或早期作品的辉煌成就，这一现象几乎已成为业界默认的规律。即便是在"综 N 代"模式下，即通过连续制作多季来深化内容，也通常难以完全复制初始节目的成功或持续保持其原始的热度。对于"综 N 代"节目而言，外部环境的变迁以及内在因素的波动均会对节目价值产生实质性的影响。因此，"综 N 代"并非为综艺市场开辟了一条便捷的成功之路，而是为视频平台和节目制作团队提供了一个必须实时应对、深入分析并灵活运用的潜在发展机遇。

1.老牌综艺延续与新式潮流竞品之间的矛盾

一档新推出的综艺节目在业界的成功，相当于开辟了新的竞技领域，为同行业竞争者提供了创新的启示，并为行业的发展注入了前所未有的商业活力。由于综艺节目的公开传播特性，其核心创意难以保密，因此，一档广受欢迎的综艺节目往往成为其他制作团队研究和分析的对象，以探究其独特之处。随着热门综艺节目的迭代更新，市场上出现大量模仿的同质化产品成为一种必然现象。

自 2018 年以来，我国观察类综艺节目进入了 2.0 时代，通过构建"第一现场＋第二观察室"的双层叙事结构，为观众呈现了慢综艺的全新面貌。这一时期的代表作品包括芒果 TV 的《我家那小子》《妻子的浪漫旅行》，腾讯出品的《心动的信号》，以及后来居上的爱奇艺节目《喜欢你我也是》和浙江卫视的《遇见你真好》。借助观察类综艺的复兴之势，多款具有独特视角的节目成功占据市场领先地位，实现了"N 代化"制作的基准。

在众多同质化节目涌现的创作背景下，如何保持"综 N 代"节目的特色优势，突出重围；在与更多、更新潮、拥有更广泛经验的新生节目竞争中，如何保持"综 N 代"的领先优势，再次取得胜利；以及在节目 N 代化制作的冷藏周期内,如何做好"综 N 代"的观众留存,防止受众流失等问题,都成为视频平台和节目主创团队必须深思熟虑的问题。

2.纳新受众群体与稳固原有粉丝之间的矛盾

在综艺节目的发展过程中,当节目达到一定的成熟阶段,通常会形成一群稳定的忠实观众群体。这些观众往往表现出较高的忠诚度、归属感以及粉丝凝聚力,并可能形成饭圈文化,制定出特定的应援名称和口号。以芒果 TV 在 2019 年推出的《名侦探学院》为例,该节目作为《大侦探》的衍生作品,以常驻嘉宾多为智商高、学历高、颜值高的"三高"学霸为卖点,通过活力四射、益智新颖的节目互动形式,迅速吸引了大量年轻观众的关注,并形成了以"学分"自称的粉丝群体。

通常,忠实观众群体的形成与用户黏性密切相关,这种黏性往往源自观众对节目历史内容的深入了解,从而产生不自觉的优越感。粉丝因了解而产生好感,因喜欢而萌发进一步探索的欲望,对节目内容的熟悉和掌握成为其归属感的主要来源。节目制作方洞察到这一特性,因此在节目的迭代制作中,会不断回溯和重复往期节目的经典元素,如《名侦探学院》中对学长经典台词的反复引用;《大侦探》中对"尔康"元素的反复运用;《向往的生活》中对嘉宾后期小翅膀的反复刻画,以此准确激发忠实观众的满足心理,实现巩固粉丝基础的传播目的。

然而,这种做法对于吸引新观众并不利。节目与老观众之间形成的"加密通话"可能会让新观众在心理上感到难以融入,产生疏离感,甚至可能因为这种壁垒的存在而将一些有兴趣进一步了解节目的新观众拒之门外,形成一种"一部分人的狂欢"的虚假繁荣。如果"N 代综艺"在发展过程中不能吸收新的受众活力,节目就难以拓展其原有的市场,只能呈现出缓慢甚至停滞的发展态势。

3.节目主旨核心与内容审美疲劳之间的矛盾

近期,芒果 TV 旗下经典综艺节目《向往的生活》第七季正式回归,但令人遗憾的是，两位常驻嘉宾在首期节目中亲自宣布了节目的暂时告别。作为芒果 TV 的 S＋级旗舰节目，同时也是国内生活类慢综艺的开创者，《向往的生活》的停播引发了网友的广泛感慨和自发的怀念活动。

不可否认，"综 N 代"模式为视频平台和制作团队提供了新的综艺市场运营和维护策略，但这并不等同于找到了一种永久有效的综艺创作模式。《向往的生活》的停播并非突如其来的变故，实际上，从先前两季的观众反馈中已显现出潜在的问题。由于节目核心嘉宾的微调以及节目形式的长期一致性，《向往的生活》在豆瓣上的评分从第二季的高峰 8.0 分跌至第六季的低谷 5.8 分。观众对老嘉宾缺乏创新、新嘉宾难以融入集体、节目内容同质化等问题的批评不绝于耳。

《向往的生活》的制作人王征宇在接受杂志访谈时，表达了他对"老节目困境"的看法，即所有老节目都会面临审美疲劳的问题，但又因固定的受众基础而难以对核心内容进行根本性的改变。因此，所有老节目在改版时只能进行微调。对于"综 N 代"节目而言，要想在保持原始观众基础的同时实现大幅留存，就必须在"N 代化"过程中保持节目核心和特色的稳定。这可能体现在节目嘉宾的人员配置、节目形式以及核心价值的构建上。然而，随着时代的发展，保守不变的节目可能会被市场淘汰，而重复的体验会使观众感到乏味，无法改变的节目基础同时也会成为限制其发展的障碍。

二、基于价值共创理论的"综N代"困境突破创新路径

价值共创理论，最初由 Prahalad 等人于 21 世纪初期提出，是管理学领域的一个重要概念。该理论指出，在环境变迁的背景下，消费者的角色已经从被动的购买者转变为积极的参与者。[①] 价值的创造不再仅由生产者单方面完成，

---

① PRAHALAD C K, RAMASWAMY V. Coopting Customer Competence［J］. Harvard Business Review, 2000, 78(1): 79-90.

而是在消费者的积极参与下，与企业及其他利益相关者共同构建。

从综艺节目的研发、制作、放映、营销，以及社会影响等多维度视角分析，节目制作平台与观众作为媒介传播的两端，与节目的最终价值实现密切相关。综艺节目的核心价值职能在于有效传播情感内容，及时捕捉并响应观众反馈，建立节目与观众之间的紧密联系。通过增强用户的成就感和满足感，构建观众的忠诚度，为节目商业价值的实现创造条件。同时，合理吸纳观众意见，以呈现更优质的内容，促进节目自我价值的持续提升。这一过程有助于扩大观众群体，增加节目传播的覆盖范围，实现综艺节目运作模式的价值闭环（见图 5.1）。

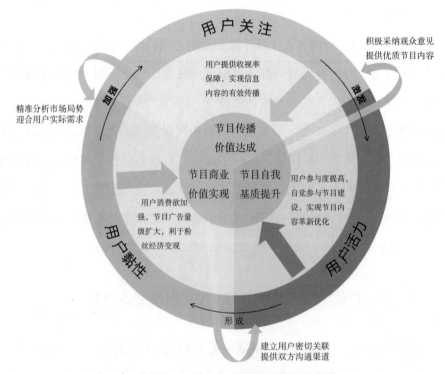

图 5.1　价值共创视角下综艺节目价值实现渠道分析

因此，在综艺节目经历多代更新的过程中，为了实现节目热度的有效传递，保持新老观众比例的稳定，并最大化地转化综艺节目在 N 代化运行模式中的价值，将问题与压力仅归咎于单一环节并不能合理解决矛盾。相反，应当从节目制作平台和观众用户群体两个方面进行综合分析，以探索"综 N 代"节目最适宜的生存策略。

（一）洞察用户关注取向迎合综艺市场的价值需求

在电视综艺节目开发的进程中，芒果 TV 恪守"内容为王"的创作理念，将客观的定量分析与主观的定性研究相结合，以深入洞察观众的需求与偏好。芒果 TV 在节目播放的客户端后台部署了实时用户数据监测系统，通过点击率、播放率、停留时间等多个维度进行分析，从内容分析和大数据研究的角度审视用户的关注倾向。芒果 TV 始终致力于制作"富有意义、充满温度、具备趣味性"的节目内容。[①]

在新媒体时代背景下，综艺市场普遍呈现出供过于求的格局，导致那些未能在竞争中脱颖而出的节目面临被时代淘汰的风险。音乐类综艺节目作为国内综艺市场的重要组成部分，其头部节目的迭代更新速度之快，往往令人难以预料。以芒果 TV 推出的《乘风》系列为例，该节目自 2020 年推出以来，曾一度引发广泛关注。然而，随着第四季的推出，面对公众对于国内 30 岁以上女艺人群体创造力的质疑，节目组对新一季的节目定位进行了相应的调整。

《乘风 2023》是顺应全球化趋势的一次创新尝试。该节目致力于展现来自世界各地的女性，她们跨越语言障碍、时间差异、地理界限以及性格差异，勇敢地表达自我，突破限制，实现舞台梦想，并达成友好合作。节目摒弃了对年龄的狭隘定义，转而提供了一个全新的视角，使更广泛的观众群体能够从观看体验中领略到中国女性风尚之美。节目准确地传达了勇敢拼搏、积极向上的追梦精神，实现了在"综 N 代"节目中的价值创新。

同样为芒果 TV 综艺节目的《声生不息》，在港乐季之后推出了宝岛季。

---

① 芒果 TV. 芒果 TV：情感综艺走进 2.0 时代 [J]．声屏世界·广告人，2019（12）：181-182.

该节目以经典时代金曲为媒介，启动了两岸音乐文化交流，使时代故事和民族精神通过歌曲得以传播。节目积极回应时代主题的号召，颠覆了"音乐综艺节目＝竞技"的传统观念，以尊重、和谐、共享为节目特色，提供了一种纯粹的视听美感享受。此外，节目超越了其娱乐本质，以厚重感、深度和力量向观众传递了情感价值，与传统音乐综艺节目形式形成鲜明对比，展现出独特的艺术魅力。

满足市场需求的电视综艺节目方能获得受众的广泛关注、深入理解以及广泛喜爱。时代的快速变迁要求综艺节目在多代化发展的过程中，必须持续关注实时热点和当前用户需求，将优质的节目基础与最新流行元素相结合，以实现超越单一元素叠加的传播效果，促进"综 N 代"节目的持续健康发展。①

（二）借助用户活力搭建节目代季之间的衔接桥梁

庞大的粉丝受众群体在扮演消费者角色的同时，也能为综艺节目"N 代化"的制作与宣发提供坚实的支持。粉丝群体对节目的影响可大致分为内部和外部两个维度。在节目自身代季化的发展进程中，忠实观众作为除制作团队外最了解节目的群体，同时也是"N 代综艺"趋势下主要的受众目标，其对节目发展提出的建设性意见，理应成为节目开发创作过程中被重视并参考的重要指标。

《名侦探学院》作为《大侦探》系列的衍生节目，在获得广泛观众喜爱和显著热度后，迅速实现了从附属到独立的转变。在脱离了与母节目相连的"竞选"形式后，节目如何展现其核心价值，即展现学霸学长们的人格魅力与友情纽带，以及何种节目类型能够满足观众需求并符合"学分"群体的期待，成为制作团队必须面对的问题。

在《名侦探学院》的六季节目中，根据节目形式的不同，可以将其划分

---

① 龙娟."综 N 代"应对审美疲态的创新之道［J］.新媒体研究，2020，6（8）：105-106.

为四个阶段：第一季的完全附属形式；第二、三季的独立探索阶段；第四、五季的定制"寻宝"篇章；以及第六季的阵营本主题故事。每一阶段的独立性足以构成一档全新的综艺节目，对于新观众而言，不存在观看上的连续性压力。节目形式的每一次重大转变并非制作团队的主观臆断，而是基于对粉丝意见的耐心倾听和综合考量。根据粉丝的反馈，在《名侦探学院》的后续系列中引入了旅行、合宿、游戏等生活化元素，以展现学长们之间深厚的情感纽带，并设置了剧本杀、狼人杀、寻宝等环节，以展示学长们的智慧与才能。以"脑力竞技"为核心，以观众需求为导向，《名侦探学院》每一季节目既是前一季的延续，也是新一季的起点，整体保持了较高的综艺节目品质。

在"N 代"综艺节目深入持续对外宣传过程中，广大粉丝群体往往在无意识中扮演了"自来水"角色，间接促进了节目的传播与扩散。在社交网络高度发达的当下，社交媒体上的每一次评论与转发均能为原始推文带来可观的流量。同时，诸如哔哩哔哩、抖音、快手等操作简便的视频平台，为节目忠实粉丝提供了二次创作与剪辑的渠道。活跃于互联网的节目粉丝热衷于向更广泛的受众推荐其所钟爱的节目，并常在节目播放过程中，通过弹幕形式向新观众普及与解答"节目老梗"。

在这一过程中，视频平台及节目主创团队仅须尊重用户的情感表达和参与节目建设的意愿，并为他们提供一个开放、自由、资源丰富的创作环境。通过充分调动用户的积极性，使其参与到综艺节目创意开发及宣传营销的基础建设中，从而为综艺节目 N 代化趋势的发展贡献出一分力量。

（三）基于用户黏性支点平衡节目内容的变与不变

综艺节目的核心在于"综 N 代"模式的持续发展，观众因受到核心元素吸引而汇聚，节目也因核心元素的辐射效应而获得生命力。在综艺节目的迭代过程中，原始观众因节目保留的核心元素而得以维系，形成与节目之间强固的用户黏性。然而，视频平台与节目创作团队所推崇的节目亮点，并非总是与观众偏好直接对应。基于传播价值的考量，节目的真正核心应由受众的感知与反馈来决定。

综艺节目之核心元素主要分为两类：一是节目所传达的价值理念，二是常驻嘉宾间的化学反应。以《向往的生活》为例，该节目在后期受到最多批评之处，在于其传达的"向往"概念发生了质的变化。随着节目热度的提升及赞助商的全面介入，《向往的生活》中的生活条件变得更加优越，早期通过劳动换取食材的朴素氛围不复存在，人与人之间因互动而产生的自然笑点也消失殆尽。节目似乎不再因生活中最简单、最平凡的快乐而令人向往，反而更多地呈现出一种刻板化的生活日常，并以"教导式"的方式告诉观众"这就是令人向往的生活"。原本的自然、灵动、生趣逐渐模板化，成为导致大量观众流失的主要原因。

同样因代季跨度过长险遭审美疲劳困境的还有芒果 TV 的另一档节目——《大侦探》。该节目作为一档结合了真人秀、探案推理及角色扮演元素的综艺节目，其核心特色之一在于普法教育与价值观念引导，由资深成员撒某担任。撒某与负责把控节目流程活跃气氛何某共同构成的"双北 CP"（指撒某与何某的搭档组合）是节目不可或缺的精神支柱。然而，由于不可抗力因素，撒某自第七季开始未能继续参与节目制作，核心成员的缺失对忠实观众造成了显著的不适感，并对《大侦探》未来多季的持续发展构成了显著的挑战。[1] 为改善这一困境，《大侦探》自第七季起抛出"寻找撒撒"的主线概念，没有仓皇地掩盖逃避核心嘉宾缺失这一重要险境，而是整整用了两季节目二十三个案件，给了观众足够时间作为缓冲去淡化这一问题所带来的影响。

---

① 席鲁宁.《明星大侦探》看推理网络综艺"综 N 代"的良性发展 [J]. 视听, 2021 (11): 50-52.

三、结论与讨论

综艺节目的主创平台和用户受众是其不可分割的两个部分，前者从节目的出发端决定了节目的内容呈现、信息传递及影响塑造；后者从节目的作用端决定了节目的承载意义、表达方式及价值实现。综艺 N 代化趋势的出现的确在一定程度上缓解了国内综艺市场优质作品匮乏的问题，但其并非一劳永逸的捷径。"综 N 代"同样需要主创平台和用户受众的共同维护，充分展示节目的多维价值。节目创作的初始目的本就在于服务受众，唯有打通平台与用户之间的壁垒屏障，基于双视角下的综合考量，联合推进综艺 N 代化的发展，才能使其真正走向成熟，更好地投入我国综艺领域的建设。

第六章　芒果模式 2.0 深度融合的
经验与启示

　　截止到 2024 年 11 月，湖南广电已经初步建成主流新媒体集团，实现了湖南卫视、芒果 TV 深度融合，成功布局了小芒电商、风芒短视频、5G 智慧电台等新媒体矩阵，形成了长中短贯通、音视频共进的全媒体发展格局。[①] 2021 年，湖南广电提出其深度融合的目标是，争取到 2025 年，湖南广电以具有创新活力和影响力的优势，建成主流新媒体集团，实现媒体融合芒果模式的升级迭代，迈入跨越式发展的新阶段。[②] 迄今为止，湖南广电已逐步构建了一个以马栏山为轴心的双层"芒果生态圈"。在"芒果生态圈"内部，湖南卫视和芒果超媒作为两大核心动力，依托湖南卫视与芒果 TV 的"双平台"战略，促进了其他卫星频道、地面频道及广播频率的协同进步，共同构筑了一个融合媒体的大型生态系统。而在"芒果生态圈"的外部行业层面，湖南广电通过一系列战略合作的实施，例如与网络电影制作方共同推进"超芒计划"，与外部战略工作室合作实施影视剧生产储备的"新芒计划"，以及与国际制作公司和电视平台合作的"全球飙计划"，并与中国移动、华为公司签署

[①] 龚政文. 使命激荡热血 变革势在必行［J］. 新湘评论. 2024 年增刊：46-47.

[②] 张华立. 建设主流新媒体集团 探寻高质量发展新路径［EB/OL］.（2021-02-08）［2024-11-12］. http://paper.news.cn/2021-02/08/c_1211017767.htm.

战略框架协议等，"芒果生态圈"的影响力已超越马栏山，实现了跨行业、跨产业链乃至跨国界的拓展，推动了湖南广电行业生态的深度发展。

芒果模式 2.0 已取得显著成效，那么，其深度融合的"芒果经验"究竟包含哪些要素？芒果模式是否具备可复制性？本书将在下文中尝试分析。

第一节　党媒姓党，始终坚定主流价值引领

"让党旗飘扬在冲锋路上"，这是湖南广电践行党建引领业务创新的指导语。长期以来，湖南广电秉承习近平新时代中国特色社会主义思想的指导原则，始终贯彻"党建＋"理念，促进党建工作与核心业务、日常运作的深度融合，确保不偏离既定方向，不受外部力量干扰，不降低标准，不随波逐流，致力于塑造具有鲜明主流价值观的新媒体集团形象。在 2021 年 10 月第二届中国广电媒体融合发展大会上，龚政文强调了"坚定主流价值引领"的重要性。湖南广电始终承担着党媒国企的责任与使命，2020 年在主旋律宣传上的直接投资达到 8.87 亿元人民币，而 2021 年为庆祝中国共产党成立 100 周年，仅 16 个重点项目就投入超过 6 亿元人民币。[①]

首先，重视党的组织建设工作，牢握意识形态工作的领导权。湖南卫视频道党委目前下设 2 个党总支（总编室、节目制作中心党总支）、25 个支部。湖南卫视频道共有员工 938 人，党员 312 人，约为总人数的 33%。[②] 作为隶属于党的、受党管理的国有控股文化企业，芒果超媒自 2018 年重组以来，便成立了党委。在初期，党员比例较低，因此，各级党组织将培养合格党员视为一项重要任务。在 2019 年和 2020 年两年间，共发展新党员 195 人，使得员

① 经典好声音. 龚政文任湖南广电集团（台）一把手! 关于媒体发展，他有这些思考［EB/OL］.（2024-03-21）［2024-11-11］. https://mp.weixin.qq.com/s/yFGD5AGy8j1R5m0SPzaEZg.

② 湖南广电党建."心向党 行有方"湖南广电党建系列报道（一）—— 湖南卫视的核心动力［EB/OL］.（2018-05-25）［2024-11-12］. https://mp.weixin.qq.com/s/tkG1t7Z88NUpiGCE4-yzRg.

工党员比例提升至 22.8%，从而稳固了意识形态工作的领导权、管理权和话语权。在基层党组织建设方面，芒果超媒全面推广了"支部建在团队上"的创新模式。在 2021 年建党百年之际，芒果超媒参与制作的献礼剧《百炼成钢》《理想照耀中国》和《党的女儿》项目规格高，参与人员多达三千余人。芒果超媒指导各剧组分别成立临时党支部，结合剧情和拍摄动态宣传党史学习教育，坚持学干结合、学用结合，带领剧组攻坚克难，勇于创新，获得了广电总局的高度赞许。

其次，践行主题宣传报道，牢记弘扬社会主义核心价值观的职责使命。湖南卫视始终秉承"新闻立台"与"导向立台"的原则，致力于创新新闻大片、纪录片等文艺作品的种类，深刻铭记并履行传播社会主义核心价值观的职责与使命。自 2013 年至 2017 年，该台连续五年推出"新闻大片"系列作品，包括《县委大院》《绝对忠诚》《湖南好人》《初心璀璨》和《为了人民》，这些作品均聚焦于不同行业领域中为党的事业作出牺牲奉献的英雄人物，积极传播社会主义核心价值观。2021 年推出的新闻大片《为有牺牲》，同样聚焦于这一主题。芒果 TV 则通过创新渠道，精准定位，从青春与女性两大主题出发，分别打造了《我的青春在丝路》《青春正当时》以及《党的女儿》等作品。这些作品在宏大叙事的框架下融入了对个体的关注和人性的关怀，努力践行"党媒姓党"的文艺创作宗旨，为文艺作品的创作与传播提供了有力的实践案例。

最后，在市场化运作过程中，时刻不忘"党媒姓党"。芒果超媒曾凭借其"小而美"的自制剧集创造了收视佳绩，然而，过度依赖流量明星可能导致策略失误。芒果超媒坚持不以"流量"牺牲"质量"，严格把控意识形态与思想政治教育，成立专门小组对潜在风险进行广泛排查与整治。在借助资本力量增强自身实力的过程中，芒果超媒保持独立性，不受外部力量影响，坚守国有资产控股地位，强调其国资国企的属性，致力于塑造具有鲜明主流价值观的新媒体集团形象。

第二节 内容永远是核心竞争力

习近平总书记指出："内容永远是根本，融合发展必须坚持内容为王，以内容优势赢得发展优势。"高质量内容生产能力是媒体融合发展核心竞争力的源头活水。在内容创新领域，湖南广电致力于强化主流宣传力度，创新节目模式，凸显主流价值观。湖南广电实现了从娱乐创新向价值引领创新、从感官娱乐向精神熏陶、从需求迎合向思想引领的转变，加速推进了视听内容生产供给侧结构性改革。湖南广电高举旗帜、凝聚民心、培育新人、振兴文化、展示形象，积极承担并履行新时代媒体的社会责任。该机构不仅为文化 GDP 贡献了有内涵的内容，还打造了一系列高质量的融媒体内容产品，确保了主旋律的高频传播和正能量的广泛覆盖，发挥了价值引领的堡垒和旗帜作用，实现了社会效益与经济效益的双赢。

在第二届中国广电媒体融合发展大会上，龚政文于 2021 年 10 月指出，湖南广电正成功构建内容融合的新生态。湖南卫视与芒果 TV 建立了双平台共建共享机制，工作室之间打破了平台壁垒，实现了团队、人才、创意、项目和资金的相互开放，从而加速了融合进程。此外，湖南广电还打造了国内首个台网联动的"芒果季风"剧场，明确反对内容悬浮、注水和过度依赖"流量"。通过建立双平台电视剧联采联播机制，对剧类资源进行了最优配置，不仅保持了剧场品牌，还显著降低了购剧成本。同时，湖南广电聚焦芒果厂牌内容建设，整合了芒果系所有内容团队，致力于打造具有高门槛和竞争力的多形态融媒体产品。[①]

---

① 经典好声音.龚政文任湖南广电集团（台）一把手！关于媒体发展，他有这些思考［EB/OL］.（2024-03-21）［2024-11-11］. https://mp.weixin.qq.com/s/yFGD5AGy8j1R5m0SPzaEZg.

一、主流价值观为核的内容自制，是秘籍

湖南广电深入研究习近平总书记关于文艺工作的重要论述，坚持以人民为中心的工作导向，以新闻、综艺、电视剧、纪录片等为主要领域，成功打造了一系列具有深刻思想内涵、价值导向明确、内容形式多样、深受群众喜爱的文化产品。致力于提升全民审美素养，为丰富人民群众的精神文化生活提供丰富营养，为社会进步注入积极向上的正能量。

湖南省广播电视作为主流媒体平台，坚定不移地维护党媒应具备的政治思想高度和内容价值深度。该平台以严格的标准和纪律要求自我建设和发展，始终将完成平台建设的政治逻辑作为基础指导原则和核心任务，致力于服务人民，生产符合人民喜好的高质量产品。以社会主义核心价值观的"24 字箴言"作为行动指南，激励自身，最终实现社会责任、商业价值和市场秩序的和谐统一。自 2020 年起，紧密围绕庆祝建党百年、决战脱贫攻坚等重大主题，推出了一系列宣传项目，将"举旗帜、聚民心、育新人、兴文化、展形象"的方针贯彻到视音频内容中。

湖南广电注重社会价值与内容创新的有机结合，力求达到观赏性与共鸣价值的平衡。在影视作品的创作过程中，一方面需重视静态内容的本身，强调剧本创作的质量与主题导向，致力于全面反映社会生活的各个层面，遵循现实主义创作路径。另一方面，也要关注剧本作品的动态展现，这不仅涉及导演的执导艺术，演员的表演技巧更是决定作品整体完成度的关键因素。双平台"芒果季风剧场"通过多渠道支持剧集的播出，确保影视作品在市场推广的全过程中得到充分的保障。湖南卫视推出的综艺节目如《乘风》系列、《向往的生活》以及《披荆斩棘》系列等，传递了"向上向善"的核心价值观。同时，当前卫视综艺节目正处于自我调整期，陪伴"95 后"成长的《快

乐大本营》已暂停播出并整改为《你好星期六》。湖南卫视的口号也由"快乐中国"升级为"青春中国"。为了与新的主题口号相契合，2021 年第四季度新推出的综艺节目，例如《今天你也辛苦了》《欢唱大篷车》《向你致敬》等，将视角转向普通人的故事和生活，从家庭琐事到家国情怀，综艺节目愈发贴近生活、融入民间艺术，并树立青春榜样。这些举措均彰显了湖南广电在坚守社会价值的同时，不断追求内容创新的努力。

二、文化与科技融合促内容创新，是武器

湖南广电始终秉承"受众导向"和"用户导向"的发展理念，将 5G、人工智能（AI）、大数据、互动技术、VR 等前沿科技深度整合进内容生产流程，利用互联网科技对内容生产体系进行重塑，并重点在 5G 与 XR 领域进行内容探索。通过多技术的融合创新，在自由视角、虚拟现实和互动视频等领域实现了突破，为受众提供了更为丰富的视听体验。

自 2018 年至 2021 年，AI 新闻主播、数字主持人"小漾"、虚拟人物"瑶瑶"的形象逐渐从简单走向精致，湖南广电在内容生产中应用的人工智能技术水平持续提升；从 2019 年芒果 TV 推出的首部互动剧《头号嫌疑人》，到 2021 年 9 月芒果 TV 举办的首场 XR 线上演唱会《潮音实验室》的说唱专场，用户的视听体验不断被技术创新与内容融合所刷新；从 2020 年推出的"云制播、云综艺、大小屏互动直播"创新模式，到 5G 高新视频技术助力《理想照耀中国》主题曲的制作与播出，以及 5G 智慧电台助力"村村响"广播将党的声音传播至广大农村地区，湖南广电不仅让用户领略到了 5G 技术带来的最新高清音视频感官体验，更通过主流价值观内容的传播，实现了对用户的深层次文化涵养。

三、内容资源IP化创意独一无二，是法宝

作为文化产业核心的 IP 内容，是湖南广电发展壮大的基础。湖南广电多年来坚持自主控制内容 IP，致力于成为精品 IP 的创造者，并积极开发原创的热门节目和剧集，例如广为人知的《爸爸去哪儿》《歌手》和《大侦探》系列等。在新媒体平台上，湖南广电成功塑造了"马栏山智造"和"芒果出品"的品牌形象。作为媒体融合的先锋和青年文化的引领者，湖南广电不断探索和调整，走出了一条具有芒果特色的 IP 发展道路。

在 IP 打造和 IP 附加价值的延伸方面，湖南广电同样重视。围绕芒果节目 IP 资源，湖南广电衍生出更多生态内容，如大电影、手机游戏、玩具和新媒体形象等，逐步培养了深度开发 IP 资源的能力，创造了更多的商业价值。以 2015 年《爸爸去哪儿》第一季为例，该节目在电视综艺节目基础上开发出手机游戏、大电影、节目周边等，第一季电影票房超过 7 亿元；同名手机游戏下载量达到 1.2 亿次，甚至形成了独立的广告产品链；还促进了"亲子生态游"旅游产业及同款服装的销售。2016 年《明星大侦探》的热播，更是推动了剧本杀市场的爆发式增长，至 2019 年我国剧本杀行业市场规模相比 2018 年翻了一番，达到 109.7 亿元。2021 年《明星大侦探》剧本杀门店在现实中落地，成功将节目内容拓展至线下。2020 年综艺节目《乘风破浪的姐姐》带动了同款服饰、鞋履、耳环等商品的电商市场，与西安文旅合作的"西旅四季·乘风破浪金秋季"活动，也在十一黄金周将"姐姐"IP 推向更广阔的旅游市场。可以说，湖南广电的业务线扩张，几乎都是基于内容 IP 的扩展。

第三节 产业化运作,进一步优化机制体制

湖南广电在深化体制机制改革的过程中,构建了适应全媒体生产与传播需求的一体化组织架构,并在此过程中积累了诸多值得借鉴的经验。一是体制层面,湖南广电以构建主流新媒体集团为战略目标,对体制进行了新的定位,并围绕组织形态、企业文化以及生态价值等方面,对主流新媒体进行了互联网化的重构。在主流新媒体集团的结构体系方面,进行了创新性的升级,进一步推动了制播分离的体制改革。二是机制层面,湖南广电对内部组织结构、业务流程以及管理体系进行了创新性的升级。这包括将内部组织结构从中心制、频道制逐步转变为项目部制、产品事业部制;业务流程的再造以"工作室"为核心,致力于构建一个深度融合的内容生态系统;内部管理体系则以扁平化为基础,以用户为核心驱动,以全媒体产业链为导向,对人力资源、财务资源以及物质资源进行配置。

一、组织架构扁平化,推动制播分离改革

第一,在 2015 年,湖南广电响应党中央《关于推动传统媒体和新兴媒体融合发展的指导意见》,将制播分离上升到顶层设计层面。在管理架构上,湖南广电采用了"一个党委、两个机构、一体化运行"的模式。作为事业单位,湖南广电主要承担党的新闻宣传和舆论引导职能;而作为企业实体的湖南广电,则致力于产业经营,旨在提升企业的核心竞争力,确保国有资产的保值与增值,并扩大媒体的影响力与公信力,增强传播力。2018 年,湖南省委推动了湖南广电的改革重组,实现了广电、潇影、网控的"三军会师",新成立的湖南广电将湖南网控集团和影潇影电影集团纳入统一管理,这标志着对市场竞争

的进一步整合升级。此举顺应了媒体融合的发展趋势,整合了广播、电视、影视、网络等多方面的资源,致力于壮大媒体产业链,构建全媒体的发展格局,增强集团的竞争优势,并致力于打造一个更为强大的湖南文化产业平台。

第二,新老媒体高层交叉任职,新老媒体人加强协作,大幅提升了媒体运作效能。2021 年 5 月,湖南卫视举行了干部大会,新一届领导集体正式就职,其中多数成员为"70 后",他们在业界拥有深厚的资历。此次将一批经验丰富的内容制作专家推向领导岗位,彰显了湖南卫视在内容创新及引领方面追求更高成就的决心。

第三,组织架构上的制播分离。湖南广电率先对传统的金字塔形层级结构进行了革新,基于"产品导向"的核心原则,依据业务流程和生产要素,对组织架构进行了重构,形成了一个扁平化的平台式结构。该结构在党委会暨总监工作会(简称"总监会")的管理下,构建了以总编室、节目制作中心、创新研发中心为核心的"一枢纽三部门"组织架构。其中,总编室主要承担创新引导和创新成果的转化工作,其日常工作手段包括数据分析、编排策略以及营销推广;创新研发中心则致力于提供创新资源和创意方法,依托"飙计划"制度,保障日常运作的高效性;节目制作中心则专注于节目的制作工作,通过"工作室"制度激发创新活力,确保了节目的持续创新和良性运作。快乐阳光公司作为芒果 TV 的运营主体,采用的也是扁平化的组织架构,[①] 经营管理委员会办公室和数据管理部由总裁蔡怀军直管,其余业务线都有相应负责的副总裁进行分管。[②]

---

① 肉松. 唯一盈利的芒果超媒,距离第一梯队有多远? [EB/OL].(2021-07-28)[2024-11-12]. https://mp.weixin.qq.com/s/Qvn9ZJJ6i9tmsKQ1W_9Jeg.

② 其余业务线的具体安排如下:(1)副总裁周山分管节目中心、艺人经纪中心和节目生产中台中心;(2)副总裁郑华平分管影视中心、版权经营管理中心、大会员中心、品牌战略部;(3)副总裁刘琛良分管产品技术中心和大芒计划工作室;(4)副总裁梁德平分管广告营销中心,法律事务部和人力资源中心;(5)副总裁张志红分管财务中心、智慧大屏中心;(6)副总裁方菲分管平台运营中心和产业发展中心;(7)副总裁杨喜卿分管宣传管理中心、媒资管理部、品牌推广部、招标办公室和纪录片工作室;(8)副总裁罗泽军分管制片部和公共事务中心等部门;(9)高级总监徐溢全面负责影视艺人统筹工作室。

二、以工作室为抓手，推动业务流程再造

湖南广电以工作室制度为抓手，推动业务流程再造。截至 2024 年 10 月，湖南卫视、芒果 TV 双平台共有 8 个节目内容主理人赛道，49 个节目自制团队，24 个影视自制团队和 39 家"新芒计划"战略工作室。其中，湖南卫视团队 26 个，芒果 TV 团队 86 个。[①] 在节目制作中心的统筹部署下，各工作室和团队自主独立研发与制作节目，并有包装工作室、统筹调度部、艺人统筹部和节目技术部 4 个支撑团队配合运转。

工作室制度的核心目标在于优化生产关系，进而释放生产力潜能，其核心要素为人力资源。该制度旨在为创作团队提供更广阔的创作空间，激发其创作积极性。以工作室为基点的业务重构流程主要表现为：工作室首先提出项目建议，内容涵盖节目创意、具体环节设计及人员配置等；随后，经营管理委员会对项目建议进行审核，并提出修改意见与反馈；工作室根据反馈进行多次修改与完善；之后，经营管理委员会发起项目立项程序；最终，总经理办公室通过专业评估决定是否正式立项。项目建议阶段完成后，立项节目的筹备与制作随即启动。节目工作室由制片招商、编剧、执行、统筹、人事财务等五个部门构成。其中，制片招商部门负责立项节目的资金筹集，为节目提供经济基础。充足的资金支持和完善的立项标准是节目成功的关键因素，而持续提供创新灵感的人才队伍则是节目内容生产的核心动力。这体现了工作室制度在强调创新的节目内容生产中的显著优势。该制度下的业务重构流程展现了其作为符合市场导向的有效节目内容生产管理方式的高效性。

为了有效推行工作室制度，湖南卫视创新了"品牌激励 + 创新激励 + 用

---

① 每日经济新闻.湖南广电董事长龚政文：传统广电已习惯过紧日子，但对精品大片生产要舍得投入［EB/OL］.（2024-10-12）［2025-05-06］.https://finance.sina.com.cn/roll/2024-10-12/doc-incsicsv3430887.shtml

人激励＋收益激励＋发展激励"等五大激励政策。一是品牌激励，推动工作室创立自主独立品牌，配套相关政策来帮助能力和经验突出的制作人获得更好的创作环境。二是创新激励，推行常规"创新飙计划""30 未满"年轻人创新计划和样片生产、试播制度，为优秀人才提供用武之地。三是用人激励，下放工作室人员招录、用工权力，领衔制作人都有直接提拔的权力。四是收益激励，打通绩效分配，以"投入产出"为依据制定"项目价值奖"，以奖励的形式让创作者分享创收红利。五是发展激励，支持工作室承接芒果 TV 的制作项目等等。[①]芒果 TV 的人才激励则包括主要运用"奖励机制＋竞争机制＋创新机制"的管理方法：设立各种专项奖金，将个人的内容创新能力与专项奖金相勾连，以此激发创新活力；设立末位淘汰的竞争机制，促进人员流动和高水平人才的输入；推行"传帮带"制度，将大 IP 衍生节目或者会员专享等中等成本的项目匹配给新人，借此锻炼与培养新人。[②]

三、IP 产业化运营，打通全媒体产业链条

在内容运营和生态链方面，湖南广电充分开发内容资源 IP，依托"艺人经纪—内容制作—内容发行—IP 衍生发展"全产业链优势，借助芒果体系自有的"人"的优势，即主持阵营和明星阵营在受众群体内的巨大影响力，将内容延展到各种消费场景进行再创造，以此最大化释放内容的商业价值。

在实现产业化的进程中，优质的 IP 版权管理是至关重要的基础，同时也是构建"湖南广电圈"核心的关键所在。自 2013 年起，湖南广电基于多年的实践经验，对版权管理制度进行了完善，以《湖南广播电视台节目版权管理办法》为核心，确立了一套版权综合管理、媒体资产管理以及版权开发管理相结合的管理体系。在该体系中，版权综合管理由台办公室统筹，媒体资产

---

① 丁诚. 湖南卫视工作室制度的探索及意义［EB/OL］.（2018-10-24）［2024-11-12］. https://mp.weixin.qq.com/s/HnZBoYfG2TUMskuXUFch1w.

② 吴梦雨，王超群. 芒果 TV 工作室制度的管理革新［J］. 青年记者，2021（15）：70-71.

管理由台资产管理部负责,而版权开发则由台授权的相关部门或公司进行。这种分层架构的管理体系相互支撑,实现了无缝对接,为版权内容的产业化提供了坚实的机构保障。

2015 年 3 月,湖南广电颁布了《湖南广播电视台建设新型主流媒体的若干意见》,正式将 IP 资源定位为湖南广电的核心战略资产。该文件将 IP 的开发提升至构建新知识产权秩序的战略高度,并将版权作为资产进行经营,以最大化地释放其价值。自 2015 年《爸爸去哪儿》的版权被开发成图书、动漫、手游和大电影以来,湖南广电在 IP 的产业化运营方面取得了显著成就。2016 年至 2018 年间,《歌手》系列节目的音频版权费用连续翻倍增长;2019年,"大芒计划"启动了结合网红和 KOL 的"IP+KOL"模式,首档"综艺+直播"模式节目《来自手机的你》实现了超过 4 亿的销售量;同年,"青春芒果城"成功打造了芒果 IP 线下实景潮玩互动乐园,短短五天就吸引了超过 10万芒果粉丝参与,掀起了一股热潮;2021 年,湖南广电重磅推出了基于长视频内容的"小芒"垂直电商平台,进一步撬动了"视频+内容 IP+电商"的商业模式。通过以版权为核心,湖南广电围绕其核心业务,采取多元化发展策略,打通了产业链条,实现了内容、商品和运营的独特性,从而走出了一条具有特色的"IP 产业化运营"发展道路。

四、探索资本赋能,打造开放合作的运营生态

产业经营体现了一种"加法式思维",而资本运作则体现了"乘法式思维"。湖南广电目前旗下拥有芒果超媒和电广传媒两家上市公司。通过资本化运作,湖南广电致力于"优化两家上市公司的经营",在产业经营的基础上,遵循资本管控与服务媒体融合战略的原则,积极探索出一条符合自身特色的资本运营路径,从而实现乘法效应。

芒果超媒在 2019 年和 2021 年分别引入中国移动的战略投资,使得中移

资本成为公司的第二大股东。双方计划在大屏、小屏、品牌联合营销等领域拓展互利共赢的合作局面。然而，湖南广电始终铭记"党媒姓党"的原则。继 2020 年 12 月阿里创投入股芒果超媒不到一年后，2021 年 9 月，阿里创投宣布退出芒果超媒，这标志着芒果超媒进一步加强了国资控股和持股的"身份"。

此外，湖南广电还坚持"开放合作办平台"的理念。所谓"开放合作"，是指在业务、资本和人才方面的"全方位开放"，允许社会组织、内容创作者、科技公司轻松参与并加速芒果生态系统的建设。同时，"开放合作"也意味着"共赢共享"的合作模式，坚决确保合作伙伴不受损失，创新风险由湖南广电承担，以寻求合作的可持续性发展。

第四节　试错创新、青春有漾的企业文化

湖南电视产业，作为该省的一张文化名片，自 20 世纪 90 年代起，在魏文彬等媒体巨头的引领下，经历了深刻的改革历程，逐步构建了现代传媒集团的产业架构。经过二十余年的持续创新与改革，湖南电视产业已享誉国内外，成为湖南文化的重要代表。提及"电视湘军"，人们首先联想到的是其在全国省级卫视中长期占据的收视率榜首位置、一系列广受欢迎的综艺节目以及市值逾千亿的芒果超媒。然而，这些显著成就的背后，是更为坚实的文化精神支撑。这种精神可归纳为"守正创新"，它进一步细分为学习创新、试错容错以及青春活力三个文化精神维度。

一、学习创新的企业文化

湖南广电前董事长吕焕斌曾强调，湖南广电媒体融合战略发展的核心在于一种"爱痴"精神，即不创新则无以生存。创新的源泉何在？首要的

是汲取国内外先进经验的意愿。湖南广电始终致力于学习与超越。2006 年，随着国内互联网视频的兴起，电视湘军的领军人物魏文彬在海外考察后，决定成立一个市场主体，旨在"从体制内走出去、从国内市场走出去"，由此诞生了快乐阳光互动娱乐有限公司，即芒果 TV 的前身。芒果 TV 于2014 年成立之初便推出了"独播战略"。该战略的形成，源于湖南广电一系列针对国内外新媒体平台的"走出去、请进来"考察调研活动的紧密部署。其中，2013 年对日本富士电视台、美国西部 YouTube、Hulu、网飞、谷歌、脸书等知名互联网企业及内容公司的密集访问尤为关键。通过这些考察，湖南广电深刻体验了传统媒体在新媒体冲击下的困境、行业性挤压及体制障碍，从而坚定了推动体制机制改革的决心。同时，从 Hulu 模式中反思了股权分配的尴尬局面，并从 BBC iPlayer 中汲取了"独播战略"的核心理念。这些考察与交流学习活动，使湖南广电对国内外媒体融合发展的路径进行了深入而系统的梳理，为后续的战略调整与路径选择提供了坚实的基础。①

　　湖南广电采取了"走出去"与"请进来"的国际化学习策略，有效促进了媒体融合创新的国际视野和前沿理念的引入。然而，湖南卫视在借鉴海外模式的过程中，并非简单地采纳外来经验，而是坚持本土化原则，致力于塑造具有湖南广电特色的芒果品牌。

　　尽管创新活动本身并不保证成功，并且总是伴随着各种风险，许多媒体机构在面对风险时往往选择退缩，采取保守态度。对于湖南广电而言，创新不仅是一种工作态度，更是一种肩负的使命。作为党媒平台融合发展的推动者，湖南广电积极承担起创新的责任，每年投入巨额资源于创新实践之中，以推动媒体行业的进步。

---

①　吕焕斌.媒介融合的芒果实践报告［M］.北京：中信出版社，2019：45-50.

二、试错容错的企业文化

创新活动不可避免地伴随着失败的风险，湖南广电在创新实践中展现出对失败的宽容态度，不拘泥于短期的得失，为创新提供了宽广的容错空间。业界内外常有人探究："芒果台仅以 10% 的投入便能创造出 50% 的热门节目，其成功的方法论究竟为何？"截至 2024 年 10 月，湖南广电两大平台上共设有 49 个节目自制团队，24 个影视自制团队和 39 家"新芒计划"战略工作室。通过实施试错容错机制，这些工作室得以高效运转，构建了成熟的内容生产体系，并形成了坚固的内容生态"护城河"。

湖南广电建立了项目部制，并实施了创新"飙计划"，其核心在于试错容错机制。通过样片机制，年轻人才得以提出项目创意，并从中筛选出优秀项目进行立项。只有经过严格筛选和多次打磨的项目才能上线，从而为热门节目的诞生奠定了坚实基础。其次，湖南广电推行了合伙人机制，例如与外部战略工作室签订了五条"黄金法则"，以确保合伙人的最大利益。芒果台作为主要投资者和控制者，为合作伙伴提供平台保障，鼓励大胆尝试，以实现长期共赢。综上所述，湖南广电坚信，创新需要一个宽容的环境。若对创新活动一味施加压力，行业可能会变得保守，从而阻碍生态的持续发展。

三、青春有漾的企业文化

一是用户的青春态，湖南卫视以"锁定年轻"为宗旨，而芒果 TV 则以"天生青春"为口号，共同展现出青春文化的鲜明特征。尽管湖南卫视致力于拓宽受众群体以提升收视率，但其青春气质的核心地位并未减弱。芒果 TV 作为青年文化的先锋，围绕青年特性和青春文化，于 2021 年对青春芒果节进行了多方面的创新升级。

二是内容的青春态。湖南广电在内容制作上实现了青春态的体现，其策略为"以主流价值观为核心内容"与"以年轻化表达为形式"。湖南卫视坚持作为青年文化的引领者和新时代国民精神的塑造者，2021 年 10 月启用"青春中国"新口号，更聚焦于展现中国年轻一代的风貌，致力于创作更多高品位、高格调的影视作品，构建新时代与年轻人之间的沟通桥梁。同时，湖南卫视不断创新影视与综艺节目的表现形式，以满足青年观众的喜好。芒果 TV 亦在强化主题文化传播效果方面不断尝试，例如《听见，100 年里的今天》在朋友圈广为流传，通过时代留声机的形式，向用户呈现了四个阶段的时代声音，包括"新曙光的声音""新中国的声音""新发展的声音"和"新时代的声音"。芒果 TV 还结合当前流行的盲盒文化，让用户随机体验艺术家独家录制的声音，通过沉浸式体验深刻感受时代的主题和历史价值。[①] 这些举措不仅贴合了年轻态用户群体的喜好，也刷新了他们对主旋律内容的传统认知，为党史学习教育带来了创新的教育模式。

三是人才的青春态。湖南广电特别注重在实战中锻炼年轻人，让他们在项目进行中承担责任，快速成长。目前，湖南卫视员工平均年龄为 34 岁，芒果 TV 员工平均年龄为 31 岁。在湖南广电，只要你有能力，就可以通过竞聘机制实现职位晋升。近年来，芒果 TV 的 70 个岗位已经被年轻人占领，其中中层管理岗位多为"85 后"，甚至还有"90 后"。[②] 湖南卫视的"30 未满""领鲜计划"、芒果 TV 的"青芒计划""芒果科学院"和"芒果青年说+青年 CEO 俱乐部"制度，成为湖南广电重要的青年人才发掘通道。

---

① 广电独家. 创新内容矩阵与互动玩法，芒果 TV 这样致敬建党百年［EB/OL］.（2018-10-24）［2024-11-12］. https://mp.weixin.qq.com/s/87tT6dwhXQkaQft041cGcg.

② 成娟. 湖南广电融媒体人才培养秘籍［J］. 传媒，2021（13）：41-43.

第五节　芒果模式被复制的可能性

芒果方法论存在被复制的可能性。龚政文表示："所谓方法论，其实是依托于长期探索和逐步积淀的一种基因、气质、路径，是把长板锻得更长，把优势放得更大，同时努力把短板补上，敢于探索新的赛道"① 总的来说，芒果模式有它的引领性，但同时也自有它的独特性。

第一，具有引领性，引领业内借鉴模仿。引领性特征主要表现在其能够成为他人学习、借鉴与模仿的典范。以湖南广电为例，每当其推出具有广泛影响力的综艺节目后，类似类型的节目便会迅速在其他广电平台中涌现。例如，在 2020 年新型冠状病毒传播期间，湖南卫视率先推出"云综艺"模式，随后其他主要卫视也相继跟进，进行云综艺节目的制作。具体而言，浙江卫视的综艺节目《王牌对王牌》的云录制启动时间较湖南卫视的两档云综艺晚了五天。此外，2021 年湖南卫视宣布推出季风剧场后，东方卫视亦宣布计划在同年推出东方卫视与 Bes TV 双平台的精品周播剧场。从宏观视角审视，至少存在两大机制被广泛效仿。

一方面，从"借船出海式的融媒战略"转向"建设自有自主自控平台"战略。芒果模式在平台构建与内容创新方面展现出"自主、自控、自驱"的整合策略，为国内众多广播电视媒体的融合发展战略提供了新的思路。长期以来，由于缺乏新传播技术的专业人才储备以及构建新传播核心的挑战，加之社交平台用户规模的快速增长和平台应用的便捷性等外部因素的影响，多数广电媒体采取了"借力出海"的融合媒体战略。这种策略导致它们并未构

---

① 影视前哨.现场｜龚政文、蔡怀军谈网络视听的"芒果经验"［EB/OL］.（2021-06-03）［2024-11-12］. https://mp.weixin.qq.com/s/6s0zCXYUc2XoZ5322hppcg.

建自身的 APP 或视频网站，而是选择在现有的各种平台上发布内容，其成效并不理想。据相关数据统计，2019 年全国广告市场总投放额超过 8500 亿元，其中广播电视媒体仅占约 17%，而移动互联网的占比则超过了 50%。[1]湖南广电率先实施了双平台战略，芒果 TV 的独家播放战略自实施以来，激发了其他省级媒体的模仿效应，促使它们纷纷构建自主且可控的平台。例如，浙江卫视提出了"视媒体"概念，旨在打造面向全网（包括电视端和网络端）的视频产品；江苏卫视提出了"双头部"传播战略，即在巩固传统媒体平台的"头部影响力"的同时，积极拓展新兴媒体平台的"头部影响力"；而东方卫视所属的上海东方传媒集团（SMG）则将 BesTV+ 流媒体战略提升为集团深化改革发展的核心战略。

　　另一方面，各省级广电媒体纷纷推行"工作室制度"，大胆进行机制体制改革。工作室制度自 2016 年起开始酝酿，并于 2017 年进一步发展，至 2018 年湖南卫视正式启动作为行业标杆的 12 家一线工作室。该制度迅速成为业界关注的焦点。随后，安徽、河北、山西、陕西等省级广播电视机构亦依托此平台，建立了多个演播室。至 2020 年，工作室建设的升级与推进工作持续进行。例如，2020 年 7 月，浙江卫视推出了"阿鲁""蔚蓝"和"艺人"三个新工作室，与已有的吴彤团队"王牌工作室"、姚译添团队"星图工作室"、孙竞团队"诗 & 歌工作室"以及战略发展中心团队"深藏 Blue 工作室"和陈学武晚会团队"超级晚工作室"等五大工作室相结合，逐步构建起工作室集群的内部生态系统。至 2021 年 3 月，SMG 东方卫视首批试点的四大品牌工作室正式亮相，包括陈虹团队的大型项目导向型"虹工作室"、社会人文导向型的"番茄匠工作室"、产业垂直领域导向型的"段红工作室"以及综合综艺节目导向型的"面包工作室"。这些工作室被视为机制体制改革的"精准试点"，旨在通过示范效应，逐步推广至整个中心、集团乃至整个行业。

---

[1]　郭华省，裘永刚.广电深化融媒亟须用好五大策略［J］.中国广播电视学刊，2021（6）：68-71.

第二，具有独特性，启示业内摸索适合自己的模式。湖南广电媒体融合的芒果模式具有显著的"马栏山基因"。它始终坚持"内容为王"，独具湖南广电气质的"自制、独播内容"是 IP 源泉，借力 IP 内容，以及 IP 内／芒果 TV 自有的"人"，将内容延展到各个用户消费场景中进行再创造，是"IP 产业化运营"芒果模式的特质。

在媒体融合的初始阶段，位于马栏山的湖南卫视坚定地支持了"芒果 TV"的独家播放战略，即便牺牲了自身的利益，也持续不断地向芒果 TV 输送了基因、资源和能量。在"一云多屏、一体两翼"的融合战略中，湖南卫视始终发挥着核心动力的作用。当前，媒体融合已经进入了纵深发展的 2.0 阶段，在构建主流新媒体的融合战略进程中，湖南卫视依然是转型的主要中心，承担着主流宣传的主导、未来创新的发起、渠道集群的组织以及"芒果生态圈"核心的维护等多重角色。其角色从"领头雁"的"A"型转变为"树型"的"H"，与芒果 TV 实现了相互融合、相互支撑。湖南卫视在芒果生态中的地位、角色和功能正在经历微妙的变化——从"输入者"转变为"输出者"、从"核心"转变为"核心之一"、从"引擎"转变为"双引擎之一"。①

芒果超媒采取了"自制、自营、自控"的低成本内容生产策略，开辟了一条与主流视频平台爱优腾截然不同的发展路径。同时，芒果超媒积极拓展了包括广告、会员收入、IPTV、OTT 在内的多元化收益渠道，并积极探索"大芒计划"、小芒电商、实景娱乐等创新商业模式。依托湖南广电丰富的 IP 资源，芒果超媒实现了内容与场景消费的有机整合，与"流量为王"的粗放式扩张模式形成鲜明对比，转而走向了"内容为王""价值为王""质量即流量"的可持续发展之路。

在媒介融合战略决策过程中，参考美国旧金山大学管理学教授韦里克提出的"SWOT"战略分析理论，媒体机构需对面临的外部环境变化所带来的"机会与威胁"以及与竞争对手相比的内部"优势与劣势"进行深入评估。尽

① 吕焕斌.媒介融合的芒果实践报告［M］.北京：中信出版社，2019：82.

管多数广电媒体面临相似的外部环境，但基于各自条件的差异，芒果模式虽表现出色，却并非普遍适用。对于其他广电媒体而言，应深刻领会芒果模式的创新精神，汲取其深度融合的实践经验，并结合自身条件，进行科学合理的自我优势与劣势分析，取长补短，以探索出一条符合自身特点的发展道路，从而推动媒体融合向更深层次发展。

参考文献

中文图书类

［1］吕焕斌. 媒介融合的芒果实践报告［M］. 北京：中信出版社，2019.

［2］迈克尔·波特. 竞争战略［M］. 陈小悦，译. 北京：华夏出版社，2005.

中文期刊类

［1］蔡怀军. 文化强国建设背景下国际传播的新思路——基于芒果 TV 海外业务的分析［J］. 传媒，2023（11）：59-61.

［2］成娟. 湖南广电融媒体人才培养秘籍［J］. 传媒，2021（13）：41-43.

［3］郭全中. 智媒体构建中的中台建设［J］. 新闻与写作，2019（11）：71-75.

［4］郭华省，裴永刚. 广电深化融媒亟须用好五大策略［J］. 中国广播电视学刊，2021（6）：68-71.

［5］黄淼，黄佩. 媒介可供性视角下短视频电商的实践特征［J］. 编辑之友，2021（9）：47-53.

［6］黄洪珍，林雪. 市场和体制双驱动：电视综艺节目生产的观念与机制演变［J］. 现代传播（中国传媒大学学报），2019，41（7）：112-117.

［7］林沛. 芒果 TV 盒子工作室何忧：以经营逻辑转化制度逻辑［J］.

中国广播影视，2020（8）：38-41.

［8］林忠，刘亦飞. 组织变革理论变迁［J］. 产业组织评论，2013（3）：129-145.

［9］李宇. 融合背景下国际传播渠道的生态变迁与路径变化［J］. 中国广播，2021（10）：77-80.

［10］李兵，李枫，李骁桓. 谈地方形象在海外主流汉语文化圈的传播——以湖南国际频道《世界看湖南》为例［J］. 当代电视，2017（6）：39-40.

［11］李明德，乔婷. 中国国际传播：历史演变、现实背景与前沿问题［J］. 西安交通大学学报（社会科学版），2022，42（5）：123-135.

［12］李作战. 组织变革理论研究与评述［J］. 现代管理科学，2007（4）：49-50.

［13］龙娟. "综 N 代"应对审美疲态的创新之道［J］. 新媒体研究，2020，6（8）：105-106.

［14］罗玲玲，王磊. 可供性概念辨析［J］. 哲学分析，2017，8（4）：118-133.

［15］孟范祥，张文杰，杨春河. 西方企业组织变革理论综述［J］. 北京交通大学学报（社会科学版），2008（2）：89-92.

［16］王昶，李芊. 开辟增长的第二曲线：从湖南卫视到芒果 TV 的战略创业［J］. 清华管理评论，2020（10）：118-125.

［17］王晶彤，王超群. 主旋律纪录片的年轻化表达——以《我的青春在丝路》为例［J］. 新闻世界，2020（3）：12-14.

［18］王义保. 探析省级电视媒体的发展趋势与转型路径［J］. 传媒论坛，2020，3（5）：1-2.

［19］王宇明. 构建广电融媒体工作室的逻辑、困境与路径［J］. 新闻论坛，2021，35（4）：59-61.

［20］武文珍，陈启杰. 价值共创理论形成路径探析与未来研究展望［J］. 外国经济与管理，2012，34（6）：66-73.

［21］吴梦雨，王超群. 芒果 TV 工作室制度的管理革新［J］. 青年记者，2021（15）：70-71.

［22］徐冰，舒煊. 从全端走向云端：芒果 TV "一云多屏" 的创新之路［J］. 新闻与写作，2016（10）：19-22.

［23］肖征宇. 数智时代新型平台生态的芒果探索［J］. 传媒，2022（14）：17-18.

［24］岳晓华，武学怡. 融媒时代新型主流媒体平台化发展的进路——以湖南广电风芒客户端为例［J］. 青年记者，2023（21）：83-85.

［25］冶进海. 转型与突破：新媒体背景下地面频道发展探析［J］. 电视研究，2014（4）：77-78.

［26］杨冰. 创新工作室管理模式，推动广电媒体发展转型［J］. 电视研究，2020（2）：39-41.

［27］张华立. 建设主流新媒体集团 探寻高质量发展新路径［J］. 中国记者，2021（1）：16-20.

［28］周逵，史晨. 正当性的互嵌：广电 MCN 机构的创新动因与模式分析［J］. 新闻与写作，2020（10）：47-56.

［29］张志安，黄桔琳. 传播学视角下互联网平台可供性研究及启示［J］. 新闻与写作，2020（10）：87-95.

［30］周武静，查靓，徐学军. 基于组织变革理论的精益生产实施及其模型研究［J］. 科技管理研究，2010（19）：207-210.

［31］张毓强，庞敏. 生活日常的全球化与国际传播产业化路径的探索——关于李子柒现象的讨论［J］. 对外传播，2020（1）：62-65.

［32］张子豪. 芒果超媒：湖南广电媒体融合发展的范式［J］. 传媒，2021（6）：38-40.

［33］潘忠党，刘于思. 以何为"新"？"新媒体"话语中的权力陷阱与研究者的理论自省——潘忠党教授访谈录［J］. 新闻与传播评论，2017（1）：2-19.

［34］景义新，沈静. 新媒体可供性概念的引入与拓展［J］. 当代传播，2019（1）：92-95.

［35］黄淼，黄佩. 媒介可供性视角下短视频电商的实践特征［J］. 编辑之友，2021（9）：47-53.

［36］任陇婵. 融媒与改革背景下的广电工作室制探究［J］. 视听界，2020（1）：84-89.

［37］唐彩红. 融媒体工作室推动媒体融合的路径探析［J］. 中国广播影视，2020（19）：76-79.

外文图书类

［1］GIBSON J J. The Ecological Approach to Visual Perception［M］. Boston: Houghton Mifflin, 1979.

［2］KANTER R M, STEIN B, JICK T D, et al. The Challenge of Organizational Change: How Companies Experience It and Leaders Guide It［M］. New York: Free Press, 1992.

外文期刊类

［1］MAJCHRZAK A, FARAJ S, KANE G C et al. The Contradictory Influence of Social Media Affordances on Online Communal Knowledge Sharing［J］. Journal of Computer-Mediated Communication, 2013(19): 38-55.

［2］MASSARIK F. Towards a theory of organizational change: A multi-level, multi-agent systems view［J］. Human Relations, 1984, 37(10): 899-921.

［3］DUNPHY D, STACE D. The Strategic Management of Corporate Change［J］. Human Relations, 1993(46): 905-918.

［4］NUTT P C. Implications for Organizational Change in the Structure Process Duality ［J］. Research in Organizational Change and Development, 2003(14): 147-193.

［5］PRAHALAD C K, RAMASWAMY V. Co-creation Experiences: The Next Practice in Value Creation ［J］. Journal of Interactive Marketing. 2004, 18(3): 5-14.

［6］VARGO S L, LUSCH R F. From Repeat Patronage to Value Co-Creation in Service Ecosystems：A Transcending Conceptualization of Relationship ［J］. Journal of Business Market Management, 2010, 4(4): 169-179.

后　记

在 2020 年，笔者成功申报了国家广播电视总局部级社科研究项目"推动广播电视媒体融合纵深发展研究——以湖南广电全媒体平台'芒果生态圈'为例"。之后，笔者与课题组成员在湖南广电集团展开了多次深入的实地调查，不断汲取原生态的素材，并积累了大量宝贵的第一手资料。自 2020 年以来，笔者带领课题组成员，及所指导的本科生、硕士研究生团队，在国内多个学术期刊上陆陆续续发表了系列文章。这些文章主要是研究广电媒介融合的一些阶段性感悟与观点，日积月累逐渐形成了此书的框架与雏形。

在此书的撰写过程中，笔者所指导的本科生和硕士研究生也为之付出了大量努力。尤其是第五章"多元理论视角下的芒果模式 2.0 深度融合创新研究"，集合了他们诸多的智慧。其中，2020 级研究生张一脉从"可供性理论"视角，思考湖南广电国际传播的创新；2020 级研究生凌嘉茜从"竞争战略理论"视角考察湖南广电微短剧产业的创新；2020 级研究生吴梦雨从"组织变革理论"视角探讨湖南广电工作室制度的创新；2021 级研究生郑佩瑶从"媒介治理理论"视角观察湖南智慧广电助力乡村振兴的创新；2022 级研究生刘晨卉从"价值共创"视角探究湖南广电"综 N 代"节目内容的创新等。另外，2019 级本科生张捷为本书第三章第四节"芒果 MCN"跨界融合的研究提供了许多宝贵的资料；2020 级研究生郭毅辰和 2020 级陶钰分别从"技术驱动"

和"差异化战略"的视角思考了湖南广电深度融合，对本书的撰写带来了诸多启发。

此书能够顺利出版，得益于许多人的帮助。在此一并感谢！

本书的撰写耗时四年，期间媒介融合的进程持续演进。在写作过程中，与媒介融合实践相关的数据持续更新，因此，本书中所引用的某些数据可能无法完全覆盖最新的发展，存在一定的滞后性。尽管如此，本书对媒介融合发展历程的系统梳理，以及对湖南广电媒介融合芒果模式 2.0 核心规律的归纳总结，具有持久的学术价值，不会因数据的持续更新而失去其意义。相反，随着时间的推移，这些内容将愈发显现出其深远的影响力。媒介融合的探索是一个持续不断的过程。对于媒介融合研究的追求，不会因本著作的完成而终止，反而将激励我持续深入探索，永不止步……